Cigdem Toprak
Das ist auch unser Land!
Warum Deutschsein mehr als deutsch sein ist

CIGDEM TOPRAK

DAS IST AUCH UNSER LAND!

Warum Deutschsein mehr als deutsch sein ist

Ch. Links Verlag

Auch als **e book** erhältlich

Die Deutsche Nationalbibliothek verzeichnet diese Publikation
in der Deutschen Nationalbibliografie;
detaillierte bibliografische Daten sind im Internet über
www.dnb.de abrufbar.

1. Auflage, Oktober 2020
© Christoph Links Verlag GmbH
Prinzenstraße 85 D, 10969 Berlin, Tel.: (030) 44 02 32-0
www.christoph-links-verlag.de; mail@christoph-links-verlag.de
Umschlaggestaltung: Burkhard Neie, xix, Berlin
Satz: Nadja Caspar, Ch. Links Verlag
Druck und Bindung: Druckerei F. Pustet, Regensburg
Gedruckt auf säurefreiem, alterungsbeständigem Papier

ISBN 978-3-96289-094-0

INHALT

Einleitung · 7

Zwischen den Welten · 13

Ghettos · 25

Ausgrenzung · 45

Aufstieg · 89

Zusammenhalt · 119

Deutschsein · 151

Kanaken · 185

Heimat · 213

Nachwort · 239

Anhang
Anmerkungen · 249
Dank · 252

EINLEITUNG

*Auf die Frage, ob ich Deutscher bin, kann ich nur sagen,
dass ich in jedem Fall gerne in Deutschland bin.*
Ćelo & Abdï, »Diaspora«

Hanau, 20. Februar 2020: Als ich mich einem der Tatorte nähere, fällt mir jeder weitere Schritt schwer. Mein Körper ist wie erstarrt, ich kämpfe mit den Tränen und ermahne mich immer wieder, dass ich mich sammeln muss. Schließlich bin ich als Journalistin hier. Ich bin gekommen, um über einen Anschlag zu berichten. Einen Anschlag auf Menschen wie mich.

Vor dem Kurt-Schumacher-Platz haben sich viele Leute versammelt. Sie stehen einfach da, ungläubig, starren auf die Bar, auf den Kiosk, schauen um sich, ganz so, als ob sie sich vergewissern wollten, dass sie sich noch immer in Hanau befinden und nicht in einer fremden Stadt. Am Vorabend ist ein Mann in die beiden Läden gestürmt, hat fünf Menschen ermordet und mehrere verletzt; kurz zuvor hat er bereits ein paar Kilometer weiter am Heumarkt vor der Bar »La Votre« und der Shishalounge »Midnight« um sich geschossen. Dabei und auf dem Weg vom einen Tatort zum anderen tötete er vier weitere Menschen. Abgesehen von seiner Mutter, die der Täter erschoss, bevor er sich selbst das Leben nahm, haben alle Opfer einen Migrationshintergrund; viele sind hier aufgewachsen, einige haben einen deutschen Pass.

Als ich morgens auf meinem Handydisplay las, dass es in einer Hanauer Shishabar eine Schießerei gegeben habe, kam mir kurz der Gedanke, es könne sich um eine Auseinandersetzung innerhalb des Milieus handeln, dass verfeindete Gruppen aneinandergeraten sind. Dann kam die Meldung, wie viele Menschen dabei gestorben sind. Und ich wusste sofort, das war ein Anschlag. Ein Anschlag auf uns.

Wir, das sind die »Ausländer«. Mein Großvater Ali Toprak ist 1966 als Gastarbeiter aus einem anatolischen Dorf nahe der Stadt Erzincan nach Deutschland gekommen; 1971 holte er meine Großmutter und die sieben Kinder nach, mein Vater war damals 15. »Ausländer«, dieses Wort höre ich am Kurt-Schumacher-Platz immer wieder von Menschen, die offenbar einen Migrationshintergrund haben, egal ob sie jung oder alt, ob sie in Deutschland oder anderswo geboren sind. Und es wird klar: Nach den Anschlägen sind wir keine Deutschen mehr, aber auch keine Marokkaner, Türken oder Äthiopier, und ebenso wenig Muslime oder Christen. Wir sind alle eins, wir sind anders, wir sind Ausländer.

Auf dem Weg nach Hanau traf ich meinen Vater und erzählte ihm, was vorgefallen war. Er war betroffen, aber nicht wirklich schockiert. Unsere Eltern und Großeltern können sich sehr gut an Mölln und Solingen erinnern, sie wissen, das war nicht die erste Tat in Deutschland mit einem rassistischen Hintergrund und vermutlich auch nicht die letzte. Außerdem haben viele, die irgendwann nach Deutschland eingewandert sind, in ihren Heimatländern Verfolgung, Diskriminierung und Massaker erleben müssen, zum Teil seit Generationen. Sie haben sich – so traurig es ist – an kollektive Gewalt schon gewöhnt.

Für meine Generation jedoch hat der Anschlag von Hanau vom 19. Februar 2020 eine tiefe Wunde hinterlassen. Wir sind in Deutschland geboren oder zumindest aufgewachsen, viele von uns fühlen sich dem Land eng verbunden oder sehen sich als Deutsche. Und wir hatten das Gefühl, dass auch die Mehrheit in diesem Land verstanden hat, dass hier unsere Heimat ist, dass wir keine fremden Kinder sind, die irgendwann wieder »nach Hause« gehen werden.

Hanau aber hat uns mit einem Schlag wieder daran erinnert, dass wir Ausländer sind – dass wir irgendwie doch nicht dazugehören, weil wir nicht dazugehören *sollen*. Der Terrorakt macht auch die ganz alltäglichen Ausgrenzungen wieder bewusst, die uns glauben lassen sollen, dass wir *anders* sind, dass wir nicht zu den Deutschen gehören und das auch gar nicht können. Dabei sind wir längst ein Teil von euch und ihr seid auch ein Teil von uns.

Wie werden die Taten von Hanau uns als Gesellschaft verändern, werden sie das Zusammenleben von Menschen unterschiedlicher Herkunft erschweren oder vereinfachen? Werden wir zusammenwachsen, oder werden wir auseinandergehen? Diese Fragen beschäftigen mich, seit ich an diesem regnerischen, grauen und traurigen Tag in Hanau war. Die Grenzen zwischen dem Deutschsein und dem Ausländersein scheinen wieder stärker zu sein als vorher. Ist das Band zwischen diesem Land und uns, jenen mit Migrationshintergrund, so dünn, dass es jedes Mal abreißt, wenn es zu solch einer grauenvollen Tat kommt? Wann fühlen wir uns deutsch und wann als Ausländer? Gehören wir zu Deutschland und, falls ja, zu welchem Deutschland – einem, in dem Zugehörigkeit ethnisch definiert wird, oder einem, in dem dafür andere Kriterien zugrunde gelegt werden?

Wenn es um Einwanderung, Integration und Identität geht, neigen die Beiträge zur öffentlichen Debatte meist einem von zwei Lagern zu. Das eine Lager verleugnet, dass Ausgrenzung vonseiten der Mehrheitsgesellschaft ein Problem ist, und sieht eher eine Selbst-Ausgrenzung der migrantischen Communitys: Sie seien zu religiös, könnten zu wenig Deutsch, hingen zu sehr an ihren Heimatländern, arbeiteten zu wenig und die Kinder nähmen die Schule nicht ernst genug. Das könnte man die rechte Antwort auf das Thema »Einwanderung« nennen.

Das andere Lager bilden Menschen mit Migrationshintergrund, die gerne die Opferkarte ausspielen und in der Opferrolle verharren. Sie selbst haben es meist in der Politik oder den Medien nach oben geschafft, finden Gehör in der Öffentlichkeit, rufen aber in die Communitys hinein: »Ihr werdet es niemals schaffen, ganz egal, wie viel Mühe ihr euch gebt, die Deutschen sind Rassisten, Rassismus gibt es nicht nur an den Rändern, sondern auch in der Mitte der Gesellschaft. Es gibt Grenzen für euch, ihr müsst euch vor Diskriminierung fürchten, egal wo, egal wann.«

Zu diesem Lager gehören auch Deutsche ohne ausländische Wurzeln. Sie halten sich für antirassistisch und meinen, Migranten und Deutsche mit ausländischen Wurzeln seien Opfer, die sie vor den Deutschen beschützen müssten. Dadurch geben sie diesen Menschen das Gefühl, dass sie über ihnen stehen; einer Auseinandersetzung mit den Problemen von Einwanderung auf Augenhöhe gehen sie aus dem Weg. Dabei hängen sie einem Kulturrelativismus an, der seinerseits Menschen *anders* macht. So glauben sie etwa, dass Frauen aus migrantischen Communitys aufgrund ihrer Kultur oder Religion nicht so frei und gleich leben müssten wie deutsche Frauen.

Es ist die linke Antwort auf das Thema Einwanderung, und sie hat mit der rechten zwei Gemeinsamkeiten. Zum einen verraten beide die Grundidee unserer Gesellschaft, dass wir Rechte und Pflichten als Individuen und nicht als Mitglieder von Gruppen haben. Sie sehen und erkennen uns nur als Kollektiv an, nicht als Einzelne. Zum anderen betonen beide nur die Unterschiede zwischen Menschen, statt sich auf Gemeinsamkeiten zu besinnen. Während die Linken diese Unterschiede als positiv deklarieren, glauben die Rechten, dass alles, was anders ist als sie selbst, automatisch schlechter ist. Einen Weg zu finden, mit Unterschieden umzugehen und sich zugleich auf Gemeinsamkeiten zu verständigen – das ist die entscheidende Herausforderung in einer liberal-demokratischen Einwanderungsgesellschaft.

Um zu verstehen, was Menschen mit ausländischen Wurzeln selbst über Einwanderung, Integration und Identität denken, was das Leben in Deutschland für sie bedeutet, habe ich mit einer ganzen Reihe von ihnen gesprochen. Die meisten sind entweder in Deutschland geboren, haben aber Familien mit Wurzeln im Ausland, oder sie mussten als Kind oder Jugendliche nach Deutschland flüchten und sind hier aufgewachsen. Es sind Gastronomen darunter, Sportler, Journalisten, Künstler und viele mehr. Menschen, die das Land im Großen und Kleinen prägen.

Ich habe sie gefragt: Wie hat sich Deutschland durch Migration verändert – und wie die migrantischen Communitys in Deutschland? Haben sie deutsche Normen übernommen, stehen sie hinter deutschen Werten, oder schotten sie sich tatsächlich ab? Hat sich umgekehrt Deutschland geöffnet, oder ist es rassistischer geworden? Erfahren sie selbst Vorurteile und Diskriminierung – und wie gehen sie damit um? Glauben sie, dass man es in Deutschland schaffen kann? Empfinden sie sich als Deutsche? Natürlich wollte ich wissen, was der Anschlag von Hanau in ihnen ausgelöst hat, ob sie sich seitdem unerwünschter im Land fühlen. Eine ähnlich wichtige Rolle in den Gesprächen spielten der Fall Mesut Özil und die Wahlerfolge der AfD.

Ich spreche im Buch von »Ausländern« und »Deutschen«, denn diese Begriffe wurden von allen meinen Gesprächspartnerinnen und -partnern verwendet. Denn immer dann, wenn wir über die Unterschiede zwischen den Kulturen, über Diskriminierung, Ausgrenzung, Vorurteile und Rassismus sprechen, darüber, was uns voneinander trennt, dann sprechen wir von »Ausländern« und von »Deutschen«. Selbst Menschen, die sich diesem Land zugehörig fühlen und sich als Deutsche bezeichnen, verwenden diese Begriffe, machen diese Unterscheidung und ziehen damit Grenzen. »Ausländer« zu sein in einem Land, das man als seine Heimat empfindet – darum wird es in diesem Buch immer wieder gehen.

Ich habe aber auch mit Menschen ohne Migrationsgeschichte darüber gesprochen, wie Einwanderung aus ihrer Sicht das Land verändert hat. So, wie ich »Migranten« gefragt habe, was sie an den »Deutschen« und ihrer Kultur mögen, habe ich das auch umgekehrt getan. Zu meinen Gesprächspartnerinnen und -partnern gehört der Journalist Günter Wallraff, der sich seit Jahrzehnten in den migrantischen Communitys bewegt. Als Türke »Ali« hat er in seinem Buch *Ganz unten* eindrucksvoll beschrieben, wie es seinerzeit den sogenannten Gastarbeitern in deutschen Betrieben erging. Die junge Journalistin Eva Schulz, die den Podcast Deutschland3000 betreibt, frage ich, wie sie Vielfalt in Deutschland wahrnimmt und inwiefern die Debatte in den sozialen Medien die Polarisierung in unserer Gesellschaft anfeuert. Und auch die Schuldirektorin Ingrid König, die mit dem Buch *Schule vor dem Kollaps* auf die Probleme und Herausforderungen von Schülern mit Migrationshintergrund hinweist, erzählt, welche Herausforderungen Migration für unser Land mitbringt und inwiefern Bildung eine Chance für junge Menschen mit Migrationsgeschichte sein kann – ein schönes Leben in Deutschland zu führen.

Mit diesem Buch möchte ich aufzeigen, dass die Biografien, der Alltag und die Ansichten von Menschen mit Migrationshintergrund komplexer sind, als sie in den deutschsprachigen Medien dargestellt werden. Es soll Einblicke in die verschiedenen Lebenswelten gewähren und sich gegen das Schwarz-Weiß-Denken in der Debatte wehren. Es handelt von einem neuen deutschen Lebensgefühl, das von Menschen mit und ohne Migrationshintergrund getragen wird. Deutschsein ist heute mehr als nur deutsch sein. Diesem Land fühlen sich so viele Menschen mit Migrationsgeschichte zugehörig wie nie zuvor. Es ist auch unser Land.

ZWISCHEN DEN WELTEN

Bei uns gibt es das nicht.
Standardsatz in meiner Community

Wenn wir als Kinder die Tür unserer Wohnung hinter uns schlossen und auf die Straße gingen, standen wir in einer anderen Welt. Die Regeln, die wir von unserem türkischen Zuhause kannten, verloren dort ihre Gültigkeit. In unseren vier Wänden gehorchten wir den Eltern, wir mussten ohne Wenn und Aber akzeptieren, dass traditionelle Vorstellungen darüber bestimmten, wie unser Leben aussehen sollte. Es waren dieselben Vorstellungen, nach denen schon unsere Eltern aufgewachsen waren.

Die deutsche Realität wiederum passte nicht in unsere türkischen Wohnzimmer. Stand bei uns die Familie an erster Stelle, war es in der Welt draußen die Leistung. In der Schule empfanden wir den antiautoritären Erziehungsstil der Lehrer als Schwäche, anders als zu Hause wurden wir hier nach unserer Meinung gefragt und sollten uns eigene Gedanken über unsere Zukunft machen. Dabei war unsere Vorstellung von unserem künftigen Lebensweg geprägt von den Erwartungen unserer Eltern. Das Wort Schicksal wog bei uns schwerer als Selbstbestimmung. Dabei fehlte es uns nicht an Liebe, wohl aber an Freiheit.

In der deutschen Welt fühlten wir uns oft fremd und ausgegrenzt. Wir gehörten nicht dazu. Zwischen den Deutschen und uns gab es eine dicke fette Linie. Sie zu überschreiten, erschien undenkbar. Und es war auch von niemandem gewünscht. Weder von »uns«, noch von »denen«. Wir waren einfach *anders.* Wir waren nicht *so*. »Bei uns gibt es das nicht« lautete ein Standardsatz, der uns ermahnen und zugleich erklären sollte, dass wir nicht wie die Deutschen zu leben haben. Dass das auch gut so ist. Dass niemand etwas dafürkann. Diese Maxime durfte man nicht in Zweifel ziehen oder auch nur fragen: Was bedeutet dieses »bei uns«? Bei uns Menschen, deren Heimat in Dörfern liegt, bei Türken, bei Muslimen? Und was heißt dieses »das«? Einen Freund haben, Sex haben oder einfach mit den Klassenkameraden ins Kino gehen und von den Eltern abgeholt zu werden?

Wir stimmten einfach zu, nickten, auch wenn wir in unseren Herzen ganz und gar nicht damit einverstanden waren und unser Verstand immer wieder darauf pochte: Das kann doch so nicht stimmen! Wir wuchsen mit den Normen dieser Gesellschaft auf, mussten aber hinnehmen, dass wir nach anderen Normen zu leben hatten. Wenn wir mit unseren Eltern darüber stritten, was wir durften und was wir nicht durften, dann war es kein Streit zwischen Eltern und Kindern, sondern ein Streit zwischen der deutschen und türkischen Kultur.

Niemanden schien es wirklich zu kümmern, weder unsere Eltern noch unsere Lehrer oder Nachbarn, dass wir zwischen den Welten hin- und hergerissen waren, dass sie uns entzweirissen, uns den Boden unter den Füßen wegzogen. Mit dieser Bürde mussten wir leben, auch wenn ich es ungerecht fand. Vorbilder, die uns einen Weg gezeigt hätten, wie wir diese Welten vereinbaren konnten, gab es kaum. Egal wie sehr wir uns bemühten, uns der deutschen oder nichtdeutschen Welt anzupassen, unsere andere Seite kam im Alltag immer hervor. Und das machte uns das Leben schwer, weil wir weit davon entfernt waren zu akzeptieren, dass wir nur einer Welt angehören sollten. Vielmehr waren das Deutsche und das Migrantische stets in uns vereint.

Als ich in meiner hessischen Heimatstadt aufs Gymnasium ging, machte ich in meinen Aufsätzen keine Rechtschreib- oder Grammatikfehler, im Diktat bekam ich regelmäßig eine Eins. Deutsch belegte ich als Leistungskurs, weil ich die deutsche Literatur liebte, ich konnte die Klassiker ohne jegliche Lektürehilfe interpretieren. Und dann das: Ausgerechnet im Leistungskurs erzählte ich einer Mitschülerin: »Gestern war ich Hattersheim.« Ein Junge neben uns lachte auf und sagte: »Cigdem, wo ist die Präposition hin?« Nicht beim Schreiben, aber beim Sprechen hörte man heraus, welcher sozialen Welt ich angehörte. Geschämt dafür habe ich mich nie.

Bevor ich Journalistin wurde, habe ich die Deutschen gehasst. Das lag auch am Nationalsozialismus. Bereits als Kind fing ich an, mich damit zu beschäftigen; ich war noch viel zu jung, als ich gemeinsam mit meiner Tante *Schindlers Liste* schaute, daraufhin las ich *Das Tagebuch der Anne Frank*, zweimal. Und weil ich von den Deutschen Ausgrenzung, Diskriminierung und rassistische Bemerkungen ertragen musste, begann ich, mich ihnen moralisch überlegen zu fühlen, schaute regelrecht auf sie herab.

Tatsächlich waren es vor allem die Deutschen auf meinem Gymnasium, die ich gehasst habe. Dort gab es nur wenige »Ausländer«, wie wir uns damals nannten; auch die anderen bezeichneten uns so, es war eine Selbstverständlichkeit. Ich hasste meine deutschen Mitschüler dafür, dass sie so elitär waren, so unsolidarisch, so neidisch. Hier waren die Deutschen nicht so korrekt und ordentlich, wie man mir immer erzählte, stattdessen herrschte ein unfairer Wettbewerb, eine Ellbogenkultur, ein ständiges Vergleichen, und schlimmer noch: ein ständiges Sich-Erheben über andere. Männer fühlten sich den Frauen überlegen, Deutsche den Ausländern, Reiche den Armen, die vermeintlich Coolen den Alternativen.

Uns Ausländern gegenüber verhielten sich meine Mitschüler besonders übel. Sie beschwerten sich bei den Lehrern, wenn wir bessere Noten hatten als sie, sie lachten mich aus, weil ich nicht auf Klassenfahrten durfte, und stempelten mich als »rückständig« ab. Fremdenfeindlichkeit und Rassismus waren dabei sicher im Spiel, aber sie irritierte auch mein selbstbewusstes Auftreten. Denn sie glaubten, man müsse still, unsicher und eingeschüchtert sein, weil man eine Frau ist, natürlich nichts anderes als patriarchalische Verhältnisse kennt, und weil die Eltern keine Akademiker, sondern Arbeiter sind. Dabei hatten sie nicht den blassesten Schimmer, wie viel Kraft in uns steckte und auf welche Ressourcen wir zurückgreifen konnten.

Unter Ausländern

Ähnlich wie andere Jugendliche aus türkischen oder arabischen Haushalten zog es mich nach der Schule auf die Straße, meistens gingen wir in die Stadt. Wir bildeten eine Community, in der eigene Codes, eigene Normen und Werte herrschten. Wir trugen keine Skater-Kleidung, keine Carhartt-Hosen oder Vans wie unsere deutschen Klassenkameraden. Wenn wir überhaupt Markenkleidung trugen, waren es Nike- oder Puma-Schuhe, manchmal schenkten wir uns unter Freunden gefälschte aus Marokko oder der Türkei, die wir dort günstig auf dem Basar ergattert hatten. Ab und zu gingen wir bei den »Pakis« einkaufen – günstige Kleidung und Schuhe aus Bangladesch oder China. Wir trafen uns nicht, um zu saufen. Wir gingen zum Asiaten, gebratene Nudeln essen oder Kaffee trinken, und redeten über Gott und unser Leben. Vor allem: Wir hielten zueinander.

Immer wieder zog es mich zu den Berufsschulen oder Hauptschulen, auf die meine Freunde und Bekannten gingen. Sich gegenseitig auf den Schulen zu besuchen, war etwas, was wir »Ausländer« gerne machten. Meine Cousine war oft bei mir auf der Schule. Meine Lehrer hatten meist nichts dagegen, dass sie, die auch auf ein Gymnasium, später auf eine Realschule ging, sich zu uns in den Unterricht setzte. Aber vorher musterten sie ihr Gesicht, ob es womöglich Anzeichen gab, dass sie den Unterricht stören würde.

Als ich einmal die Hauptschulklasse einer anderen Cousine von mir besuchte, war ich schockiert: Keiner hörte der Lehrerin zu. Ein Junge musste niesen, ich warf ihm eine Packung Taschentücher zu, er bedankte sich freundlich. Ich konnte es kaum glauben: Ein deutscher Junge war nett zu mir. Einfach so. Die Lehrerin ermahnte ihn, er wurde bestraft, weil er den Unterricht gestört hatte, um sich bei mir zu bedanken. Als ich sagte, dass es doch meine Schuld gewesen sei, lächelte mich der Junge an: »Alles gut. Du bist hier Gast.« Und ich spürte einen Zusammenhalt, eine Solidarität, die ich von meiner Schule nicht kannte.

Nach den Verhältnissen auf den Hauptschulen sehne ich mich. Auf meinem Gymnasium sagte uns ein Lehrer in der elften Klasse: »Ihr spielt hier Champions-League.« Und so langsam erst merkte ich, dass ich mehr hätte bringen müssen als nur gute Noten. Ich hätte mir den Habitus der elitären Jugend aneignen müssen. Aber dagegen wehrte ich mich. Ich fühlte mich bei meinen Freunden wohl, die schlechte Noten hatten, aber mehr über das Leben wussten als die Einser-Kandidaten in meiner Klasse, die in frisch gebügelten Hemden im Unterricht erschienen, in den Pausen aber Gras rauchten und an den Wochenenden Kokain zogen.

Einmal wagte es ein türkischer Schüler, mit seinem BMW vor unserer Schule vorzufahren, weil er einen Freund besuchen wollte. Sofort kommentierte irgendein Daniel: »Er kommt mit dem BMW, hat aber nur einen Hauptschulabschluss.« Seine Freunde um ihn herum lachten laut auf. Das werde ich nie vergessen. Diese Herabwürdigung, das ständige Zeigen, wohin man gehören sollte, verletzte uns immer wieder, und wir lernten auch, wohin wir gehörten.

Zusammen mit einer Freundin, die auch ausländische Wurzeln hatte, überlegte ich, ob wir nicht auf eine weiterführende Schule wechseln sollten, von der viele erzählten, dass sie cool sei. »Nicht so viele Assis, aber trotzdem 50 Prozent Ausländer.« Das war unser Traum. Dennoch wagten wir nie zu wechseln. Die Angst, dass es uns dort nicht gefiel, war zu groß. Wir zogen das Böse vor, das wir kannten, bevor wir mit einem Bösen konfrontiert wurden, das neu für uns hätte sein können.

Das Böse, das wir kannten: Einmal nannte mich ein Junge aus meinem Jahrgang eine »türkische Fotze«, die keine Freunde habe. Als ich das meiner Cousine erzählte, sagte sie: »Jetzt reicht es.« In ihrer Freistunde machte sie sich mit ihrer besten Freundin auf den Weg zu meiner Schule. Unterwegs trafen sie zwei Freunde, einen mit türkischen, einen mit iranischen Wurzeln. Beide schlossen sich ihnen an, als sie hörten, worum es ging. Ich selbst war im Unterricht und hatte keine Ahnung, was da vor sich ging. Den vieren gelang es tatsächlich, meinen Mitschüler zu finden und zur Rede zu stellen. Einer der beiden Freunde warnte ihn: »Du lässt meine Cousine ab jetzt in Ruhe!« Als mein Mitschüler, der wesentlich größer war, irgendetwas erwiderte, gab er ihm eine Kopfnuss auf die Nase.

Danach wurde ich endlich in Ruhe gelassen. Meine deutschen Mitschüler zeigten Respekt. Doch gleichzeitig schienen sie Genugtuung zu verspüren. Endlich hatten sie auch den Lehrern demonstrieren können, dass ich zwar gute Noten bekommen mochte, aber eben doch eine Kanakin blieb, die Konflikte so löste, wie man es in *ihrem Milieu* tat. Ich gehörte eben auf die Straße. Ich war entlarvt. So musste ich einen Entschuldigungsbrief bei der Schuldirektorin abgeben, eine Lehrerkonferenz mit meiner Mutter wurde einberufen, und ich durfte nicht am Tagesausflug nach Straßburg teilnehmen – einer der wenigen Ausflüge, an denen ich von meinem Vater aus überhaupt hätte teilnehmen dürfen. Für meinen Mitschüler gab es keinerlei Konsequenzen, obwohl alle wussten, als was er mich beschimpft hatte. Diesen Preis zahlte ich aber gern.

Denn dass ich nicht mehr die Zielscheibe meiner Mitschüler war, führte dazu, dass ich mich endlich auf mich selbst konzentrieren konnte. Neben mich setzten sich fortan Jungen und Mädchen mit und ohne sichtbaren Migrationshintergrund, die wie ich Probleme mit den elitären und arroganten Mitschülern hatten. Im Lateinunterricht quatschte ich mit einem David über antike Philosophie, er sollte später auch Philosophie studieren. Im Deutsch- und Englischleistungskurs fand ich mich mit Leuten wieder, die meine Interessen teilten; ich habe Freunde gefunden, die mich so annahmen, wie ich bin. Bei den anderen war ich froh, dass sie verstanden hatten, dass ich Freunde jenseits des Gymnasiums hatte, und einer Welt angehörte, die stark war. Weil die Menschen dort in einer Gesellschaft überleben mussten, in der sie eine Minderheit waren.

Angst vor der Freiheit

Zugegeben, ich habe es meinen Mitschülern auch nicht einfach gemacht. In mir steckten jede Menge Wut und Enttäuschung, die ich an ihnen ausließ. Dabei fragte ich mich dauernd: Warum? So ein Mensch bin ich doch eigentlich gar nicht. Aber zu oft gab es Momente, in denen ich die Welt nicht verstand. Als ich kürzlich bei einem Kaffee in meiner Heimatstadt zufällig meinen ehemaligen Deutsch- und Klassenlehrer traf, sagte er: »Cigdem, das war so klar, du hast in einem Identitätskonflikt gesteckt.« Er, ein gewissenhafter *Spiegel*-Leser und Grünenwähler, wusste also erst heute, wie es mir vor fünfzehn Jahren ging. Als ich meine Mitschüler damals als Nazis beschimpfte und mich über die Ausländerfeindlichkeit beschwerte, hatte er mir Sätze entgegengehalten wie: »Cigdem, ihr Türken unterdrückt die Kurden«, oder: »Sie mögen dich nicht deshalb nicht, weil du Ausländerin bist, sondern weil du du bist.« Ich fühlte mich damals einfach orientierungslos, weil ich mich in verschiedenen Lebenswelten befand, die, so suggerierten es meine Umgebung und die Gesellschaft, nicht zu vereinbaren seien.

Wir reagierten darauf, indem wir auch für unsere Eltern und Lehrer frech und ungezogen waren. Die strengen Regeln meines Vaters überforderten mich. Keine Klassenfahrten, keine Partys; oft durfte ich nicht an den Geburtstagen meiner engsten Freundinnen teilnehmen. Ich wurde nicht unterdrückt, nur zu stark beschützt: vor Drogen, vor schlechten Erfahrungen, davor, auf Abwege zu geraten. Wenn man mich nicht kontrollierte, würde ich womöglich von zu Hause abhauen und meine Familie hinter mir lassen. Die Angst, uns zu verlieren, war groß. Größer als der Mut unserer Eltern, uns Kinder frei leben zu lassen. Die Angst vor Freiheit – sie konnte ich immer in den Augen meiner Eltern und Verwandten sehen. Sie wussten nicht, was danach kommt, nach der Freiheit.

Für uns ausländische Mädchen aber ging es vor allem darum: frei zu sein. Und weniger darum, deutsch zu sein. Wir wollten keine Anerkennung, wir wollten Freiheit. Oft dachte ich für einen Moment, warum bin ich nicht als Deutsche auf diese Welt gekommen – dann wäre ich frei. Und diese Momente haben wehgetan. Weil es einfach unvorstellbar war.

Genauso groß wie die Sehnsucht nach Freiheit war jedoch die Angst, beim freien Leben erwischt zu werden. Zu Hause machten wir den CD-Player leiser, wenn Lil' Kim in »Whoa« laut aufstöhnte, und wenn wir über Jungs redeten, ersetzten wir »er« durch »sie«, sprachen von Christina statt von Cem oder von Tatjana statt von Timur – Codewörter, damit unsere Eltern uns nicht verstanden. Wir riefen die Jungs nicht an, sondern ließen bei ihnen klingeln, damit sie uns anriefen und ihre Rufnummern nicht in unseren Handyrechnungen auftauchten – falls unsere Eltern sie kontrollierten.

Mit den Jahren änderte sich etwas. Klar, ich wurde älter und konnte mein Leben immer mehr selbst bestimmen, für meine Freiheit eintreten und meinen eigenen Lebensweg gegenüber meinen Eltern und meiner Community verteidigen. Aber da war noch etwas: Deutschland wurde meine Heimat. Vorher war es nur mein Geburtsland gewesen. Mit dem Älterwerden wurden wir Menschen mit Migrationsgeschichte deutscher.

Auch in meiner Familie und meinem Bekanntenkreis fand ein Umdenken statt. Sie verstanden, warum deutsche Familien sich wünschen, dass ihre Kinder im Erwachsenenalter ausziehen, verstanden, dass es gut ist, wenn ihre Kinder und insbesondere ihre Töchter auf eigenen Beinen stehen. Und auch das Gefühl des

Fremdseins hat sich durch die Generationen hindurch verändert. Meine Tante hat sich fremder gefühlt als heute meine jüngere Cousine.

In meiner Jugend war es nicht vorstellbar, dass ich eines Tages mit meinen Eltern darüber sprechen würde, wo ich alleine, ohne sie, ohne einen Ehemann, wohnen könnte. Man kann es Integration nennen, aber meine Eltern haben sich nie bewusst darum bemüht. Es war ein Prozess, den sie selbst gerne angenommen haben. Die größte Angst unserer Eltern war ja nicht, dass sie ihre Kultur oder Wurzeln verlieren, sondern uns. Und es war nicht das »Deutsche«, das sie ablehnten, sondern die traurige Seite einer stark individualisierten Leistungsgesellschaft, die darin bestand, für den Wohlstand auf enge zwischenmenschliche Beziehungen zu verzichten und seine Zeit mehr der Arbeit zu widmen als der Familie und Freunden. All das wurde uns aber erst später bewusst.

Je mehr meine Elterngeneration die Deutschen kennenlernte, je mehr sie die deutsche Kultur verstand, desto stärker fühlte sie sich mit ihr verbunden. Sie konnte differenzieren. Sie konnte wählen. Zwischen dem, was ihr am Deutschsein gefällt, und dem, was sie ablehnen beziehungsweise von ihrer eigenen Kultur beibehalten wollte. Inzwischen schwärmt mein Onkel – ehemaliger Kumpel in Nordrhein-Westfalen und heute Rentner in der westtürkischen Hafenstadt Kuşadası – vom deutschen Pfandsystem. Und mein Vater hat es sich zur Angewohnheit gemacht, in der Türkei Beschwerdebriefe zu schreiben. Beide haben von der deutschen Kultur gelernt. Die Lebensbedingungen haben sie dazu gezwungen, aber wir Kinder haben sie sicher auch überzeugt, das anzunehmen, womit wir aufgewachsen sind.

Früher schüttelten unsere Eltern den Kopf, weil man sich bei Deutschen vor jedem Besuch telefonisch anmelden musste. Bei uns wurde spontan geklingelt, zu jeder Uhrzeit, und immer Essen aufgetischt. Es gab viel Essen, zu oft wurde einem zu viel Essen aufgezwungen. Aber selbst in der türkischen Community besucht sich heute niemand mehr, ohne sich zuvor telefonisch angemeldet zu haben.

Auch haben wir alle gelernt, öfter »Nein« zu sagen, auch innerhalb der Familie; das haben wir von »den Deutschen« gelernt. Und unsere Eltern fühlen sich ebenfalls erleichtert: Sie dürfen auch mal an sich denken, sie müssen nicht ihr Leben für uns opfern, sie dürfen auch zu uns »Nein« sagen. Als Jugendliche mussten wir unsere Verwandten persönlich empfangen und ihnen Tee servieren. Damit sollten wir nicht nur der traditionellen Gastfreundlichkeit gerecht werden, sondern auch zeigen: Wir sind eng mit unserer Familie verbunden und keine verlorenen Kinder der Migration, die sich von ihren Wurzeln und ihren Eltern abgewendet haben. Jetzt ist es kein Zwang mehr.

So wie die Deutschen lernten, dass Migranten und ihre Kinder unterschiedlich sind, haben auch meine Eltern verstanden, dass Deutsche nicht alle gleich sind. »Die Deutschen« – das gibt es nicht. Es gibt sehr wohl Menschen mit deutschen Wurzeln, die Familiensinn und konservative Werte haben. Unsere Eltern mussten auch schmerzlich erfahren, dass sie von »ihren eigenen Leuten« enttäuscht wurden, dass ihnen der deutsche Nachbar manchmal nähersteht als der eigene Landsmann.

Wir haben uns verändert. Das Land auch. Die Vielfalt wird selbstverständlicher, und die Lebenswelten mischen sich immer mehr ineinander. Als ich die 11-jährige Tochter meines Cousins aus Neukölln fragte, ob sie sich mehr türkisch oder russisch fühlt, weil ihre Mutter russische Wurzeln hat, antwortete sie mit: »Hä?« Sie verstand nicht, was ich damit meinte, weil sie offenbar nie das Gefühl gehabt hatte, sich für irgendetwas entscheiden zu müssen. Als ich im bayrischen Hof nach einer Veranstaltung mit einer Frau Anfang 40 sprach, erzählte sie, wie ihre Tochter, ein Grundschulkind, im Supermarkt zu den veganen Süßigkeiten griff und sie selbst daraufhin verwundert fragte: »Seit wann isst du das?« – »Das ist doch für Fatima, das muss *helal* sein.« Und die Mutter war glücklich darüber, dass ihre Tochter einfach so für ihre Freundin mitdachte und Unterschiede in kulturellen oder religiösen Fragen für sie selbstverständlich waren.

Diese Selbstverständlichkeit hat mir lange gefehlt. Erst vor einigen Jahren ist mir klar geworden, dass ich immer in beide Welten gleichzeitig gehört habe. Es bestand gar keine Notwendigkeit, eine von beiden aufzugeben oder abzulehnen. Heute fühle ich mich überall zu Hause. Und ich bin stolz darauf. In jeder der beiden Welten versuche ich, auch die jeweils andere zu erkennen. Weil ich damit mich selbst und auch unsere Gesellschaft erkenne. Nur so kann ich mich mit diesem Land identifizieren, und nicht allein durch das Grundgesetz oder durch abstrakte Werte. Sondern durch Begegnungen. In den nächsten Kapiteln werde ich von Begegnungen mit Menschen erzählen, die sich, ähnlich wie ich, in verschiedenen Welten bewegen. Und diese Welten vereinen sich in Deutschland und prägen es.

GHETTOS

Ich bin zwischen Ruinen und Baustellen aufgewachsen.
Neco Celik

Als Michael »Syn« Lukaschyk im Alter von fünf Jahren gemeinsam mit seinen Eltern aus dem oberschlesischen Kattowitz nach Frankfurt-Griesheim in ein Asylheim kam, traf er in seiner Nachbarschaft kein einziges deutsches Kind. »Das war normal. Man hat sich keine Gedanken gemacht wie: ›Ey, krass, ich bin nach Deutschland gekommen, und es gibt hier keine Deutschen.‹« Zu seinen besten Freunden wurden zwei Türken. Heute ist der 37-Jährige Inhaber und Manager des Deutsch-Rap-Labels 385i und managt drei der erfolgreichsten Rapper des Landes, die Frankfurter Ćelo & Abdï und Olexesh.

Die Dulatov-Brüder waren hingegen überrascht, als sie in Deutschland ankamen. Djibril, Islam, Tamerlan und Sulumbek Dulatov sind vor dem Krieg in Tschetschenien geflüchtet und stammen aus Urus-Martan, einer Stadt am Nordrand des Kaukasus. Im Dorf ihrer Familie mütterlicherseits, wo sie viel Zeit verbrachten, hätten sie Nachbarn gehabt, die wegen ihrer blonden Haare von den übrigen Bewohnern »Deutsche« genannt wurden. »Blondes Haar, blaue Augen – das war für mich Deutschland«, erzählt Djibril, der Älteste. Entsprechend waren die Erwartungen des 20-jährigen Tamerlan: »Ich dachte, wir kommen nach Deutschland und treffen nur auf blonde Menschen.«

Stattdessen landeten sie in Düsseldorf-Rath, wo größtenteils Menschen leben, die ihre Wurzeln in Polen, der Türkei und Griechenland haben.[1] In Tschetschenien waren sie nur von Tschetschenen umgeben gewesen. Ihr Düsseldorfer Umfeld sah so aus: »Auf unserer deutschen Schule waren gefühlt nur fünf Deutsche. Ja, das war anders als erwartet.« Und das war noch nicht alles, wie sich Djibril erinnert: »In Düsseldorf-Rath gab es zu dem Zeitpunkt, als wir hergekommen sind, eine sehr hohe Kriminalitätsrate. Hier konntest du nichts machen – außer zu essen, Drogen zu konsumieren oder Spielautomaten zu spielen.«

Die Dulatov-Brüder haben es sich ebenso wenig wie Syn ausgesucht, in einer Nachbarschaft zu leben, in der es keine Deutschen gibt. Im ärmsten Teil einer ansonsten reichen Stadt. So ging es vielen meiner Gesprächspartner: Sie wissen nicht, warum sie in einem »Ausländer«-Viertel aufgewachsen sind. Sie wissen nur, dass es so war. Es galt als normal. Wie es auch als normal galt, dass sie nicht nur Ausländer waren, sondern als Arbeiterkinder, Asylbewerber oder Geflüchtete auch zum Rand der Gesellschaft zählten.

Stadtviertel, in denen viele Ausländer wohnen, werden gern als »Ghettos« diffamiert. Dabei wird suggeriert, dass die Bewohner »unter sich« blieben, weil sie sich nicht an deutsches Recht und Gesetz halten wollen oder, viel schlimmer noch, ihre eigenen Regeln aufstellen, eine Paralleljustiz etablieren[2] und sich nicht in die deutschen Gesellschaft integrieren wollen. Die prekären Verhältnisse in diesen Vierteln, Straßengewalt und Kriminalität, seien somit »selbst verschuldet«.

Seit den 90er Jahren geistert zudem der Begriff »Parallelgesellschaften« durch die Debatten. Bis heute gibt es keine Einigkeit, was genau darunter zu verstehen ist. Meist wird davon ausgegangen, dass Menschen, die in einer Parallelgesellschaft leben, sich nicht nur räumlich abschotten, sondern auch einem Wertesystem anhängen, das nicht mit dem unserer demokratisch-liberalen Gesellschaft übereinstimmt.

Den Begriff selbst hat der Sozialwissenschaftler Wilhelm Heitmeyer 1996 in einem Essay in der Wochenzeitung *Die Zeit* eingeführt: »Es besteht die Gefahr, dass religiös-politische Gruppen eine schwer durchschaubare ›Parallelgesellschaft‹ am Rande der Mehrheitsgesellschaft aufbauen könnten.«[3] Der Bielefelder Forscher sprach allerdings nicht von Stadtvierteln, sondern davon, dass die 2,5 Millionen Muslime, die seinerzeit in Deutschland lebten und zu 80 Prozent aus der Türkei stammten, »ihre eigene soziale und religiöse Welt geschaffen haben«. Heitmeyer meinte insbesondere junge Türken, die in Deutschland geboren und aufgewachsen sind und auch größtenteils »mit religiösen Anforderungen pragmatisch um[gehen] und keinen Widerspruch zwischen ihrem islamischen Glauben und dem Leben in einer modernen westlichen und dem Anspruch nach demokratischen Gesellschaft [sehen]«.

Doch er fragte sich, was passiert, wenn sie nicht mit der Ungewissheit so einer Gesellschaft umgehen können. Er vermutete unter anderem, dass dann der Überlegenheitsanspruch des islamischen Fundamentalismus anziehend für sie sein könne. Tatsächlich breiteten sich entsprechende Einstellungen damals unter türkischen Jugendlichen in Deutschland aus. Die Gründe dafür sah Heitmeyer in der Angst vor Ausgrenzung, unsicheren Lebensläufen und verletzter Identität durch emotionale und soziale Ablehnung. Die Jugendlichen seien zerrissen zwischen den Erwartungen der Mehrheitsgesellschaft und denen ihrer eigenen Community.

Was Heitmeyer beobachtet hatte, war damals ein neues Phänomen, das auch der Grundschulrektorin Ingrid König auffiel: »Die ersten Generationen der Einwanderer waren sehr viel offener. Die haben zwar vielleicht auf die Deutschen geguckt wie auf irgendwelche Wundertiere, wie es umgekehrt auch war, aber sie haben den Kindern auch mehr Freiheiten gelassen. Und natürlich gab es da Rassismus, aber im Großen und Ganzen hatten alle Kinder, und das ist auch heute so, die gleichen Chancen.« König, inzwischen pensioniert, leitete die Berthold-Otto-Schule in Frankfurt-Griesheim, dem sozialen Brennpunkt, wo auch Syn aufgewachsen ist.

Mit den Jahren hätten sich die Kinder aus den migrantischen Familien immer mehr verschlossen, meint König, und die Lehrer müssten seitdem zunehmend als Sozialarbeiter fungieren, während sie von den staatlichen Behörden im Stich gelassen würden. »Menschen mit Migrationsgeschichten aus islamischen Kreisen nehmen heute manchmal an, dass die Deutschen andere Werte haben. Einmal hat ein Schüler gesagt, dass die Deutschen ja keinen Anstand hätten, als es im Sachunterricht um Aufklärung, also um Sexualkunde, ging. Den habe ich aber angefahren! Es mag sein, dass unsere Werte nicht mit seinen Werten übereinstimmen, aber wie kann er auf die Idee kommen, ich sei ein unanständiger Mensch?«

Königs Meinung nach spielt die Religion eine wichtige Rolle bei der Entstehung von Parallelgesellschaften. Heute kämen die Kinder in die Schule und sagten der Lehrerin, was ihrer Meinung nach *haram* sei, also nach islamischem Glauben verboten. »Und wenn die Lehrerin sagt: ›Nein, das ist nicht so, mein Kind‹, dann sagen sie: ›Du bist Christin, du hast keine Ahnung.‹ Das hat ein Erstklässler letztes Jahr unserer Stellvertretenden Schulleitung gesagt.« Kinder, die mit solchen Vorurteilen in die Schulen kommen, stammten meist aus bildungsfernen Familien, die zudem sehr religiös sind. »Natürlich sind nicht alle so, aber in bildungsfernen Familien wird der Glaube stärker ausgelebt.« Ingrid König selbst empfinde sich ebenfalls als religiösen Menschen, aber »zu viel Religion tut nie gut«.

Parallelgesellschaften existieren. Aber das hat nichts damit zu tun, ob die Deutschen in einem Viertel in der Minderheit sind. Parallelgesellschaften existieren dort, wo es monoethnische Communitys gibt, das heißt, immer dann, wenn Menschen sich nicht nur von der Mehrheitsgesellschaft, sondern auch von allen anderen Einflüssen jenseits ihrer eigenen Kultur abschotten und zu konservieren versuchen, was sie aus ihrer Heimat oder der ihrer Familie kennen. Bei einigen spielt die Religion dabei eine besonders wichtige Rolle.

Wenn es aber in einem Viertel eine Vielfalt an Kulturen und Religionen gibt, bilden sich keine Parallelgesellschaften – auch wenn Menschen mit deutschen Wurzeln dort eine Minderheit sind. Vielmehr birgt der hohe Anteil an Ausländern oder Migranten ein großes Potenzial für ein gemeinsames vielfältiges und spannendes Miteinander.

»Man konnte sie in den Hochhäusern gut verstauen«

Natürlich ist die räumliche Konzentration von Menschen mit Migrationshintergrund kein Zufall. »Da kam vieles zusammen«, sagt der Journalist und Schriftsteller Günter Wallraff. »Erst mal die finanzielle Situation; in einem besseren Stadtviertel konnte man es sich nicht leisten, und dann blieb man auch gerne unter sich, man ist dahin gezogen, wo schon Verwandte und Bekannte lebten.« In die Nähe von Menschen zu wollen, die die gleichen Wurzeln haben und die gleiche Sprache sprechen, war für viele tatsächlich ein Hauptgrund bei der Wohnortwahl. Die Influencerin und YouTuberin Gözde Duran etwa beschreibt ihre Eltern als modern und weltoffen, dennoch hat es sie in Viertel gezogen, in denen bereits türkische Bekannte und Freunde lebten. »Dementsprechend bin ich eher mit türkischen Nachbarn aufgewachsen«, sagt die 28-Jährige. »Aber in einer sehr familiären Gegend, so hatte ich schon auch Berührungspunkte mit deutschen Familien.« Weil Duran blonde Haare und blaue Augen hat, sieht sie für viele auf den ersten Blick nicht türkisch aus. Auf Instagram und YouTube teilt sie ihr Make-up, ihre Lieblingsbücher, ihr Essen und erzählt auch, wie sie ihre Eltern davon überzeugen konnte, dass sie einen deutschen Mann heiratete.

Häufig war die Entstehung von »Ausländer«-Vierteln seitens der Mehrheitsgesellschaft durchaus gewollt. »Man wurde auch dahin dirigiert. Bei Thyssen in Duisburg, da wo man im schlimmsten Dreck arbeitete, da wohnte man auch dort – im schlimmsten Dreck«, meint Günter Wallraff. Wie es den Menschen mit Migrationsgeschichte in »ihren« Vierteln geht, darum haben sich der Staat und breite Teile der Gesellschaft lange nicht gekümmert. Die Menschen blieben sich selbst überlassen.

»Man hat alle Sozialhilfeempfänger und Menschen, die schwach waren, in Plattenbauten wie in Kranichstein gesteckt. Man konnte sie in den Hochhäusern gut verstauen«, so erklärt es sich heute der 34-jährige Shishabar-Besitzer und Gastronom Cem Görmüs, der in dem Darmstädter Stadtteil aufgewachsen ist. »Wir Ausländer haben in einem Hochhaus gelebt, mit 16 Stockwerken.« Als Görmüs 1996 elf Jahre alt war, lag der Ausländeranteil bei 24,9 Prozent.[4] »Kranichstein war damals ein Brennpunkt. Dort haben Menschen gewohnt, die nicht viel hatten.«

Görmüs' Eltern haben in Darmstadt einen der ersten Dönerläden eröffnet, und seine Mutter erzählte mir, wie sie ihren ersten deutschen Kunden den Döner anboten und erklärten, was es mit dem Fladenbrot und dem Dönerfleisch auf sich hat. Cem Görmüs selbst betreibt heute gemeinsam mit seinem Bruder Deniz die Shishabar »Zeitlos«, die als Szenebar in Darmstadt gilt, mehrere Restaurants, Imbisse und einen Barbershop.

Mit Görmüs ist auch der Boxweltmeister der WBO (World Boxing Organization) Jack Culcay aufgewachsen. Er ist im Alter von fünf Jahren gemeinsam mit seiner Familie aus der ecuadorianischen Stadt Ambato nach Kranichstein eingewandert. Seine Mutter bekam eine gute Stelle, sie war Angestellte, keine Fabrikarbeiterin. Trotzdem hat die Familie nicht in einer schönen großen Wohnung in einem der vielen Wohnviertel Darmstadts, sondern in einem Kranichsteiner Plattenbau gelebt. Warum, das weiß Jack bis heute nicht.

Interessant ist, dass Jack sich als Ausländer bezeichnet. »Meine Mutter hat deutsche Wurzeln, also ist sie deutsch-kolumbianisch. Mein Opa ist Deutscher, weil er nach Ecuador gereist ist und dann dort lebte. Er hat meine Großmutter kennengelernt, sie ist halb

Kolumbianerin und halb Ecuadorianerin. Nachdem meine Mama und mein Papa sich kennengelernt haben, haben sie fünf Jahre in Ecuador gelebt, bevor meine Mutter dann alleine nach Deutschland gekommen ist. Nach zwei Jahren hat sie uns nach Deutschland geholt.«

Fest steht: Wenn es um Wohnraum geht, vermischen sich bei Menschen mit Migrationshintergrund ethnische und soziale Segregation.[5] Die erste große Einwanderergruppe in Deutschland nach dem Zweiten Weltkrieg bestand nicht aus Fachkräften und Akademikern, sondern meist aus gering qualifizierten »Gastarbeitern«. Später kamen Geflüchtete, die, selbst wenn sie in ihren Heimatländern eine gute Ausbildung erhalten hatten, in Deutschland bei null anfangen mussten. Das bedeutete, dass man nicht nur ausländische Wurzeln hatte, sondern auch mit anderen Menschen, auf die das ebenfalls zutraf, die gleichen sozialen Lebenswelten teilte – und zwar unabhängig vom Bildungsstand.

So war es beim Vater des Unternehmers Nikbin Rohany: »Er ist in Afghanistan ohne Vater und sehr ärmlich aufgewachsen. Allein durch Schule und Studium hat er sich einen sehr guten Lebensstandard erarbeitet und konnte seine Familie unterstützen. Trotzdem fasste er in Deutschland nicht Fuß.« Sein Vater hatte für den König gearbeitet und musste 1979 nach der sowjetischen Invasion Hals über Kopf fliehen, »weil es brenzlig wurde und sie aktiv nach ihm suchten.« Der Vater kam zunächst allein nach Deutschland, erst ein Jahr später konnte er seine Frau und die beiden Kinder nachholen.

Rohany selbst ist hier geboren und in Neuperlach groß geworden, »ein typischer Problembezirk von München, total benachteiligt, Plattenbausiedlung«. Sein Vater »musste Jobs annehmen, die ihm in seiner Welt nicht würdig waren. Es war ein extremer Abstieg vom hochrangigen Offizier zum Arbeiter, der auch mal putzen musste. Sein Studium wurde hier nicht anerkannt. Es hat niemanden interessiert, ob man in Afghanistan, Russland und Indien studiert hat, wie er. Man hat bei null angefangen – beim Putzen und mit einem Deutschkurs. Und wenn man die Sprache nicht gesprochen hat, wurde man sehr schnell als dumm abgestempelt. Seine Hoffnung bestand darin, dass sich die Russen bald zurückziehen würden und er wieder nach Afghanistan zu seinem alten Leben könnte. Mit diesem Denken hat er hier zehn Jahre gelebt, bis er realisieren musste, okay, das war's.«

So lebten ganz unterschiedliche Menschen gemeinsam in einem Viertel, weil sie sich zum einen die teureren Wohnungen in den schönen Vierteln mit fast ausschließlich deutscher Bevölkerung nicht leisten, geschweige denn sich ein Haus kaufen konnten, zum anderen, weil es ihnen aufgrund ihrer ethnischen und sozialen Herkunft schwer gemacht wurde, eine Wohnung in den bürgerlichen Gebieten der Stadt zu bekommen. Es hat Jahrzehnte gedauert, bis die »Ausländer« das Geld für ein Reihenhaus gespart hatten, ihre Kinder durch eine qualifiziertere Ausbildung einen besseren Job bekamen und sich die Gesellschaft an Menschen, die fremd aussahen, gewöhnte und sie in ihrer näheren Umgebung zuließ.

»Ich bin total multikulti aufgewachsen. Da, wo ich herkomme, in Kreuzberg, H-Town, Hallesches Tor, haben alle Nationalitäten gelebt. Wir waren alle Migrantenkinder, deren Eltern in den 80er Jahren hergekommen sind, alles Arbeiterkinder«, erzählt Marina Buzunashvili. Die 39-Jährige ist Head of PR von Sony Music Germany, aber ihr Weg dahin war alles andere als leicht. Geboren in Wien, ist sie im Alter von einem Jahr gemeinsam mit ihren Eltern und ihrer älteren Schwester nach Berlin gezogen. Ihr Vater kam aus Georgien, ihre Mutter aus Aserbaidschan, beide Länder waren früher Teil der Sowjetunion. »Wir sind russische Juden, aber dadurch, dass Aserbaidschan eher einen türkischen Touch hat, waren wir eine ganz wilde Mischung zu Hause. Wir haben den ganzen Tag Ibrahim Tatlises* gehört. So sind wir auch zu Hause total multikulti aufgewachsen.«

---

* Türkischer Arabesque-Sänger mit arabisch-kurdischen Wurzeln.

Da die Ausländer es alle gleich schwer in der neuen deutschen Heimat hatten, gab es untereinander wenig Berührungsängste. Man kannte sich, weil einem die sozialen Lebenswelten des anderen vertraut waren. Das stellte eine Gemeinsamkeit her und sorgte für einen Zusammenhalt unabhängig von der Herkunft oder der Religion. Eine gemeinsame Identität als »Ausländer« bildete sich heraus, man fand zueinander, weil alle »von unten« kamen. Wird heute Identitätspolitik betrieben, stand früher die Klassenfrage im Zentrum.

Abderrahim el Ommali gehört mit Ćelo zum Frankfurter Rapper-Duo Ćelo & Abdï. Aufgewachsen ist Abdï in Frankfurt-Goldstein. »Bei uns war es so, dass in Goldstein direkt neben den Sozialwohnungen die Leute mit den Häusern wohnten. Die Deutschen.« Hat er es als unfair empfunden, dass seine deutschen Klassenkameraden in Häusern und er in einer Sozialwohnung wohnte? »Ja, definitiv. Ich habe mir aber gedacht, ich will auch ein Haus haben irgendwann, hier in Deutschland, wenn ich groß bin. Ich habe kein Bock, im Bickenbacher Weg zu wohnen, ich will auch in An der Herrenwiese wohnen, dort wo mein deutscher Schulkamerad wohnt – in der Straße, die so wie die Straßen aus der Serie *Desperate Housewives* aussehen.«

Warum es diese sozialen Unterschiede gab, erklärt sich Abdï so: »Seine Vorfahren haben etwas dafür getan, dass, wenn er auf die Welt kommt, er in einem Haus wohnen kann und sein Vater keine Miete zahlen muss. Weil bereits der Opa meines Klassenkameraden das Haus schon abbezahlt hat. Dadurch fällt den Leuten einiges im Leben leichter.« Bereits als Kind war man sich also über die ungleichen Startbedingungen sehr bewusst.

Auch in meiner Kindheit und Jugend waren die Deutschen diejenigen, die in großen Häusern wohnten. Unsere deutschen Freunde hatten eigene Zimmer, manchmal sogar Spielzimmer mit Dutzenden von Barbies und Legobausteinen. Es waren diejenigen, die wohlhabend waren. So habe ich es stets wahrgenommen. Ziel der nicht deutschen Familien in meiner Community war es, sich ein Haus neben Deutschen zu kaufen. Dann hatte man es geschafft, man galt als angekommen in Deutschland. Ein gemütliches Heim in einer schönen Gegend – das war ein Traum, der sehr bestimmend war.

Mein Vater hat sich diesen Traum bereits wenige Jahre, nachdem er meine Mutter geheiratet hatte, erfüllt. Wir haben als einzige türkische Familie in einer deutschen Straße gelebt. Aber wirklich wohl habe ich mich dort nicht gefühlt. Ich wäre lieber in einem »Ausländer«-Viertel aufgewachsen. Denn es sind nicht nur die Kaufpreise und die eigenen finanziellen Möglichkeiten, die es Migranten schwer machen, sich ein Haus in einer Gegend zu kaufen, in der der Ausländeranteil gering ist. Da sind auch noch die Nachbarn.

Als der stellvertretende AfD-Vorsitzende Alexander Gauland über Jérôme Boateng sagte: »Die Leute finden ihn als Fußballspieler gut. Aber sie wollen einen Boateng nicht als Nachbarn haben«,[6] habe ich das nicht als Beleidigung, sondern als Feststellung empfunden. Ich wusste, was er meinte. Das Miteinander mit unseren Nachbarn in den 90er Jahren erwies sich als schwierig. Sie waren ausländer- und fremdenfeindlich und sagten unseren Eltern offen, was sie von ihnen hielten: »Ihr Türken kommt aus den Bergen in unser Land, und dann kauft ihr noch ein Haus neben uns.« Es interessierte sie nicht, dass mein Vater hart schuftete, einen eigenen Betrieb aufgebaut hatte, dass er Steuern zahlte, dass er seinen Kindern ein behütetes Zuhause bieten wollte. Zwar gab es wenige Ausnahmen, an die ich noch heute gerne zurückdenke. Aber dennoch: In einem solchem Umfeld aufzuwachsen, war für mich eher belastend als ein Privileg. Man fühlte sich oft unverstanden, unwillkommen und immer wieder ausgeschlossen.

Aber ich hatte ja meine Mikro-Parallelgesellschaft. Meine Eltern hatten zwei gegenüberliegende Mehrfamilienhäuser gekauft, die über einen Hof verbunden waren. In einer Wohnung wohnten wir, die anderen vermieteten sie günstig an Ausländer und Geflüchtete. Deutsche meiden Ausländer nämlich nicht nur als Mieter,[7] sie wollen auch keinen ausländischen Vermieter. Das erlebte ich immer wieder, wenn wir die Wohnungen inserierten. Unsere ausländischen Mieter wiederum hatten sonst kaum Chancen auf dem Wohnungsmarkt. Eigentlich waren es Zeiten, in denen der Wohnungsmarkt lange nicht so ausgelastet war wie heute, es gab genügend leer stehende Wohnungen – und für Deutsche waren sie leicht zu mieten.

So kam es, dass meine unmittelbaren Nachbarn Mazedonier, Iraker und Afghanen waren und in meiner Kindheit und Jugend manchmal auch Deutsche – aber nur solche, die Sozialhilfe oder Arbeitslosengeld bezogen und deshalb ebenfalls mit Ausgrenzung in der Gesellschaft zu kämpfen hatten. Wir Kinder spielten immer zusammen im Hof, er war unsere Straße. Ich lernte die irakische Kultur kennen, die jugoslawische, die afghanische, die kurdische, die italienische. Ich sah bei meinen italienischen Nachbarn Bilder der heiligen Maria im Schlafzimmer, ich musste mit ansehen, wie meine irakischen Freundinnen versuchten, mit ihrem depressiven Vater klarzukommen, der Englischlehrer war, aber in Deutschland nicht arbeiten durfte und, anders als mein Vater, mit den Töchtern Englisch lernen konnte.

Wenn ich meine Verwandten in Berlin-Kreuzberg besuchte, fand das Draußen-Spielen ebenfalls in Hinterhöfen statt, nur waren die riesengroß, während in den geräumigen Altbau-Wohnungen die ganze Großfamilie saß. Alles war dort größer, aber die Welt war so klein. Wenn wir in die Markthalle in der Bergmannstraße gingen, um uns von dem türkischen Süßwarenhändler für 50 Pfennige Süßigkeiten zu kaufen, oder wenn wir im Neuköllner Karstadt Spaghetti Bolognese aßen, kam ich mir vor wie an einem anderen Ort, nur nicht wie in Deutschland. Denn auf den Straßen traf ich nur Türken. Ich kann mich weder an arabische Mädchen noch an deutsche Omas erinnern. Eine Mischung mit Deutschen, geschweige denn mit Menschen aus Nigeria, Afghanistan, Italien oder Marokko war hier nicht die Normalität. Hier waren die »Türken« unter sich, eine monoethnische Community.

Die türkische Community in Berlin ist immer noch die größte

im Land. Wie in der Türkei war es in der Stadt aber nirgendwo – ich sah kein pulsierendes Leben, sondern wenige Menschen auf den Straßen, Frauen mit Kopftüchern, keine Vielfalt, wie man sie aus Istanbul kennt. Dennoch nannte man Kreuzberg früher auch »Klein-Istanbul«. »Im Exotisieren war man sehr schnell«, erzählt der Theater- und Filmregisseur Neco Celik, der Anfang der 70er Jahre in Kreuzberg zwischen Ruinen und Baustellen aufgewachsen ist, mit vielen Menschen aus der Türkei. »Es gab auch viele deutsche Familien, aber die sind dann irgendwann weggezogen. Sie sind im Rahmen der Umsiedlungspolitik in die neuen Wohnungen ins Märkische Viertel in Reinickendorf oder in den Gropiusbau in Neukölln umgezogen. So haben sie Neubauten mit Heizungen bekommen. Schicke Umsiedlungspolitik für Deutsche. Wir hießen da noch Ausländer, und Politik war damals ein Fremdwort für uns.«

In West-Berlin fand damals eine Stadterneuerungspolitik statt, mit der große Bevölkerungsteile in neue Wohnungen am Stadtrand umgesiedelt werden sollten. Die Altbauten im Osten sollten abgerissen werden, und so standen sie Ende der 60er und Anfang der 70er Jahre bereits leer. Der Abriss ließ aber auf sich warten, sodass die Altbauwohnungen »unbefristet, aber längstens bis zum Abriss«, so stand es in den Mietverträgen, an Gastarbeiter vermietet wurden, die aus der Türkei nach Deutschland kamen. Sie erhielten die Wohnungen sehr günstig und waren mit den Mietverträgen einverstanden – denn sie hatten bereits ihre Rückkehr in die Türkei im Kopf.[8]

»Ich hatte nur Ausländer-Freunde«

Auch dieser Blick auf die historische Stadtentwicklung zeigt, dass es in der Regel nicht selbst gewählt ist, wenn Menschen mit Migrationsgeschichte »unter sich bleiben«. In den Gesprächen war es immer wieder Thema, dass es nur wenig Kontakt zu Deutschen gab. Der Profiboxer Jack Culcay hatte viele türkisch-, marokkanisch- und italienischstämmige Freunde in Kranichstein. »Wenn ich so zurückdenke, hatte ich fast nur Ausländer-Freunde. Ein paar deutsche Freunde hatte ich auch. Aber auch auf meiner Schule waren alle Ausländer«, erzählt er. Erst heute reflektiert er darüber, dass er nur mit »Ausländern« aufgewachsen ist. Ob es ihm früher nicht aufgefallen sei? »Nein, du kennst doch Kranichstein. Da sind nur Ausländer. Bei mir in der Klasse waren zwei Deutsche, glaube ich.« Wie es denen ging, frage ich. Eigentlich eine seltsame Frage, aber wir beide wissen, was ich damit meine: ob deutsche Kinder, wenn sie in der Minderheit waren, ausgegrenzt und diskriminiert wurden. »Ganz gut, denke ich«, antwortet er und schmunzelt.

Dass deutsche Kinder in ihrem unmittelbaren Umfeld eine Minderheit waren, war für die Ausländer in Kranichstein normal. Auch der Shishabar-Besitzer Cem Görmüs erinnert sich daran: »Bei uns in der Klasse waren von 15 Schülern wirklich zwölf oder 13 Ausländer.« Filiz Tatar, eine 34-Jährige mit türkischen Wurzeln, kannte in ihrer Kindheit Deutsche nur als Mitschüler. In ihrer Nachbarschaft in Darmstadt-Arheiligen, wo sie in einem Asylbewerberheim wohnte, traf sie auf keine. Als Kind war eine ihrer engsten Freundinnen eine japanische Nachbarin, die Tochter eines Diplomaten. Dass die beiden Mädchen sich sprachlich nicht verständigen konnten, war für sie kein Hindernis. »Man kriegt es hin. Ich konnte kein Japanisch, sie konnte kein Wort Türkisch. Wir beide sprachen kaum Deutsch. Wir hatten halt Gemeinsamkeiten, wir haben gerne gegessen, sie hat versucht, mir die japanische Sprache beizubringen. Wir haben gerne gemeinsam unsere Lieblingsserie *Sailor Moon* geguckt«, erzählt Tatar. Die Freundschaft währte ein Jahr, dann war der Dienst des japanischen Vaters zu Ende, die Familie reiste aus Deutschland fort.

Dass man nicht besonders gut Deutsch können muss, um miteinander befreundet zu sein – diese Erfahrung hat auch die ehemalige Grundschulrektorin Ingrid König gemacht. »Die Verben hoch- und runterkonjugieren und das Deklinieren von Nomen –

das ist für Kinder erst mal nicht wichtig.« Wichtiger sind ihrer Meinung nach andere Dinge. Als noch viele Deutsche die Schule in Griesheim besuchten, erzählt sie in unserem Gespräch, spielten die Kinder zusammen draußen. Heute spielen sie weder draußen noch zusammen. »Und wenn die dann nicht mal in eine Hortbetreuung gehen, dann treffen die sich gar nicht mehr. Dann treffen die sich nur in Clans, ob das die Kernfamilie ist oder die größere Familie, und die treffen auch keine anderen Migranten. Der Afghane trifft dann keinen Polen.« Dass man unter sich bleibe, beunruhige sie. »Vorurteile und Vorbehalte bekommen die Kinder vom Elternhaus schon mit, so sind Kinder auch nicht mehr vorurteilsfrei.«

Martina Catinella ist noch ganz anders aufgewachsen. Die Eltern der 23-jährigen Friseurin sind ein Jahr vor ihrer Geburt von Sizilien nach Deutschland gezogen und wohnten in einem kleinen Dorf in der Nähe von Darmstadt. Sie hat sich als Kind nie Gedanken über die Unterscheidung »Ausländer« – »Deutsche« gemacht, denn ihre italienische Mutter habe sie nicht so erzogen. »Sie sagte mir nie: ›Das sind Ausländer‹ und ›das sind Deutsche‹, sondern ›deine Freunde sind deine Freunde‹.« Kinder selbst hätten sich untereinander ohnehin selten ausgegrenzt, meint Manager Syn. »Als Kind fragt man nicht: Woher kommst du?« Für die Kinder sei die Herkunft egal gewesen, sie hätten miteinander gespielt. Auch Cem Görmüs kann sich nicht an Ausgrenzungserfahrungen in seiner Kindheit erinnern. Er betont: »Als Kind waren wir gar nicht so weit, so zu denken. Als Kind war das nicht so extrem. Als Kind haben wir uns von den Deutschen nicht abgegrenzt. Überhaupt nicht. Es gab ein Miteinander. Wir haben alle zusammen gespielt.«

Bei vielen fand die Trennung zwischen deutschen und ausländischen Kindern erst später statt – nicht in ihrer Nachbarschaft, sondern an einem Ort, an dem man eigentlich zueinander finden sollte: bei manchen in der Grundschule, aber bei den meisten in der weiterführenden Schule. »Je älter die Kinder wurden, desto stärker haben sich Gruppen gebildet. In der Oberschule hat es sich etwas geändert, da hat es langsam angefangen sich zu splitten, komischerweise. Aber es fand nicht aufgrund meines eigenen Empfindens statt, also dass ich gesagt habe, oh ne, der ist mir zu kartoffelmäßig. Auf dem Schulhof bemerkte man das aber – wer mit wem chillt, und dass sich Gruppen gebildet haben«, erzählt Mohamad Hoteit aka The Royals. Der 31-jährige Berliner hat seine Wurzeln im Libanon. Sein Vater ist früh gestorben, seine Mutter hat ihn und seine vier Brüder allein großgezogen. »Wir haben in Schöneberg gelebt, in einer Gegend, in der es nicht so viele Sozialbauten gibt, in keinem hässlichen Teil.« Hoteit arbeitet heute als Musikproduzent und hat an Alben von Rapstars wie Kontra K, RAF Camora und Bonez MC mitgewirkt.

Generell sehen es auch die meisten meiner Gesprächspartnerinnen und -partner nicht gern, wenn eine Kultur dominiert und sich abschottet. Dem Berliner Friseur Shan Rahimkhan zufolge ist das etwa im Wedding der Fall, und das sei nicht sein Ding. Kreuzberg sei ganz anders. »Kreuzberg ist auch sehr stark türkisch geprägt, aber da ist es pulsierend. Neben einer deutschen Eckkneipe ist eine Dönerbude. Das ist cool, da geht man gerne hin. Wedding hingegen ist sehr einseitig arabisch geprägt, und das merkt man auch.«

Ein Beispiel dafür seien Burka-Trägerinnen. »Das ist etwas, was ich überhaupt nicht verstehe. Wenn du das leben möchtest, dann lebe in dem Land, wo du herkommst, in dem es normal ist für dich – wenn du alles hier ablehnst. Es gibt Rechte und Pflichten, die man natürlich einhalten muss. Ich kenne keine Deutschen, die mit dem Bikini in den heiligen Straßen von Medina rumlaufen. Du ziehst dich entsprechend an. Deshalb ist es richtig, wenn man die Burka verbieten will.« Die Frau mit der Burka ist gerade das Symbol für all diejenigen, die sich von allen anderen abgrenzen. Die Burka kann im Heitmeyer'schen Sinne als ein Symbol einer Parallelgesellschaft gesehen werden.

Shan Rahimkhan musste im Alter von 13 Jahren seine Heimat Iran verlassen, weil sich seine Eltern dagegen wehrten, dass er, wie viele junge Männer dort, als Soldat in den Iran-Irak-Krieg musste. Die ganze Familie sollte ausreisen, letztendliches Ziel waren die USA, Los Angeles, das auch bei Iranern als »Tehrangeles«[9] bekannt ist. Die Ausreise ließ sich mit Bestechungsgeldern erkaufen, aber man konnte nur in ein Land einwandern, für das man auch ein Visum hatte. Ein Visum zu bekommen, war jedoch nicht einfach. So wurde die Familie erst einmal auseinandergerissen, da nur Shan und sein Vater ein Visum für Deutschland bekamen. Dort angekommen, ließen sie sich bei Passau über die Grenze nach Österreich schmuggeln, weil Shan bei seinem Onkel in Wien leben sollte. Sein Vater musste zurück in den Iran, um die anderen Familienmitglieder zu holen. Weil er dort kein zweites Mal ein Visum für Deutschland erhielt und auch keines für Österreich, ebenso wenig Shans Schwester, reisten die beiden in die Türkei, während die Mutter und der Bruder ein USA-Visum erhielten.

Erst nach drei Jahren bekam die gesamte Familie ein Visum für Deutschland. Shan Rahimkhan war 18 Jahre alt, als die Familie wieder vereint war. In Berlin habe er dann endlich ein Zuhause gefunden, obwohl er sich im Iran wohlgefühlt hatte. »Es war nicht so, dass ich weg wollte. Man wurde aus der Heimat herausgerissen«, erzählt er.

»Man hat Dinge gelernt, die man sonst woanders nicht hätte lernen können«

All diejenigen, die in Vierteln groß geworden sind, in denen unterschiedliche Nationen und Kulturen zusammengelebt haben, denken zurück an eine Kindheit und Jugend, aus der sie viel gelernt haben. Das ist der Eindruck, den ich aus zahlreichen meiner Interviews gewonnen habe. Das Aufwachsen in solch einem Umfeld lässt uns nicht nur unterschiedliche Kulturen kennenlernen, sondern überhaupt mit Vielfalt vertraut werden. Es erweitert den Horizont, stärkt die Fähigkeit für zwischenmenschliche Beziehungen und das Selbstbewusstsein und lässt einen zu einem offenen und toleranten Menschen heranwachsen.

Der Strafverteidiger Onur Türktorun ist in Dietzenbach großgeworden, das ein Image als Sorgenstadt hat. Er wohnte im Spessartviertel, auch bekannt als Starkenburgring, das mit seinen Plattenbauten bis heute als sozialer Brennpunkt gilt; 95 Prozent der Bewohner haben einen Migrationshintergrund. Zuletzt machte das Viertel Schlagzeilen, als dort 50 Menschen Polizei und Feuerwehr mit Steinen bewarfen, nachdem sie zuvor selbst ein Feuer gelegt hatten, um die Einsatzkräfte dorthin zu locken. So lautete der Vorwurf der Polizei. Einen der Beschuldigten verteidigt Türktorun vor Gericht.

Dennoch sieht Türktorun keinen Grund, seine Heimatstadt zu verlassen, nur aus Sorge, dass seine Kinder in die Kriminalität abrutschen. »Niemals würde ich aus Dietzenbach wegziehen. Das gehört auch zur Erziehung dazu, dass man in einer gemischten Kultur aufwächst, das prägt den Menschen positiv für seine Zukunft. Gerade wenn es um den Umgang mit Mitmenschen geht – das stärkt Verständnis und Toleranz.« In einem vielfältigen Umfeld aufzuwachsen, bedeute, dass man ständig etwas lernt, meint er. »Man lernt durch kulturelle Veranstaltungen von anderen Menschen, durch ihr Verhalten, wie sie sich kleiden, wie sie sprechen, was für Werte sie haben, was ihnen im Leben wichtig ist. Man lernt immer etwas dazu. Man gewöhnt sich an Vielfalt. Man kann schneller Vertrauen aufbauen.«

Der junge Fotograf Bobby mit vietnamesischen Wurzeln würde das wahrscheinlich bestätigen. Er ist in Bad Homburg geboren und aufgewachsen, heute lebt er in Frankfurt am Main. Dass er auf der Realschule in einer Klasse mit einem hohen Anteil von Menschen mit Migrationsgeschichte gelandet ist, empfindet er heute jedenfalls als eine lehrreiche Zeit: »Man hat Dinge gelernt, die man woanders sonst nicht hätte lernen können. Wir lernen ja von Büchern und von Lehrern, aber am meisten lernt man durch das multikulturelle Zusammenwachsen, und gerade in meiner wichtigsten Entwicklungsphase von 14 bis 18 Jahren habe ich durch das Leben mit Kanaken viel gelernt. Von Büchern lernst du gewisse Dinge nicht, wie das Leben im Miteinander. Das kann man nur lernen, wenn man in Kontakt damit kommt, und ich meine: den direkten Kontakt.«

Auch Nikbin Rohany empfindet es nicht als Nachteil, Kindheit und Jugend in einem sozialen Brennpunkt verbracht zu haben. »Dort aufzuwachsen, hat mir sehr gut gefallen, da haben nicht nur zwei Nationalitäten nebeneinander gelebt, sondern es war sehr gemischt: Türken, Deutsche, Afghanen und Osteuropäer. Ich habe das Zusammenleben sehr positiv wahrgenommen, es hat mich auch geprägt, ich habe sehr viele Freundschaften geschlossen, die bis heute halten.«

Das Großwerden in solch einem Umfeld hat Rohany, so stellt er rückblickend fest, positiv beeinflusst. »Das war einfach normal. Man hat sehr viele verschiedene Kulturen und Nationalitäten kennengelernt und hat unterschiedlichste religiöse Einflüsse erlebt. Dadurch wird man offener und toleranter. Die zwischenmenschlichen Beziehungen waren sehr warm, auch der Umgang im Freundeskreis.« Diese Erfahrungen haben seine Persönlichkeit geprägt. »In Vielfalt aufzuwachsen, hat mir gezeigt, dass man offen mit Menschen umgehen und auf sie zugehen kann.« Heute ist Rohany Geschäftsführer von Shore GmbH, einem Start-up-Unternehmen, das eine Software für digitale Termin- und Kundenverwaltung entwickelt hat.

Auch die Dulatov-Brüder empfinden die Vielfalt in ihrer neuen Heimat als sehr positiv, sagt Tamerlan: »In Tschetschenien findet man keine Türken, keine Marokkaner. Ich bin froh, dass wir hier leben, weil es hier diese Menschen gibt. Und hier muss man nicht mit jemandem befreundet sein, weil man im gleichen Dorf lebt. Es gibt eine große Auswahl an Menschen, mit denen man befreundet sein kann. Es gibt korrekte und nicht korrekte Leute, man kann selbst entscheiden.« Islam Dulatov ergänzt: »Irgendwann kommt man auch mit den eigenen Leuten nicht klar. Es ist schön, in so einer Vielfalt zu leben. Wir sind mit Tschetschenen, Kurden, Marokkanern, Türken und Russen befreundet.« Die Dulatov-Brüder sind nicht nur erfolgreiche internationale Models, die auf den Laufstegen in Mailand, Paris, London und Peking für Marken wie Versace laufen, sondern auch professionelle Mixed-Martial-Arts-Kämpfer.

Mir geht es nicht darum, prekäre Verhältnisse und Stadtviertel mit einem hohen Ausländeranteil zu romantisieren. Ethnische und soziale Segregation ist nichts per se Positives. Ich wünsche mir weder Wohngebiete, in denen Menschen mit deutschen Wurzeln die Minderheit sind, noch solche, in denen der Türke oder Italiener der Exot, der Außenseiter oder die nette Ausnahme ist, sondern eine Durchmischung. Nur ist die Vorstellung, man sei zum Scheitern verurteilt und schaffe niemals den Anschluss an die Gesellschaft, wenn man in einem mehrheitlich von »Ausländern« bewohnten Viertel aufgewachsen ist, einfach falsch. Es hat sehr wohl positive Seiten, in solch einem Umfeld groß zu werden. Problematisch wird es nur, wenn man nicht die Möglichkeit hat, aus so einem Viertel herauszukommen – oder es gar nicht will. Wenn es alles ist, was man kennt.

Aus diesem Grund muss einer ethnischen und sozialen Segregation dahingehend entgegengewirkt werden, dass Menschen diese Stadtgebiete verlassen können und die Vielfalt ihrer Stadt und des Landes kennenlernen. Denn diese Vielfalt ist mehr als nur das Deutschsein, es sind all die kulturellen und sprachlichen Strömungen, die in einer Einwanderungsgesellschaft existieren. Aber diese Vielfalt kann es auch in den sogenannten »Ghettos« geben, wenn ein Miteinander statt einem Nebeneinander stattfindet.

Nur wenn es keine Vielfalt gibt, wird aus einem »Ghetto« eine »Parallelgesellschaft«. Deshalb ist eine Durchmischung der Viertel wichtig, sonst führt eine räumliche Segregation zu einer sozialen, in der man nicht mit der großen Vielfalt an Lebensweisen und auch der hiesigen Kultur in Berührung kommt. Das hessische Offenbach funktioniert beispielsweise als »Ankunftsstadt«[10] für

Menschen mit Migrationshintergrund, weil dort keine monoethnische Segregation herrscht, also nicht einfach große türkische oder arabische Communitys unter sich bleiben.[11] In Offenbach leben Menschen aus der ehemaligen Sowjetunion, aus Serbien oder Bosnien gemeinsam mit türkischen Bulgaren und Libanesen. In einer solchen Umgebung aufzuwachsen, bedeutet, dass man bereits als Kind interkulturelle Kompetenz erlernt, die wir mehr denn je brauchen – in einer globalisierten Welt und in unseren Gesellschaften, in der Migration Teil der gesellschaftlichen Prozesse ist.[12]

AUSGRENZUNG

»Man spürt die Ausgrenzung, egal, wie alt man ist,
egal, wie viel man hier geschafft hat, egal, was für ein teures Auto
man fährt oder wie gut der Anzug sitzt.«
Onur Türktorun

Als Jugendliche wollten wir wie alle anderen Jugendlichen auch in Nachtclubs gehen. Doch für uns galt ein ungeschriebenes Gesetz: Unsere Freunde kamen nicht in die Clubs hinein. Eine Unterscheidung, die auch bei anderen Gelegenheiten gemacht wird. Weil man uns Frauen als Opfer sieht oder uns sexualisiert, sind wir gern gesehene Gäste. Die Männer hingegen werden als Gefahr gesehen. Davon kann Jack Culcay ein Lied singen: »Als ich 16 oder 17 Jahre alt war und wir in eine Disko gehen wollten, sind wir nie reingekommen. Die Türsteher, die deutsch oder keine Ahnung was waren, haben direkt von Weitem gesagt: ›Ne, ne, ne‹. Da fühlt man sich natürlich schlecht.«

Vorurteile, Diskriminierung und Rassismus sind für Menschen mit Migrationshintergrund in Deutschland Teil ihres Lebens. Allerdings hilft es nicht weiter, jeden zwischenmenschlichen Konflikt darauf zurückzuführen. Die inflationäre Verwendung des Rassismusbegriffs auch in Fällen, wo es angebrachter wäre, von Vorurteilen zu reden, trägt sogar dazu bei, dass den Betroffenen nicht geglaubt wird. Deshalb wünsche ich mir eine Differenzierung zwischen den Begriffen.

Ein Vorurteil ist eine »stabile und konsistent negative Einstellung gegenüber einer anderen Gruppe«,[13] es beruht oft auf »Kultur, Religion oder schlicht Familie oder Verwandtschaft«.[14] Diskriminierung bedeutet im sozialen Sinne, dass »Menschen aufgrund gruppenspezifischer Merkmale wie ethnische oder nationale Herkunft, Hautfarbe, Sprache, politische oder religiöse Überzeugungen, sexuelle Orientierung, Geschlecht, Alter oder Behinderung« *benachteiligt* werden.[15]

Rassismus schließlich meint mehr als nur ein Vorurteil und beinhaltet immer eine Diskriminierung. Dem Stanford-Historiker George Fredrickson zufolge handelt es sich um Rassismus, wenn Differenzen zwischen Menschen nicht nur festgestellt, sondern als »angeboren, unauflöslich und unveränderbar erklärt werden«. Eine rassistische Ideologie geht davon aus, dass aufgrund solcher Unterschiede die eine Gruppe der anderen überlegen sei; dies kann biologisch oder kulturell begründet werden. Rassismus setzt also nicht nur eine Einteilung in Gruppen voraus und eine negative Haltung gegenüber einer bestimmten Gruppe, sondern es braucht immer auch den Gedanken des Überlegenseins.[16]

Ich spreche hier darüber hinaus von Ausgrenzung, weil es mir vor allem darum geht, ob man prinzipiell als Teil dieser Gesellschaft akzeptiert wird – unabhängig davon, ob man diskriminiert wird. Denn auch, wenn wir nicht diskriminiert oder mit Vorurteilen konfrontiert werden, sondern mit Fakten – wie Studien, die belegen, dass wir einen geringeren Bildungserfolg haben oder dass die Kriminalitätsrate unter Männern mit Migrationshintergrund unabhängig von ihrer sozialen Herkunft höher ist als bei Männern ohne Migrationsgeschichte –, spricht man uns ab, dass wir Kinder dieser Gesellschaft sind, dass unsere Probleme auch die Probleme dieser Gesellschaft sind.

Es gibt viele verschiedene Formen von Ausgrenzung. Sie kann in der Schule stattfinden, in der Ausbildung und im Beruf; sie kann sich gegen uns richten oder gegen unsere Eltern und Großeltern, die als Gastarbeiter in dieses Land eingeladen wurden. Ausgrenzung findet auch innerhalb der migrantischen Communitys und gegenüber Deutschen ohne Migrationsgeschichte statt. Jedenfalls sind die Erfahrungen meiner Gesprächspartner sehr unterschiedlich, je nach Person, Wohnort und auch Arbeitsplatz. So vielfältig die Menschen sind, genauso vielfältig sind ihre Sichtweisen auf Ausgrenzung, Vorurteile, Diskriminierung und Rassismus. Und so vielfältig sind auch ihre Arten, damit umzugehen. Meine Gesprächspartner haben mir erzählt, wie sie das gelernt haben.

»Du wirst es nicht schaffen«

Bereits als Jugendliche wurden wir damit konfrontiert, dass wir nicht zu dieser Gesellschaft dazugehören sollen, dass wir anders sind. Eine sehr schmerzhafte Erfahrung. Gerade in der Schule, als viele von uns zum ersten Mal näheren Umgang mit Deutschen bekamen, war es schwierig. Für die Lehrer und Lehrerinnen bedeuteten die Schüler mit ausländischen Wurzeln oft die erste intensivere Begegnung mit dem Thema Migration. Sie hatten wenig Ahnung davon, wie sie mit ihnen umgehen sollten.

Zu Beginn des großen Zustroms an Gastarbeitern in den 60er Jahren hatte die Pädagogik das Thema Einwanderung ignoriert, und erst, als diese Menschen ihre Kinder nach Deutschland holten, befasste man sich eher unwillig und »sehr zögerlich« damit.[17] Die sogenannte Ausländerpädagogik zielte auf Assimilation, weil man die Herkunft der Kinder mit Migrationsgeschichte als Nachteil wahrnahm. Wenn die Kinder in der Schule keine guten Leistungen erbrachten, lag es an ihrer nichtdeutschen Sozialisation und ihren mangelnden Sprachkenntnissen. Deshalb sollten sie »nachsozialisiert« werden; die Integrationsfrage war vor allem eine Bildungsfrage. Es ging dabei um zwei Ziele: die Kinder an die sprachlichen Anforderungen der deutschen Schulen anzupassen, falls sie hierblieben, und die Rückkehrfähigkeit zu fördern, falls sie doch zurückgingen.[18] Denn weder der deutsche Staat noch die Gastarbeiterfamilien wussten, ob diese Menschen in Deutschland bleiben oder wieder zurück in ihre Heimatländer gehen würden.

Die Grundschulrektorin Ingrid König erzählt, dass sie völlig auf sich allein gestellt war, als sie Mitte der 70er Jahre als Referendarin begann, Kinder mit Migrationshintergrund zu unterrichten. Das Unterrichtsmaterial für die Einführungsklassen stellte sie sich selbst zusammen. »Anfangs habe ich insbesondere mit jugoslawischen Kindern gearbeitet, weil ich auch selbst Kroatisch spreche und so besonders gut beobachten konnte, welche Schwierigkeiten die Kinder mit Deutsch hatten. Während des Studiums habe ich mich auch umgeschaut, wo ich wissenschaftliche Grundlagen zum Thema Migration finden konnte – in der Soziologie wurde ich fündig.«

Die gebürtige Frankfurterin ist so relativ früh mit Migranten zusammengekommen. »Ich habe mit dem Lehrauftrag bereits während des Studiums angefangen, als ich 21 Jahre alt war.« In ihren jugoslawischen Einführungsklassen arbeitete sie mit einer muttersprachlichen Lehrerin zusammen. »Während ich Deutsch unterrichtet habe, hat sie in der Muttersprache der Kinder gelehrt. Sie sollten die ersten zwei Jahre betreut werden, damit sie ab der dritten Klasse wieder in ihre Heimatländer gehen können – das war damals so gedacht. Und falls sie doch dableiben sollten, damit sie keine Probleme in den überwiegend deutschen Klassen haben.«

Die Probleme meiner Generation hatten weniger mit der deutschen Sprache zu tun. Es war der Mangel an Sensibilität und Wertschätzung, mit dem uns viele Lehrerinnen und Lehrer begegneten. Das war insofern kein Wunder, als Kinder mit Migrationsgeschichte der Ausländerpädagogik »primär als defizitär und kompensationsbedürftig« erschienen.[19] Sie wurden als Fremde gesehen, die sich primär an der Heimat ihrer Eltern orientieren. Zwar wurde die Ausländerpädagogik in den 80er Jahren durch die interkulturelle Pädagogik ersetzt, die Menschen mit Migrationshintergrund als ebenbürtig und ihre nicht deutsche Sozialisation als Ressource ansieht, aber davon habe ich nicht viel mitbekommen.[20]

Zudem wussten unsere Lehrer nichts von Identitätskonflikten, nichts über die Zerrissenheit, die einen immer begleitet, wenn man mit zwei Kulturen aufwächst. Wie es ist, aus einem multikulturellen Umfeld an eine Schule zu kommen, an der man plötzlich als Einwandererkind zur Minderheit zählt und ausgegrenzt wird. Wie sollte es da dann noch um unser Wissen, unseren Erfahrungsschatz und unser kulturelles Kapital aus unserer Migrationsgeschichte und der nicht deutschen Herkunft gehen? Wenn wir Glück hatten, gab es Lehrer, die sich für unsere Heimatländer interessierten, so wie mein Politik- und Wirtschaftslehrer, der begeistert vom Staatsgründer der modernen Türkei, Mustafa Kemal Atatürk, erzählte: »Ein brillanter Mann!« Ich spürte, wie viele in meiner Klasse zum ersten Mal in ihrem Leben etwas Positives über einen Türken hörten.

Auch Ingrid König war aufgeschlossen, was die Kultur, Geschichte und Traditionen der Herkunftsländer ihrer Schüler anging: »Es hat mich interessiert, wie Menschen Dinge anders machen. Ich musste das nicht unbedingt auch so machen, aber es hat mich fasziniert, dass andere Menschen anders sind. Dass Chinesen völlig anders denken als wir, das erschreckt mich nicht, und ich muss sie deshalb auch nicht diffamieren. Ich sehe das mit großer Verwunderung, und ich sehe, was das mit den Menschen macht. Ich mag die Menschen. Deshalb hatte ich mit dem Islam, so wie er vor zwanzig Jahren gelebt wurde, überhaupt keine Berührungsängste, das hat mich interessiert. Auf diese Art und Weise ist man ziemlich offen, und Kinder spüren das. Zu mir sagte mal ein Junge: ›Also wissen Sie, Sie waren ja schon öfter in der Türkei als meine Eltern.‹ Der Junge ist Türke.« König glaubt, dass es eine Wertschätzung für die Kinder sei, wenn die Lehrkraft etwas über das Herkunftsland ihrer Eltern weiß, schon mal dort war oder vielleicht sogar ein, zwei Worte in ihrer Muttersprache kennt – das müsse gar nicht viel sein.

Auf Lehrerinnen und Lehrer zu treffen, die sich persönlich für andere Kulturen interessieren, war leider nicht die Regel. Diese Erfahrung machte auch Syn, der Inhaber des Frankfurter Rap-Labels 385i. Zwar habe er auch »coole« Lehrer gehabt, wie er erzählt.

Doch »erst in der Schule hat man die Ausgrenzung gespürt.« Unter Kindern sei es üblich gewesen, dass man Witze über die unterschiedlichen nationalen Identitäten machte und sich mit »Ey, du Polacke« oder »Yugo Betrugo« anredete, das habe man nie ernst genommen. »Aber wenn Lehrer solche Sprüche drücken, dann denkt man sich schon: Okay, krass. Da hast du gemerkt, das ist rechtes Gedankengut«, erinnert er sich. Auf die Frage, ob er das Gefühl hatte, anders zu sein, antwortet Syn: »Wieso sollte ich anders gewesen sein? Ich war ja nicht anders. Für mich war klar, der Lehrer ist ›anders‹. Weil, für mein Umfeld war es scheißegal, woher ich komme. Ich dachte mir immer: Du bist anders, weil es dir wichtig ist.«

Es sind nicht nur die diskriminierenden Bemerkungen von Lehrern über die Herkunft, die Schüler mit Migrationshintergrund belasteten, sondern auch der fehlende Glaube an ihre Potenziale und Chancen. Ciani-Sophia Hoeder wurde jüngst vom *Medium Magazin,* einem journalistischen Fachmagazin, unter die 30 jungen Journalistinnen und Journalisten gewählt, die besonders talentiert sind, und landete auch auf dem Cover des Magazins.[21] Die junge Berlinerin mit deutschen und afro-amerikanischen Wurzeln hat das Online-Magazin *RosaMag* gegründet, das erste Online-Lifestylemagazin für Schwarze Frauen. Kaum zu glauben, dass ihre Mathelehrerin zu ihr noch vor einigen Jahren gesagt hat: »Du wirst es nicht schaffen.« Ciani-Sophia dachte sich aber: »Ich werde es so was von schaffen. Ich hatte in mir immer so eine Wut.«

Diese Wut kenne ich sehr gut. Auch ich musste mir in der neunten Klasse von meinem Physiklehrer anhören, während er mir tief in die Augen schaute: »Manche gehören einfach nicht auf das Gymnasium« – nur weil ich in den naturwissenschaftlichen Fächern nicht besonders stark war. Es interessierte ihn nicht, wie gut ich in Deutsch, Ethik oder Politik war, wie leicht es mir fiel, Gedichte zu analysieren, oder wie sehr ich mich für Schopenhauer interessierte. »Aus denen wird eh nichts. So haben uns die Lehrer immer gesehen«, erinnert sich der professionelle Kampfsportler Jack Culcay und gibt damit die Erfahrung vieler meiner Gesprächspartner wieder. Es gab zwar auch Lehrer, die ihm und seinen Mitschülern mit Migrationshintergrund geholfen haben. »Aber von ihnen gab es nur wenige.«

Bobby ist erfolgreicher Fotograf und arbeitet mit Rappergrößen wie AZET und UFO361 zusammen, schon zu Beginn seiner jungen Karriere hat er Fußballer wie Leroy Sané und Mesut Özil fotografiert. Bobby hat vietnamesische Wurzeln, er ist in Deutschland geboren und aufgewachsen, und auch er hat negative Erfahrungen gemacht: »In der 8. Klasse hatte ich einen Lehrer, der mochte mich nicht, er mochte überhaupt keine Ausländer. Er ist durchgedreht und hat dafür gesorgt, dass ich sitzenbleibe. Er hat mir direkt ins Gesicht gesagt: ›Aus dir wird nichts.‹«

Wenn unsere Lehrerinnen und Lehrer uns so etwas sagten, war es sehr schwierig, ihnen nicht zu glauben. Nicht nur weil sie als Pädagogen zu uns Schülern sprachen, uns mit Noten bewerteten, sondern auch weil sie als Deutsche zu uns Ausländerkindern sprachen. Sie waren Teil der Gesellschaft, zu der wir, ihrer Meinung nach, nie gehören würden.

Filiz Tatar, die im Alter von acht Jahren aus der Türkei nach Deutschland eingewandert ist, bekam von ihrer Lehrerin gesagt, dass sie kein Deutsch und Englisch könne – während ihrer Ausbildung als Fremdsprachensekretärin in einer Darmstädter Berufsschule. »Mir wurde es nicht gezeigt, sondern gesagt, jeden Tag: ›Du hast hier nichts zu suchen, du kannst in Deutschland keine Karriere machen. Aus dir wird nichts, höchstens eine Putzfrau.‹ Das war schlimm.« Ihre Lehrerin habe sie schon aufgegeben, sie sagte ihr: »Du brauchst keinen Aufsatz zu schreiben« oder »Du musst das nicht ins Englische übersetzen, weil du das sowieso nicht kannst«. Sie wurde unfair benotet, obwohl sich ihre ganze Klasse für sie eingesetzt habe. »Und irgendwann habe ich ihr echt geglaubt, dass ich kein Deutsch und Englisch sprechen kann. Dabei war ich die Beste in Englisch. Ich musste meine Ausbildung abbrechen.« Heute arbeitet die 34-Jährige seit acht Jahren beim US-Konsulat in Frankfurt.

Diskriminierung in der Schule gab es schon immer, aber besonders, seit die Kinder der Gastarbeiter am Unterricht teilnahmen. So auch bei Angeliki Liakidis, die im Alter von 15 Jahren aus Griechenland nach Deutschland kam. Ihr Vater arbeitete als Gastarbeiter in Darmstadt. Die heute 61-Jährige ist dort als Integrationsberaterin beim Diakonischen Werk angestellt. Von der Gesellschaft habe sie sich als Jugendliche zwar nicht ausgegrenzt gefühlt, aber in der Schule sei Diskriminierung Teil des Alltags gewesen.

»Ich habe Diskriminierung sehr früh erfahren, muss ich ehrlich sagen. Auch in der Berufsfachschule habe ich das bemerkt. Ich hatte einen Deutschlehrer, der war ganz in Ordnung. Der hat mir zusätzliche Hausaufgaben gegeben, damit ich die Sprache besser lerne und verstehe. Aber im zweiten Jahr kam jemand anders. Er hat mir richtig schlechte Noten gegeben. Da habe ich zum ersten Mal gemerkt, er diskriminiert mich. Und diese eine Erinnerung ist mir immer noch präsent, und es ärgert mich bis heute. Ich war sehr gut in deutscher Grammatik. Er wusste, dass ich gut bin, aber er wollte es einfach nicht glauben. Er dachte, dass ich abschreibe. Ich war damals 17, er hat mich in eine Ecke gezogen und gefragt: ›So, ich will das jetzt wissen, wie machst du das?‹ Ich hatte in dieser Grammatikarbeit eine Eins Minus geschrieben. Dann hat er mich vor die ganze Klasse geführt und gesagt: ›Sie ist seit 1974 in Deutschland, und sie ist Ausländerin und hat hier keine Fehler, und ihr bemüht euch nicht.‹ Und das hat mich noch mehr geärgert.«

Nicht immer ist es der Migrationshintergrund, wegen dem man diskriminiert wird. So bemerkte ich früh, dass sich die Ressentiments mancher Lehrer eher darauf bezogen, dass ich aus einer bildungsfernen Familie kam. Tatsächlich hat es mehr mit der Schichtzugehörigkeit und noch mehr mit dem Bildungshintergrund der Eltern zu tun, ob ein Kind weiterkommt, eine

Gymnasialempfehlung erhält. Der Wille und die Fähigkeiten der Schüler und der Familien werden dabei außer Acht gelassen. Laut einer Studie der Johannes-Gutenberg-Universität Mainz und der Universität Bremen erhalten »Kinder mit Migrationshintergrund [...] ungünstigere Bildungsempfehlungen und realisieren unvorteilhaftere Bildungsübergänge als Kinder ohne Migrationshintergrund«. Allerdings lassen sich die Abstände der Studie zufolge »statistisch vollständig« mit dem niedrigeren Sozialstatus von Migrantenfamilien erklären.[22]

Ob es an unserem sozialen oder nicht deutschen Hintergrund liegt: Wir Kinder mit Migrationshintergrund werden im deutschen Bildungssystem abgestraft. Oft übersieht man unsere Talente, fördert uns nicht richtig oder gibt uns von vornherein das Gefühl, dass wir es nicht schaffen. Günter Wallraff kann darüber nur den Kopf schütteln: »Schlimm wird es, wenn jemand aufgrund seiner Herkunft in der Schule nicht entsprechend seiner Talente gefördert wird. Das können die intelligentesten Kinder sein. Doch weil sie am Anfang vielleicht Sprachdefizite haben, werden sie auf unterfordernde Schulen geschickt, können kein Gymnasium besuchen oder werden nicht zum Abitur zugelassen.«

Cem Görmüs war so ein Kind. Er wurde auf die Sonderschule geschickt, weil er, wie er heute selbst sagt, »schwer erziehbar« gewesen sei. Er versteht sogar seine Lehrer, die ihn »anders« behandelt haben. »Sie waren überfordert von Kindern wie uns, wir waren schwer erziehbar und verwöhnt. Du weißt, wie das bei uns Ausländern ist. Die Lehrer waren wirklich überfordert – mit *unseren* Leuten. Mit Matthias und Hans haben sie gerne zusammengearbeitet, viel lieber als mit einem Murat, Ahmet oder Cem.«

Einen Tag wird Cem nie vergessen: den Tag, an dem man ihn aus der Klasse geholt hat. Cem dachte, er würde bestraft werden. »Ich habe gedacht, scheiße, wir haben ja immer in den Pausen Mist gebaut. Ich hatte Angst, dass mein Vater und meine Mutter es mitkriegen, dass ich zu Hause Ärger bekomme.« Man brachte ihn in einen anderen Raum, damit er einen Test machte. Seine Schuldirektorin, die Klassenlehrerin und jemand vom Schulamt waren dabei. Ein paar Tage später musste er erneut einen Test machen. Als er wieder einige Tage später zur Schule kam, sagte man ihm: »Ich soll gar nicht erst meine Sachen auspacken, ich soll nach Hause gehen. Ich habe wieder Angst bekommen, ich wusste nicht, was ich getan hatte. Man sagte mir, dass meine Eltern benachrichtigt werden. Ich sollte nicht mehr zur Schule kommen. Ich habe angefangen zu weinen, und wieder dachte ich: Meine Eltern werden mit mir schimpfen. Dann hat mich die Direktorin gerufen und gesagt: ›Schau mal, du gehörst nicht hier auf die Sonderschule. Du stehst zwischen Realschule und Gymnasium.‹ Dann bin ich auf die Marienhöhe gegangen – also ich bin von der Sonderschule aufs Gymnasium gegangen. Ich war nicht der Einzige. Sie haben all die Leute, die schwer erziehbar waren, in eine Sonderschule gesteckt.«

Auch Samson Habtom wurde von der normalen Grundschule auf eine Sonderschule versetzt. »Es war wie eine Achterbahnfahrt. Erst mal habe ich mich in der Sonderschule wohl gefühlt, weil man freier war und Tiere wie Kaninchen hatte, mit denen man spielen konnte. Man konnte sich austoben, beispielsweise beim Klettern. Aber als ich dann im Kreis mit den anderen Kindern saß, realisierte ich, dass ich nicht auf diese Schule gehöre.« Nach zwei Wochen wurde er wieder in seine alte Schule versetzt, es hatte nur eine Schockmaßnahme sein sollen, weil er schwer erziehbar gewesen sei.

Aus meinem Umfeld habe ich oft gehört, dass Kinder, die hier geboren und aufgewachsen sind, auf die Sonderschule geschickt wurden, obwohl sie lediglich einen Sozialpädagogen gebraucht hätten. Aber für uns war niemand da, sagt mein Kickboxtrainer Sefer Göktepe, der heute 41 Jahre alt ist: »Unsere Eltern, das waren einfach Eltern, die ganz normal waren, die haben nur unsere Grundbedürfnisse erfüllt, sie haben uns Essen gegeben, uns zum Arzt gebracht, aber die haben nie verstanden, was das Kind für Probleme hat, mit wem es abhängt, welche Probleme in der

Schule existieren, ob wir Nachhilfe brauchen oder dass sie auch zu Elternabenden gehen müssen. Darum haben sie sich nie gekümmert. Weil sie selbst nicht in der Lage waren, Deutsch zu sprechen. Und ich sage: Das war das Problem von Deutschland. Die haben sich nicht darum gekümmert.« In den 80er Jahren, als Sefer Göktepe in Deutschland aufgewachsen ist, haben die Sozialarbeiter die ausländischen Jugendlichen nicht verstanden: »Sie kannten die Theorie, aber sie hatten keine Praxiserfahrung mit uns. Sie wussten nicht einmal, um was es geht, wenn es um unsere Probleme ging.«

Dass es auch anders gehen kann, zeigt die Geschichte von Bobby. Der Fotograf hatte das Glück, eine kompetente Begleitung an die Seite gestellt zu bekommen. Es heißt immer wieder, dass der Bildungserfolg der Schüler mit vietnamesischen Wurzeln höher sei. »Das liegt auch an unserer Kultur, da legt man sehr viel Wert darauf, dass man gut in der Schule ist«, meint Bobby. »Ich musste schon während des Kindergartens vieles lernen, beispielsweise Rechnen. Ich konnte auch schon früh lesen und schreiben. Dann bin ich in die Vorschule gekommen, und für mich war das ungewohnt, dass man da erst angefangen hat, Zahlen zu malen. Ich habe mich verarscht gefühlt, denn ich konnte das alles schon. Ich musste immer zu Hause lernen – jeden Tag. Auch während der Vorschule musste ich jeden Tag rechnen. Dass die anderen viel zu langsam waren, hat mich total irritiert.«

Er sei gut in der Schule gewesen, aber auf sozialer Ebene eine »totale Katastrophe«. Seine Eltern hatten sich getrennt, als er fünf Jahre alt war, er lebte bei seiner berufstätigen Mutter, so war er oft alleine zu Hause. Das Verhältnis zu den Lehrern sei anfangs gut gewesen. »Dann wurde es angespannter, weil ich zu einem Problemfall wurde. Ich durfte auch keine Klasse überspringen, aufgrund meines Sozialverhaltens.« Erst als sich zusätzlich eine Pädagogin um ihn kümmerte, sein Alltag Struktur bekam, wurde es besser.

In der Schule wurde nicht nur die Grenze zwischen deutschen

Lehrern und Ausländerkindern deutlich, sondern auch die zwischen Schülern mit und ohne Migrationshintergrund. Der Rapper Ćelo, mit bürgerlichem Namen Erol Huseinćehaj, ist 1982 in Frankfurt geboren und aufgewachsen. Seine Eltern sind aus Bosnien als Gastarbeiter nach Deutschland eingewandert. Zusammen mit Abdï macht er Straßen- und Conscious Rap – mit dem Rappen über das Leben auf der Straße verfolgen sie einen gesellschaftskritischen Anspruch. »Es wurde uns schon in der Grundschule vermittelt, dass wir Ausländer sind. Die Deutschen waren mit den Deutschen, und die Ausländer waren mit den Ausländern. Auch wenn niemand gefragt hat, das war selbstverständlich«, erzählt Ćelo.

Er habe das Gefühl, dass es vor allem die Eltern gewesen seien, die ihren Kindern einredeten, nicht mit Kindern zu spielen, die keine deutschen Wurzeln haben. Am meisten spürte Ćelo die Ausgrenzung, wenn Geburtstage seiner Klassenkameradinnen und -kameraden anstanden. »Bei Kindergeburtstagen haben die Deutschen nur unter sich gefeiert.« Auch Rechtsanwalt Onur Türktorun sieht die Verantwortung bei den Eltern. »Nicht das deutsche Kind hat gesagt: Onur, du kommst nicht zu meinem Geburtstag. Die Kinder haben zwar die Einladungen verteilt, doch das wurde auch von den Eltern bestimmt.«

Die Eltern von Timo Tonndorf, der glücklich mit der Influencerin Gözde Duran verheiratet ist, haben ihm allerdings nie verboten, mit Migrantenkindern zu verkehren. »Meine Freunde hatten immer ausländische Wurzeln – also unter anderem griechische, arabische oder rumänische Wurzeln. Das war sehr bunt gemischt. Meine Eltern haben weder auf die Hautfarbe meiner Freunde geschaut noch darauf, welchen Hintergrund, welche Nationalität sie haben. Ich habe in meiner Kindheit nie mitbekommen, dass das ein Thema war. Ich durfte jeden besuchen, und ich durfte jeden zu mir nach Hause einladen. Ich glaube, es gab nie irgendwelche großen Debatten oder Konflikte diesbezüglich. Ich bin sehr froh darüber.«

Meine erste Erfahrung von Ausgrenzung habe ich bereits im Kindergarten gemacht. Als ich mich in eines der Spielhäuschen setzen wollte, versperrte mir ein anderes Mädchen den Weg.

»Warum?«, fragte ich. Weil ich keine Christin sei, antwortete sie. Ich wusste nicht einmal, was das bedeutet, nur, dass ich es nicht war. Über meine Religion wurde ich von meinen Eltern nie aufgeklärt. Meine Cousine flüsterte mir im Alter von acht oder zehn Jahren zu, dass wir Aleviten seien. Das war alles, was ich dazu wusste, bis ich in die Oberstufe kam.

Das Erlebnis im Kindergarten hat mich sehr geprägt, vor allem das, was danach passierte. Weinend ging ich zu meiner Kindergärtnerin, die fragte, was los sei. Nachdem ich es ihr erzählt hatte, sagte sie in einem ernsten Ton: »Das, was deine Freundin gemacht hat, ist sehr, sehr falsch.« Und ich lernte etwas, was ich mein Leben lang nicht vergessen sollte: Wenn es jemanden gibt, der mich diskriminiert oder schlecht behandelt – aufgrund meiner Herkunft, meiner Religion oder meines Aussehens –, wird es auch immer Menschen geben, die sich anders verhalten und die sich auch dafür einsetzen, dass Menschen mit Diskriminierungen nicht einfach davonkommen. Meine Kindergärtnerin hat mit meiner Spielkameradin gesprochen. Vielleicht hatte ich Glück, aber ich konnte mich seitdem darauf verlassen, dass nicht ›alle‹ so sind. Und auch später pflegte mir mein Vater, der sich immer laut und mit großem Protest gegen Diskriminierung im Supermarkt oder in der Behörde beschwerte, zu sagen: »Nicht alle Deutschen sind so.«

Für manche Leser mit deutschen Wurzeln mag das hart klingen. Versteht es sich nicht von selbst, dass nicht »alle« so sind? Nein, so einfach ist es nicht. Wenn der erste nähere und auch emotionale Kontakt zu Deutschen mit Diskriminierung und Ausgrenzung verbunden ist, dann lernt man sie als »die Bösen« kennen. Das wirkt nach. Umso wichtiger ist es, sich selbst und die eigene Community zu ermahnen: »Achtung, nicht pauschalisieren!« Oft hätten wir uns übrigens gewünscht, dass sich andere ebenfalls auf diese Weise selbst zügeln, etwa bei den Themen »Ausländerkriminalität« oder »Islamismus«. Es geht um Differenzierung. Ja, das wünschen wir uns so oft. Also: Es gab immer Deutsche, die sich sehr bemüht haben, sich um unsere Belange kümmerten – auf Augenhöhe. Die ein aufrichtiges Interesse an uns hatten, nicht nur am Döner oder dem italienischen Dolce Vita, sondern auch an unserem Leben und unseren Problemen.

»Als wären meine Eltern bescheuert«

Günter Wallraff ist einer davon. Er ist für viele Migranten eine Ikone, ein Held über Generationen hinweg. In den 70ern protestierte er in Athen gegen die Militärdiktatur und wurde daraufhin verhaftet, gefoltert und inhaftiert. Er veröffentlichte mehrere Bücher mit hoher Auflage zu den Praktiken der *Bild*-Zeitung, in deren Redaktion er undercover gearbeitet hatte. In den 80ern dokumentierte er in seiner Rolle als Türke »Ali«, unter welch unwürdigen Bedingungen die »Gastarbeiter« arbeiten mussten, zum Beispiel bei Thyssen. Mit über fünf Millionen verkauften Exemplaren war *Ganz unten* in Deutschland das meisterverkaufte Buch der Nachkriegszeit und wurde in 38 Sprachen übersetzt. Wallraff lebt seit Langem in Köln-Ehrenfeld, heute ein beliebtes Wohnviertel. Das war nicht immer so. »Ich habe mich aber von Anfang an hier wohlgefühlt. Ehrenfeld war ein Viertel, in dem damals mehrheitlich ärmere Menschen wohnten und viele sogenannte Gastarbeiter. Mit einigen hatte ich Kontakt oder war befreundet. Ende der 70er und Anfang der 80er Jahre hörte ich immer wieder von unmenschlichen Arbeitsbedingungen, Ausbeutung und rassistischen Vorfällen. Die wollte ich selbst erleben und dokumentieren. Ich habe die Rolle vier Jahre lang intensiv vorbereitet. Ich war damals schon über 40 und musste mich durch Ausdauer- und Krafttraining in einen Mitte 20-Jährigen ›verwandeln‹, sonst hätte man mich nicht genommen.«

Wallraff hat schon sehr früh erlebt, dass Einwanderer wie Menschen zweiter Klasse behandelt wurden. »Damals waren es überwiegend Italiener, die stigmatisiert wurden. Das waren die ›Messerstecher‹, das waren ›die, die unsere Frauen wegnehmen‹. Es wurde ein Feindbild geschaffen. Dabei suchte man händeringend nach Arbeitskräften. Als ich Mitte der 60er in Hamburg auf einer Werft arbeitete, gab es in der Stadt große Werbeplakate in der Art der amerikanischen politischen Poster. Neben einem Schutzhelm und einem auf den Betrachter gerichteten Zeigefinger prangte der Slogan ›Wir brauchen dich‹ – so auch der Titel meiner ersten Veröffentlichung der Industriereportagen. ›Wir riefen Arbeitskräfte, und es kamen Menschen‹, brachte es Max Frisch auf den Punkt.«

Mit *Ganz unten* zeigte Günter Wallraff den Deutschen, unter welchen unmenschlichen Bedingungen die Gastarbeiter arbeiten mussten – wie schlimm ihre Arbeitsbedingungen waren, aber auch die täglichen Herabwürdigungen. Wir aber, die jüngere Generation, kannten diese Erfahrungen bereits – von den Erzählungen unserer Eltern und Großeltern. So waren wir nicht nur von unseren eigenen Ausgrenzungs-, Diskriminierungs- und Rassismuserfahrungen beeinflusst, sondern auch von jenen unserer Eltern und Großeltern. Der in Berlin-Charlottenburg geborene Sneaker-Designer und Unternehmer Hikmet Sugör erinnert sich an die Erzählungen seines Vaters. »Gastarbeiter wurden in Lagern untergebracht. Sie kamen nach Deutschland, sie wurden gesundheitlich geprüft und je nach ihrer körperlichen Stärke in verschiedene Jobs eingeteilt. Die haben manchmal bis zu drei Jobs gemacht.«

Sugör schildert die Geschichte seines Vaters als durchaus exemplarisch für die Gastarbeitergeneration. Wie mein eigener Großvater war er aus Anatolien nach Deutschland gekommen, um Geld zu verdienen. »Sie haben versucht, ihren Familien gerecht zu werden. Dann kam das erste Kind, und man hat gewartet, bis es seine Schule fertig gemacht hat, dann das zweite Kind, und zack sind sie hiergeblieben. Sie haben zwar versucht, sich in der Türkei etwas aufzubauen. Trotzdem haben es viele wie sie nicht geschafft, wieder zurückzufahren. Sie haben gelernt, zwei Heimaten zu haben. Genau wie wir Kinder der sogenannten Gastarbeiter.«

Aus heutiger Sicht immer wieder überraschend: wie wenig damit gerechnet wurde, dass die Gastarbeiter in Deutschland bleiben würden. Shishabar-Besitzer Ertun Kartal aus Hanau meint: »Ich glaube, eine Sache war den Deutschen nicht bewusst: Zum Wiederaufbau ihres Landes haben sie Arbeitskräfte gebraucht, sie haben sie Gastarbeiter genannt, aber sie haben nicht so weit gedacht, dass diese Gastarbeiter mit den Jahren auch eine Familie gründen wollen oder ihre Familien nach Deutschland bringen möchten. Mein Opa ist beispielsweise hergekommen und hat nach und nach seine Familie hergeholt – was ja verständlich ist.«

Warum nicht nur die Arbeiter, sondern auch der deutsche Staat am Rückkehrgedanken festhielt, erklärt sich Hikmet Sugör so: »Sie wollten günstige Arbeitskräfte haben, die aber kein Deutsch lernen sollten/mussten. Denn hätten sie Deutsch gelernt, hätten sie sich wehren können. Dann hätten sie sich organisiert und wären dem Arbeitgeber viel zu kompliziert gewesen.«

Dass am Arbeitsplatz die Deutschen kaum Kontakt zu den Gastarbeitern suchten und auf deren Annäherungen auch kaum reagierten, hat Günter Wallraff am meisten überrascht. »Beispielsweise luden die türkischen Kollegen ihre deutschen Kollegen oder Vorarbeiter zu einem türkischen Essen zu sich nach Hause ein. Umgekehrt habe ich aber nie erlebt, dass ein Deutscher einen türkischen Kollegen eingeladen hat. In der ganzen Zeit nicht.« Weil man sie nicht habe dazugehören lassen, seien sie vielen fremd geblieben. »Das heißt, man konnte viel schneller Vorurteile auf ihnen abladen.«

Doch das sei noch das Harmlose gewesen. »Unerträglich waren die ständigen Anmachen und ausländerfeindlichen Bemerkungen bis hin zu Nazifantasien – ›mit euch wäre man früher anders verfahren‹. Auch bei Thyssen standen ausländerfeindliche und rassistische Sprüche an den Toilettenwänden, die dann übermalt worden sind, als ich das Ganze veröffentlichte.« Der Alltag der Gastarbeiter sei schon unerträglich genug gewesen. »Dazu kamen dann noch die unmenschlichen Arbeitsbedingungen. Das zusammen führte zur Ghettoisierung.«

Ein wenig waren unsere Großeltern und Eltern auf die Ausgrenzung vorbereitet worden. Ich habe mal ein Infovideo des türkischen Außenministeriums aus dieser Zeit gesehen, das türkische Gastarbeiter über die deutschen Verhältnisse informieren sollte. Darin werden die Arbeiter aufgefordert, sich bei Wohnungsuchen schick und ordentlich zu kleiden und zu Terminen pünktlich zu erscheinen. Denn es könne sein, so hieß es, dass sie aufgrund ihrer Herkunft schlechter behandelt werden. Deshalb sollten sie besonders bemüht sein, ein positives Bild abzugeben.

Doch letztlich konnten sich unsere Eltern und Großeltern gegen Diskriminierung, Ausgrenzung und Rassismus nicht wirklich wehren. Sie sprachen zu schlecht Deutsch, oder aber sie ließen es über sich ergehen, weil sie wussten: Ja, ich bin Ausländer. Wenn man ihnen »Ausländer raus!« zurief, störte sie mehr das Wort »raus« als die Bezeichnung »Ausländer«. Sagt man uns das heute, wehren wir uns, auch wenn wir uns in bestimmten Zusammenhängen selbst als Ausländer bezeichnen.

Aber wenn wir mitbekommen, dass die Lebensleistung unserer Eltern und Großeltern nicht die Anerkennung erhält, die sie verdient, macht uns das wütend. Denn wir alle wissen, wie sehr die Gastarbeiter diesem Land geholfen haben: »Ohne die Gastarbeiter wäre Deutschland vielleicht heute nicht dort, wo es heute ist«, sagt Ertun Kartal. »Im Endeffekt haben sehr viele Gastarbeiter dazu beigetragen, dass Deutschland heute das ist, was es ist.«

Deshalb ärgert es Hip-Hop-Promoterin Marina Buzunashvilli, wenn man ihrer Mutter den Respekt schuldig bleibt. »Meine Mutter hat geackert und Steuern bezahlt, und nur, weil sie nicht perfekt Deutsch kann oder eben nicht deutsch aussieht, wird sie schlecht behandelt. Das habe ich schon als Kind mitbekommen.

Sie geht einkaufen, und die Verkäuferin sagt: ›M-ö-c-h-t-e-n S-i-e e-i-n-e T-ü-t-e?‹ Und ich denke mir: Digga, meine Mutter versteht dich schon. Da wird man wütend, dafür sind meine Eltern nicht hergekommen. Meine Eltern wurden schon als Juden in ihrer Heimat verfolgt, und sie konnten auch in Aserbaidschan und in Georgien nicht ihre Landessprache sprechen – wegen den Sowjets. Und dann kommen sie hierher und treffen hier auf Ausgrenzung. Und das hat mich einfach immer wütend gemacht.«

Diese Ungleichbehandlung besonders der älteren Generation hat Marina ihr Leben lang gestört. »Egal ob es meine eigene Mutter war oder jemand anderes im Supermarkt blöd angeredet wurde, zum Beispiel ein alter türkischer Mann. Wenn jemand in der zweiten oder dritten Generation wie ich Hochdeutsch spricht, dann weiß niemand, woher man kommt. Aber wenn dein Vater oder deine Mutter neben dir ist, merkt man, wie sich das Verhalten der Mitmenschen ändert. Und dann wundert man sich: Warum, wo ist denn jetzt der Unterschied?«

Auch die Friseurin Martina Catinella bemerkte früher, dass ihre Lehrer mit ihrer Mutter anders sprachen: »Als wäre sie bescheuert, blöd und würde nichts verstehen. Das regt mich bis heute auf.« Aber nicht nur in der Schule, auch im Alltag stellt sie noch heute fest, dass ihre Mutter nicht auf Augenhöhe behandelt wird. »Ich habe diesen Beschützerinstinkt, weil ich merke, die Leute gehen anders mit ihr um. Die sind nicht gemein, aber patzig.« Und jedes Mal, wenn sie das mitbekommt, werde sie wütend. »Dann sage ich auch immer: ›Wie reden Sie eigentlich? Das können Sie auch normal sagen.‹« Die Menschen verhielten sich so, weil ihre Mutter nicht perfekt Deutsch kann, meint Martina. »Sie versteht alles, aber wenn sie sich ausdrücken will, dann kriegt sie das nicht so auf die Reihe. Und dann bin ich immer froh, wenn ich da bin.«

Auch mir ist im Alltag oft aufgefallen, dass die Menschen mit meinem Vater anders umgehen, besonders bei Behörden. Sie tendieren dazu, ihn als »aggressiven Türken« zu behandeln, als jemanden, der gefährlich sein könnte oder einfach nicht zu dieser Gesellschaft gehört. Wenn ich sie dann in fehlerfreiem Hochdeutsch und mit höflich-strengem Ton darauf aufmerksam mache, dass ihr Verhalten unangemessen ist, fühlen sie sich ertappt. Vielleicht ist es das: Behandelt man unsere Eltern vor unseren Augen schlecht, wird uns in diesem Momenten wieder klar, wir sind doch Ausländer.

So erinnert sich Musikproduzent Mohamad Hoteit daran, dass er als Kind das Gefühl hatte, zwar selbst als Ausländer akzeptiert zu werden. Aber wenn er mit seiner Mutter unterwegs war, habe er gemerkt, dass irgendetwas anders war als bei seinem Klassenkameraden Tobias. »Ich bin in Berlin geboren, fühle mich auch sehr wohl und kann mit Stolz sagen, dass ich deutscher Staatsbürger bin. Aber trotzdem ist man irgendwie nie ganz angekommen, obwohl ich einen sehr guten Job habe. Ich habe schon das Gefühl, ich gebe Deutschland etwas zurück. Manchmal bekommt man komische Blicke, man bekommt mit, dass es Menschen gibt, die einen nicht akzeptieren wollen. Sie sagen nichts konkret Böses, aber meine Mutter hat mir auch neulich erzählt, sie ist mit dem Bus gefahren und meinte, es habe sich so verändert. Sie hat sich richtig unwohl gefühlt. Nicht mehr sicher. Das war auch nach Hanau, sie hatte ein komisches Gefühl.«

»Die Menschen sind vorsichtiger«

Konnten sich unsere Eltern trotz der alltäglichen Herabwürdigung und Ausgrenzung noch darauf verlassen, dass ihre Arbeit geschätzt wird, dass man sie als Arbeitskräfte braucht, wurde uns der Weg in die Arbeitswelt erschwert. Mein Vater erzählt mir immer gerne, wie er seinen Job kündigte und der Personalchef bis zu ihm nach Hause kam, um ihn zu überzeugen, im Unternehmen zu bleiben. Und jedes Mal romantisierte ich die Zeit, in der mein Vater gearbeitet hat. Mit mir würde sicher kaum ein Chef so umgehen, egal wie überpünktlich ich bin oder wie viel ich arbeitete.

Denn für uns Kinder und Enkel fanden Ausgrenzung und Diskriminierung nicht nur in der Schule statt, sondern gingen im Berufsleben weiter, obwohl wir gut ausgebildet waren.

Dass man mit einem ausländischen Namen schlechtere Chancen bei einer Bewerbung für einen Ausbildungsplatz oder eine Stelle hat, auch wenn man gute Noten vorweisen kann, bestätigen Studien.[23] Viele meiner Gesprächspartner haben es selbst erlebt. Rechtsanwalt Onur Türktorun sagt: »Die Erfahrung zeigt, dass jemand mit dem Nachnamen Müller eher den Job bekommt als mit dem Nachnamen Türktorun. Weil die sich denken, der Müller kommt aus gutem Hause und ist bestimmt ein guter Kerl. Und bei Türktorun weiß man es nicht. Das war schon immer eine kleine Befürchtung, dass man aufgrund des Nachnamens anders behandelt wird. Ich will nicht sagen, dass das rassistisch ist. Es ist einfach anders. Die Menschen sind vorsichtiger.«

»Kommt aus gutem Hause« – offenbar schließt man von der Herkunft eines Menschen auf dessen Verhalten und Charakter zurück und darauf, ob er oder sie als guter Arbeitnehmer infrage kommt. Dabei kann nicht nur der Name auf Vorurteile stoßen, sondern auch der Wohnort. Martina Catinella hat die langwierige Suche ihres früheren Freundes, der eine marokkanische Mutter und einen italienischen Vater hat, nach einem Ausbildungsplatz miterlebt. »Er hat einen marokkanischen Vornamen und einen italienischen Nachnamen. Und er hat einfach nie was gefunden. Hinzu kommt, dass er eine Adresse in Kranichstein hat. Und mein Ex hat Abi. Irgendwann habe ich ihm gesagt: ›Hör mal zu. Schreib doch einfach die Adresse deiner Schwester auf die Bewerbung. Seine Schwester wohnt in der Heimstättensiedlung, das ist ein Bonzenviertel. Da sind nur Deutsche.‹« Tatsächlich klappte es plötzlich mit einer Ausbildungsstelle.

Die Vorstellung, dass Menschen aus sozialen Brennpunkten keine Perspektive haben, liegt auch daran, dass man ihnen keine Perspektive bietet. Nicht nur der Wohnort selbst macht es schwierig herauszukommen, weil man oft schon als Jugendlicher mit

Drogen in Berührung kommt, Gewalt auf der Straße den Alltag bestimmt und man in zu engen Wohnungen mit der ganzen Familie lebt. Auch sind Menschen, die in stark ethnisch und sozial segmentierten Vierteln leben, mit vielerlei Vorurteilen konfrontiert. Der Kickboxer und Kampfsportveranstalter Sefer Göktepe, der selbst in Kranichstein aufgewachsen ist und noch heute dort lebt, sagte mir: »In Kranichstein gibt es diesen Spruch: Bei uns kommt entweder ein Krimineller oder ein Star raus.« Und tatsächlich: Der Boxer Jack Culcay, der Rapper Olexesh und der Gastronom Cem Görmüs kommen von dort.

Die Diskriminierung bei der Suche nach einem Arbeits- oder Ausbildungsplatz betrifft nicht alle Menschen mit Migrationshintergrund gleichermaßen. Während Menschen mit Migrationshintergrund aus West- und Südeuropa sowie Ostasien nicht immer signifikant benachteiligt werden, sieht das bei Menschen mit schwarzem Phänotyp und solchen, die erkennbar muslimisch sind, anders aus. »Kulturelle Distanz zwischen Herkunftsländern und Deutschland [erklärt] die Diskriminierung gegenüber verschiedenen Gruppen deutlich besser als leistungsbezogene Gruppenmerkmale wie der durchschnittliche Bildungsstand«, heißt es in einer Studie des Wissenschaftszentrums Berlin für Sozialforschung.[24]

Diese Ungleichbehandlung setzt sich im Alltag fort. Manche Kulturen oder Nationalitäten werden als wertvoller bewertet als andere. Martina Catinella, die momentan ihre Ausbildung als Friseurmeistern macht, stellt fest: »Ich komme aus Italien, das gehört ja immer noch zu Europa. Das heißt, ich glaube, die Deutschen empfinden das als nicht so extrem fremd wie zum Beispiel Marokko.« Auch dem Berliner Starfriseur Shan Rahimkhan fällt auf: »Es gibt Amerikaner oder Israelis, die seit fünf Jahren hier leben und kein Deutsch sprechen. Und nur mit Englisch kommt man ja in Berlin super gut klar. Das ist auch okay so. Ich habe auch Mitarbeiter, die kein Deutsch können und nur Englisch sprechen. Aber wenn ein Türke fünf Jahre lang hier lebt und kein Deutsch spricht, dann sagen die Leute, spinnst du, fang an, Deutsch zu lernen.« Es mache also sehr wohl einen Unterschied, ob man als Amerikaner nach Deutschland eingewandert ist oder als Türke oder Iraner. Rahimkhan erklärt es sich so: »Türken oder Iraner sind ihnen fremder – von der Kultur her. Ich verstehe es einerseits. Aber andererseits: Es gibt genauso grauenvolle Amerikaner wie fantastische Türken. Ich finde diese Kategorisierungen ganz schlimm.«

Am Arbeitsplatz selbst sind die Erfahrungen sehr unterschiedlich. »Im Studio arbeite ich mindestens acht oder neun Stunden täglich mit Nicht-Migranten zusammen, da ist alles cool. Da gibt es auch nicht dieses Gefühl, dass ich mich nicht wohlfühle«, erzählt Mohamad Hoteit (aka The Royals), der für bekannte Rapper Beats produziert. »Andere Freunde von mir arbeiten zum Beispiel bei einem internationalen Online-Versandhandel, und sie spüren dort schon eine Ausgrenzung. Ich kann mich sehr glücklich schätzen, dass ich mit Ausgrenzung oder Rassismus noch nie so wirklich konfrontiert wurde.«

»Niemand redet über den Rassismus untereinander«

Am Anfang meines Politikstudiums 2017 erzählte uns ein Dozent von den neuen EU-Antidiskriminierungsgesetzen und dass es heute viel schwieriger sei, jemanden zu diskriminieren. Am Wochenende nach dem Seminar ging ich mit meiner Cousine und einem Freund in einen Club – der Freund kam nicht rein. Dabei sah er alles andere als gefährlich aus. Ich ging zum Türsteher, einem großen, sehr stämmigen blonden Typen, und erklärte ihm, dass er beweisen müsse, dass der Freund nicht aufgrund seiner Herkunft nicht in den Club hineingelassen wurde. Ja, ich erwähnte sogar die »EU-Antidiskriminierungsgesetze«, alles um 23.30 Uhr vor dem Club. Er schaute mich aggressiv an und sagte: »Ich bin selbst polnisch. Also hör auf, mir von Diskriminierung zu erzählen.«

Aufgrund ähnlicher Erfahrungen ist der Fotograf Bobby der Meinung, dass man den Rassismus nicht nur auf die Deutschen schieben dürfe. »Das muss ich ganz ehrlich sagen: Ich habe Sachen gehört von Leuten, die wie ich aus Vietnam kommen oder aus Afrika, dem Balkan oder dem Orient – und was die über andere Gruppen sagen, das ist schlimm. Niemand redet über den Rassismus untereinander – zwischen den Schwarzköpfen.«

Rassismus werde falsch verstanden, dieses Gefühl hat er. »Mir ist aufgefallen, dass fast nur der ›Deutsche‹ als Rassist bezeichnet wird. Aber wenn wir mal ehrlich sind: Ich wurde in meinem bisherigen Leben noch nie von einem Deutschen als Schlitzauge oder Ähnliches betitelt, aber sehr wohl von Menschen mit anderen Migrationshintergründen, denen ich aber absolut keine Vorurteile gegenüber habe.« Ihm sei es deshalb wichtig, dass das Thema Rassismus sorgfältig behandelt werde. »Um Ausgrenzung und Hass zu vermeiden.« Darauf komme es gerade in der Corona-Krise an: »Ich habe mir von allen Seiten anhören müssen, dass ich aufgrund meines asiatischen Aussehens daran schuld bin, dass der Virus sich verbreitet hat.«

Dass Menschen mit Migrationshintergrund selbst diskriminierend und ausgrenzend sein können, davon wollen die wenigsten in der Debatte etwas hören. Aber tatsächlich wird man nicht nur von Menschen deutscher Herkunft ausgegrenzt. Ausgrenzung findet ebenso innerhalb der migrantischen Communitys statt. Davon berichtet auch Jack Culcay: »Ich habe einen Kitaplatz für meine Tochter gesucht und bin nach dem Training mit Trainingsklamotten in eine Kita reingegangen und habe gefragt, ob da noch Plätze frei sind. Das war eine türkische Kindergärtnerin, sie hat mich erst mal angeschaut und hat die Chefin auf Türkisch etwas gefragt, dann hat sie mich abfällig angeschaut. Sie war so chic angezogen. Die haben nicht einmal Tschüss gesagt. Die meinten einfach nur: ›Ne, ne‹. Kein Tschüss, kein gar nichts.«

Wer selbst Ausgrenzung und Diskriminierung erfahren hat, ist nicht immun dagegen, andere zu diskriminieren oder auszugrenzen. So begann das Leben in Deutschland für die Dulatov-Brüder alles andere als einfach. Als sie in Düsseldorf-Rath in die Schule kamen, konnten sie kein Deutsch sprechen. Der älteste Bruder, Djibril, erzählt: »Das Schlimme für uns war, dass wir von unseren eigenen Leuten, also von den Ausländern, gedemütigt und provoziert wurden. Die Deutschen sind eher ruhig, auch wenn unter ihnen manche aus der Reihe tanzen. Bei uns in der Klasse gab es einen Deutschen, und wir haben ihn nicht einmal bemerkt.«

Wie es ist, »von den eigenen Leuten« ausgegrenzt und diskriminiert zu werden, das kennt Marina Buzunashvilli nur zu gut. »Ich bin als Jüdin nicht bei allen muslimischen Freunden gerne gesehen. Und das ist nicht einfach.« Das sei schon früher so gewesen. »Meine Eltern sind aus Israel nach Deutschland eingewandert. Sie sind über Wien nach Berlin-Kreuzberg gekommen. Meine Mutter hat immer zu mir gesagt: Du darfst den Davidstern draußen nicht tragen. Du musst aufpassen. Sag niemanden, dass du Jüdin bist. Als Kind habe ich das nicht verstanden. Ich muss aber auch sagen: Ich wurde überhaupt nicht jüdisch erzogen. Meine Kultur und die Umgebung, in der ich aufgewachsen bin, hat mich viel mehr geprägt als meine Religion. Mit meiner Religion habe ich nicht viel zu tun gehabt. Ich habe das weder verstanden noch zelebriert.

In der Schule haben die Kids ›Du Drecksjude‹ als Schimpfwort benutzt. Das war ein beschissener Teil meiner Kindheit. Und das ist genau mein Problem. Meine Eltern haben den Krieg oder die Situation in Israel und in Palästina nicht nach Berlin gebracht. Sie haben zu mir gesagt, hier sind wir alle gleich. Du kannst mit einem arabischen Jungen reden oder mit einem Muslim. Meine Mutter war von Anfang an so eingestellt. Für meine Mutter war Religion egal. Sie meinte nur: Ganz ehrlich, sei einfach ein guter Mensch.

Als ich älter wurde, habe ich nicht mehr gemerkt, dass ich Jüdin bin. Ich habe mir keine Gedanken mehr gemacht. Und wenn, dann eher so mit Witzen. Wir als Freunde, als Türken, Iraner und Juden haben uns halt so klischeemäßig über unsere Herkunft lustig gemacht. Wir haben mit den Klischees gespielt. Das fand aber in unserem Freundeskreis statt. Ich habe nicht mehr darüber nachgedacht. Und irgendwann gab es eine Situation, in der ich plötzlich von beiden Seiten so richtig auf die Fresse bekommen habe. Einmal von Leuten, mit denen ich groß geworden bin, die mich als Drecksjude beschimpften und sagten, ich solle verrecken. Und auf der anderen Seite von jüdischen Menschen, die meinten, du musst Pro-Israel sein. Und ich sagte: Ich bin Pro-Gar-Nix. Ich bin Pro-Mensch. Ich will nicht, dass wir uns streiten. Für mich sind sie alle Arschlöcher – sowohl die israelischen Politiker als auch die arabischen Brüder, die die Grenzen nicht öffnen. Ich hasse sowieso Politiker.

Als man den Briefkasten meiner Schwester mit Hakenkreuzen und antisemitischen Beschimpfungen beschmierte, bin ich durchgedreht. Dann habe ich mein erstes politisches Statement auf Facebook gepostet – und habe mich gegen Antisemitismus und Islamophobie geäußert und habe alle, die antisemitisch sind, aufgefordert, mir nicht mehr auf Facebook zu folgen. Über Nacht habe ich über 250 Follower verloren! Das war der erste Moment in meinem Leben, in dem ich dachte: Meine Religion ist also doch ein Thema. Ich hatte mich dann beim *Stern* zum ersten Mal öffentlich in einem Interview zum Thema Antisemitismus geäußert. Und seitdem kennt man meine jüdische Herkunft. Seitdem ist mein Leben schwieriger geworden, ich bekomme Morddrohungen. Aber in meinem Job als Promoterin läuft es gut, weil niemand mit mir zusammenarbeiten würde, der antisemitisch eingestellt ist.

Das Problem ist, dass Menschen – ob Deutsche, ob Menschen mit Migrationshintergrund, es ist egal – Religion nicht von Politik trennen können, und dass sie das, was sie zu Hause hören, nachplappern.«

Oft wollen wir nicht über unseren eigenen Rassismus und unsere Vorurteile sprechen, weil wir doch zusammenhalten müssen – schließlich sind wir als Ausländer ständig von der Ausgrenzung in Deutschland betroffen. Dabei halten wir das Narrativ aufrecht, dass nur die Deutschen rassistisch seien. Das hängt auch mit der deutschen Geschichte zusammen. Wenn ich auf den Straßen meiner hessischen Heimatstadt auf Stolpersteine stoße, denke ich manchmal: »Krass, vor 80 Jahren wurden hier Menschen umgebracht. Nachbarn haben ihre Nachbarn verraten, und die Vorhänge zugezogen, als sie wegtransportiert wurden, um vergast zu werden.« Die deutsche Geschichte belastet auch uns. Ich weiß manchmal selbst nicht, wie ich damit umgehen soll, wie ich dieses Land lieben soll, das meinen Großvater als Arbeiter nur zwanzig Jahre nach Ende der schrecklichsten Verbrechen der Menschheitsgeschichte aufgenommen hat. Und doch weiß ich nur zu gut: Rassismus gibt es überall und zu jeder Zeit.

Ich höre dem iranisch-kurdischen Taxifahrer in Berlin zu, der mich zu einem Interview in Charlottenburg fährt, wie er über die »kriminellen Araber« in Neukölln schimpft und erzählt, er habe seine Kinder aufgefordert, sich von den Arabern fernzuhalten, nur so hätten sie studieren können. Und der tunesischen Taxifahrer in München erzählt mir, was er von den gottlosen Iranern hält – dass sie immer nur auf den Islam schimpften. Er spricht über die vielen Exil-Iraner, die sich nach der Islamischen Revolution von 1979 vom Islam abgewendet haben. Und ich weiß, dass viele Iraner auf Araber und Türken herabschauen, weil sie sich ihnen kulturell überlegen fühlen. Diese Erfahrung musste ich selbst oft machen. Gleichzeitig schätze ich die vielen kritischen iranischen Stimmen, die sich von Nationalismus und islamischem Extremismus abwenden.

Ja, wir empfinden es als Verrat uns Ausländern gegenüber, wenn wir zugeben, dass wir uns untereinander auch nicht unbedingt immer als das akzeptieren, was wir sind. Menschen mit Migrationshintergrund diskriminieren sich aber nicht nur gegenseitig, sie grenzen auch Deutsche aus. In der medialen und öffentlichen Debatte findet das ebenfalls kaum Beachtung, und wenn, dann eher bei Konservativen und Rechten, obwohl es innerhalb der migrantischen Communitys durchaus kritisiert wird. Jedenfalls tauchte das Thema in mehreren Gesprächen auf. Der Influencer Kaan Tosun hat eine klare Haltung: »Ich finde es Schwachsinn, wenn man als Ausländer sagt: Scheiß Deutsche.« Auch der Fotograf Bobby ist der Ansicht: »Ich finde es wichtig, dass man auch Deutsche nicht ausgrenzt.«

Onur Türktorun bestätigt, dass nicht nur »Ausländer« von Deutschen ausgegrenzt werden, sondern auch umgekehrt Deutschen von Ausländern. Und er begründet, warum er das ablehnt: »Wenn man Toleranz erwartet, muss man auch Toleranz bieten. In meiner Schulzeit gab es eine Gruppe deutscher Eltern, die sich gerne getroffen und etwas unternommen haben, da waren natürlich die deutschen Kinder auch dabei. Für uns bestand keine Möglichkeit, dabei zu sein, und so wurden wir automatisch ausgegrenzt. Umgekehrt war es aber so, dass auch die ausländischen Kinder und ihre Eltern etwas unternommen haben und dann die Deutschen ausgegrenzt haben. Das heißt, die Deutschen konnten auch nicht an den ausländischen Veranstaltungen teilhaben.«

Sicher ist die Ausgrenzung von Deutschen durch Migranten oft eine Reaktion. Als Kinder und Jugendliche haben wir nicht verstanden, warum sie uns gegenüber so abweisend waren. Je mehr sie uns ablehnten, desto stärker haben wir nach ihren Fehlern gesucht und uns ihnen moralisch überlegen gefühlt. Wenn wir die Deutschen, wie es immer noch verbreitet ist, als »Kartoffeln« bezeichneten, war das nicht einfach liebevoller Spott über das Fehlen ihrer interkulturellen Kompetenz, sondern wir schrieben ihnen damit viele negative Charakteristika zu: Sie seien geizig, kalt, hätten keinen Familiensinn und keine Ehre.

Oft verstanden wir die deutsche Kultur und Mentalität einfach nicht. Aber je besser wir sie verstanden und uns über ihre positiven Aspekte Gedanken machten, und je mehr uns bewusst wurde, dass wir selbst Deutsche sind – und das auch sein durften –, desto mehr verschwand unsere Deutschfeindlichkeit.

»Man hat dann das Gefühl, es passt einfach nicht«

Heißt das umgekehrt, man erfährt von den Deutschen weniger Ausgrenzung, wenn man deutscher wird? Wann verschwindet sie? Wenn man hier geboren ist, perfekt Deutsch spricht, die deutsche Staatsbürgerschaft hat, sich vom Islam distanziert oder sich gut kleidet? Welche Kriterien muss man erfüllen, um dazuzugehören?

Die deutsche Sprache zu beherrschen, scheint jedenfalls nicht auszureichen, um als zugehörig akzeptiert zu werden. Deshalb ist der Satz »Dein Deutsch ist gut« für viele Menschen mit Migrationshintergrund ein großes Ärgernis, weil er ihnen zu verstehen gibt, dass sie keine Deutschen sind. Cacau hingegen stört sich nicht daran, wenn er ihn zu hören bekommt. »Ich freue mich dann, ich bedanke mich.« Aber wie dieser Satz einzuordnen ist, hält er auch für eine generationelle Frage. »Wenn sie dann später zu meinen Kindern sagen, dein Deutsch ist gut, dann werden sie sagen: ›Ja, warum denn auch nicht?‹ Und wenn die Leute in ein paar Jahren über meine Enkelkinder sagen, dass sie ein bisschen dunkler sind, ein bisschen anders aussehen und sagen: ›Du sprichst aber gut Deutsch‹, dann werden sie sagen: ›Bist du blöd, oder was?‹«

Obwohl Samson Habtom in Deutschland geboren und aufgewachsen ist, stört er sich nicht an der Feststellung »Du kannst aber gut Deutsch«. Jedenfalls fasst er sie nicht als Beleidigung auf. »Man kann immer alles negativ sehen, oder man kann es positiv sehen. Es ist eine Einstellungssache. Denn dieser Mensch kommt schon auf mich zu, und dann hat er noch die Intention, mir ein Kompliment auszusprechen. Wenn ich dann verärgert reagiere, dann stoße ich ihn doch von mir und unserer ganzen migrantischen Kultur weg, gerade wenn in diesem Moment eine Begegnung entsteht. Wir müssen die Sichtweisen der Deutschen ohne Migrationshintergrund immer im Hinterkopf behalten, denn es ist auch Tatsache, dass es Menschen gibt, die aus dem Ausland hierhergekommen sind und hier seit 20, 30 Jahren leben oder die hier geboren sind und die kaum Deutsch sprechen können.« Cem Görmüs hingegen empfindet es als ein Vorurteil, wenn man ihm sagt, dass er gut Deutsch spreche. »Dann gucke ich die Leute an und sage: ›Wie bitte?‹ Und ich sage ihnen, dass meine Mutter sogar besser Deutsch als ich spricht. Dann gucken die dumm aus der Wäsche.«

Auch Onur Türktorun hilft es nicht, dass Deutsch eine seiner Muttersprachen ist. »Ausgrenzung erlebe ich heute immer noch. Weil ich ein dunkler Typ bin, weil ich manchmal einen Dreitagebart habe. Man weiß nicht sofort: Ist das ein Anwalt, ist das ein Krimineller, oder ist das ein Verkäufer? Ich denke, dass man das auch immer erleben wird, egal woher man kommt, ob man deutsch oder ausländisch ist. Diese Ausgrenzung gibt es leider«, erzählt der Dietzenbacher Strafverteidiger. »Ich wurde noch nie Gewaltopfer. Das ist Gott sei Dank noch nie passiert. Aber man spürt die Ausgrenzung, egal wie alt man ist, egal wie viel man hier geschafft hat, egal was für ein teures Auto man fährt oder wie gut der Anzug sitzt.«

Onur Türktorun weiß auch nicht, welche Kriterien zu einem Ausschluss aus der Gesellschaft führen. »Es ist sehr schwierig, darauf zu antworten. Die Antwort auf diese Frage zu finden, ist ja die Aufgabe unserer Gesellschaft. Aber es ist so, dass man dann das Gefühl hat, es passt einfach nicht. Man passt manchen Menschen nicht. Es kann die Religion sein, weil sich derjenige denkt: Ich denke anders, ich esse anders, oder ich verhalte mich anders. Es kann auch das Aussehen sein. Es kann auch ein wirtschaftlicher Hintergrund sein. Und jemand sagt, uns geht es wirtschaftlich doch gut, und der kommt in so heruntergekommener Kleidung daher. Dieses ›Es passt nicht‹ kann auch kulturell begründet sein.«

Da Kleidung mit unterschiedlichen Codes verbunden ist, lassen sich ihre Träger oft einem bestimmten Milieu zuordnen – was zu Ausgrenzung führen kann. Wenn ich mit meiner Lederjacke, Sneakers, Creolen und meine Haare zu einem Dutt zusammengebunden im ICE sitze oder in einem teuren Hotel bin, werde ich von manchen Menschen ganz anders angeschaut und behandelt, als wenn ich einen Blazer trage. Entscheidend ist dabei also nicht nur, was man trägt, sondern wo man es trägt. Als ich mit meinem Cousin aus Neukölln im Journalistenclub des Axel-Springer-Hauses saß, wurde er nicht abwertend angeschaut, eher interessiert. Ist das vielleicht ein erfolgreicher Rapper? Anschließend gingen wir ins KaDeWe am Kurfürstendamm und bemerkten, wie die Sicherheitsleute uns genau beobachteten. Mein Cousin kommentierte nur: »Weil Leute, die so wie ich angezogen sind, mit Trainingshose und Kappe, hier klauen.«

Auch Ciani-Sophia Hoeder, die afro-amerikanische Wurzeln hat, erzählt: »Wenn ich mit meinen weißen Freunde spreche, dann verstehen sie es nicht, aber meine schwarzen Freunde wissen genau, wovon ich spreche und geben mir recht. Du würdest mich niemals in einer Jogginghose auf der Straße in Berlin treffen. Weil ich weiß, wenn ich in diesem Outfit rumlaufe, diesem Klischee so stark entspreche, werde ich schlechter behandelt, und die Wahrscheinlichkeit ist höher, dass ich in eine schwierige Situation hineingerate.« In Frankfurt hingegen ist man es gewohnt, junge Männer in Trainingsanzügen auch in bürgerlichen Ecken und schicken Restaurants anzutreffen. Es ist normal. Man wird dafür nicht ausgegrenzt. In der Münchener Maximilianstraße wiederum würde man mit Jogginghose und einer tief heruntergezogenen Kappe schon anders angesehen.

Von der Kleidung abgesehen, finden Ausgrenzung, Rassismus und Diskriminierung in Deutschland nicht überall gleich stark statt, sondern es gibt regionale Unterschiede. Vielleicht spürt man es auch stärker dort, wo man nicht zu Hause ist. Jedenfalls fühle ich mich in Berlin viel türkischer als in Frankfurt, weil man in Frankfurt Menschen, die anders aussehen, in allen sozialen Schichten findet – vom Sicherheitsmann mit marokkanischen Wurzeln bei der Gepäckabfertigung im Flughafen bis hin zur Bankerin mit spanischen Wurzeln. Aber in Berlin ist die Segregation auch viel stärker. So konnte sich ein türkischstämmiger Späti-Verkäufer in Friedrichshain nicht vorstellen, dass ich türkisch bin. Ich hörte, wie er mit seinem Kollegen über mich und meine Schwester redete, bis er stockte, weil ich *Iyi aksamlar* (Guten Abend) sagte. Die beiden Männer hatten uns eher für spanische Expats gehalten – sie konnten sich nicht vorstellen, dass junge türkische Frauen nachts in Friedrichshain, in einem gentrifizierten Viertel, noch etwas zu essen einkaufen.

In München wiederum muss man viel stärker an die bayerische Kultur angepasst sein, damit man dazugehört. Dort fühle ich mich zwar dennoch wärmer behandelt, aber fremder als in Frankfurt. Meine eigenen Vorurteile, die von meinen Erfahrungen geprägt sind, spielen dabei natürlich auch eine Rolle: Ich kann mich erinnern, wie ich in München von einem älteren Mann angemotzt wurde, weil ich ihn nicht mit »Grüß Gott« begrüßt hatte. Dagegen wehre ich mich stärker als mein Vater. Wenn wir auf dem Weg zu einem Besuch bei unserer Familie in Rosenheim mit dem Auto die bayerische Grenze passierten, ermahnte er uns Kinder immer: »Ab jetzt heißt es nicht mehr ›Guten Tag‹, sondern ›Grüß Gott‹.« Und er ging darin auf, die Menschen so zu begrüßen. Als ich im letzten Jahr in München einen älteren Herrn nach dem Weg fragte, stockte er kurz. Etwas schuldbewusst fragte ich: »Oh, hätte ich Sie mit ›Grüß Gott‹ begrüßen sollen?« Er lächelte: »Nein, ich überlege nur, wie ich Ihnen den einfachsten Weg beschreiben soll.«

Die regionalen Unterschiede sind uns oft bewusst, weil unsere Familien und Bekannten quer durch Deutschland verteilt leben. Auch Samson Habtom berichtet, dass es ihm in Frankfurt ganz anders ergeht als einem Verwandten in Bottrop. »Er musste hier nach Frankfurt zur Botschaft. Er ist spät nach Deutschland gekommen, mit 13 oder 14 Jahren, und er spricht perfekt Deutsch. Kein Akzent, kein gar nichts. Er sagt: ›Samson, es ist in Bottrop normal, dass Deutsche die Straßenseite wechseln, wenn sie mich sehen. Oder man geht in ein Restaurant, und das Restaurant ist leer, und sie sagen, alles sei reserviert. Das ist bei uns normal.‹ Ich sage: ›Was?‹ Ich war schockiert.«

Fast überall kann man in seiner eigenen *bubble* leben – was einiges erleichtert. So erzählt Start-up-Unternehmer Nikbin Rohany, dass er sich in München seine eigene Welt geschaffen hat, in der Ausgrenzung keine Rolle spielt. Auch der Berliner Starfriseur Shan Rahimkhan, der iranische Wurzeln hat, kennt in seinem eigenen Umfeld nichts außer Weltoffenheit. »Sie haben keine Phobien gegenüber Ausländern oder gegen mich. Ich werde hier auch nicht so angeschaut. Deshalb habe ich mit intoleranten Menschen im Grunde keine Berührungspunkte.« Aber das ändert sich, wenn er mal im Baumarkt ist. »Vor einem Jahr passierte etwas, was mich irritierte. Ein Typ sagte zu mir: ›Ihr, wo ihr herkommt, ihr seid alle gleich.‹ Ich habe erst gar nicht verstanden, was er meint. Meinte er, weil die Charlottenburger anders sind? Es hat gedauert, bis ich kapiert habe, er meint mich als Ausländer.«

Ostdeutschland ist bei ihm als besonders rassistisch verschrien. Shan Rahimkhan erzählt: »Als wir mit meinem Sohn zu einem Fußballturnier in den tiefsten Osten gefahren sind, haben wir gemerkt, oh, das ist schon so, dass man gemustert wird. Und dann kommt man mit einem SUV angefahren, dann werde ich angeguckt, und die Leute denken: Okay, das muss ein Drogendealer sein. Sie fragen sich: Wie kommt *er* an so ein Auto? Das ist schon so, dass man das ab und zu mitbekommt.«

Aber auch in Ostdeutschland gibt es natürlich regionale Unterschiede. Einige meiner Gesprächspartner haben dort keine negativen Erfahrungen gemacht. Fotograf Bobby hat eine Zeit lang in Dresden gearbeitet, wo der albanischstämmige Rapper AZET herkommt. Bobby sieht Dresden als eine weltoffene und moderne Stadt. Mein Kickboxtrainer Sefer Göktepe war durch seine Karriere als Kampfsportler schon in jeder Region in Deutschland. »Ich war auch im Osten. Und damals hatten wir ja diesen Style: Bomberjacke, Jeanshose und lange Haare. So richtiger Kanaken-Style. Bis jetzt hat noch nie jemand zu mir ›Scheiß Ausländer‹ gesagt.« Auf Nazis sei er auch noch nirgends getroffen.

»Wir müssen lernen, dass Rassismus Teil unseres Lebens ist«

Wenn Ausgrenzung zu unserem Alltag gehört – wie leben wir mit ihr? Wie gehen wir mit Vorurteilen, Diskriminierung und Rassismus um, ohne dass sie uns zu sehr belasten, uns davon abhalten, wir selbst zu sein und unseren eigenen Weg zu gehen? Viele meiner Gesprächspartner bemühen sich, die Dinge auseinanderzuhalten, auch wenn das nicht immer einfach ist. Einige haben mit Vorurteilen zu kämpfen, aber waren nie mit Rassismus konfrontiert. Andere hingegen haben sich nie ausgegrenzt gefühlt, wurden aber diskriminiert.

Einmal unterhielt ich mich in einem Luxusdesigner-Store in Frankfurt mit einer Verkäuferin, die nigerianische Wurzeln hat. Sie erzählte mir und meiner Schwester, dass eine Kundin zu ihr gesagt habe: »Reden Sie nicht so laut. Wir sind hier nicht im Dschungel.« Ich war fassungslos. Die Kundin wurde rausgeworfen. Die Verkäuferin erzählte uns die Geschichte mit einem breiten Lächeln im Gesicht. Sie lasse sich von solchen Menschen nichts sagen und unglücklich machen. Eine andere Kundin habe sie einmal gefragt, woher sie komme. Nachdem sie die Frage beantwortet hatte, sei die Kundin fortgefahren: »Oh, ich habe letztens eine Dokumentation in der ARD über Nigeria gesehen. Die Menschen in Ihrem Land sind sooo arm.« Die Verkäuferin erwiderte nur: »Ja, unsere Menschen sind arm, aber glücklich.«

Diese Erfahrungen der Verkäuferin sind Rassismus. Punkt. Aber nicht eine Begegnung, die ich in München hatte. In einem Café am Gärtnerplatz kamen meine Schwester und ich mit einem älteren Ehepaar ins Gespräch. Es war eine warme und nette Unterhaltung. Der Mann ärgerte sich über die AfD, anschließend sagte er: »Aber mit Ihrem Präsidenten habe ich auch ein großes Problem.« Zu der Zeit gab es wieder einmal einen politischen Konflikt zwischen der Türkei und Deutschland. Und angesichts meiner Herkunft und der Tatsache, dass ein nicht unerheblicher

Teil der Deutschtürken eine Sympathie für den türkischen Staatspräsidenten hat, ist es nicht unverständlich, dass der ältere Herr mich mit einem Vorurteil konfrontiert hat. Dass er davon ausging, der türkische Staatspräsident sei »mein Präsident«, konnte ich verstehen. Denn viele türkischstämmige Deutsche fühlen sich nach wie vor beiden Ländern verbunden. Alles in allem kann ich den Satz des Mannes nicht als rassistisch einstufen.

Jeder Mensch hat Vorurteile. Die Journalistin Eva Schulz erzählt: »Vor allem kann ich es älteren Menschen nicht übel nehmen, wenn sie nichts anderes kennen. Das ist ein menschlicher Reflex. Meine Großmutter ist in den 40er Jahren aus Oberschlesien vertrieben worden und wurde als Flüchtlingskind in ihrem neuen Dorf zunächst ausgegrenzt. Trotz dieser Erfahrung schaut sie heute mit einer Riesenskepsis auf die Geflüchteten aus Syrien, die vor ein paar Jahren bei ihr gegenüber eingezogen sind. Sie schaut aus dem Fenster, ist misstrauisch, und manchmal erfüllt sie das Klischee der misstrauischen deutschen Nachbarin.« Die 30-jährige Journalistin führt seit 2017 den *funk*-Videokanal Deutschland3000, der politische Themen für Jugendliche aufbereitet. Er wird vor allem für Facebook und Instagram produziert. Zudem hat sie seit 2019 den Podcast »Deutschland3000 – 'ne gute Stunde mit Eva Schulz«, in dem sie mit Menschen aus der Pop- und Politikwelt über deren Gedanken, Arbeit und Biografien redet.

Für Samson Habtom ist klar: »Egal ob man einen Migrationshintergrund hat, also egal ob man Deutscher, Türke oder Afrikaner ist – jeder hat Vorurteile gegen andere Nationen.« »Man kann es verstehen«, meint Onur Türktorun. »Wenn heute mein Auto aufgebrochen wird, vor meiner Haustür, gehe ich nicht davon aus, dass es ein Deutscher war. Es gibt einige Gruppen, die infrage kommen können. Dann denke ich mir: Das war eine rumänische oder litauische Bande, oder es waren vielleicht Türken. Aber ich gehe erst einmal nicht davon aus, dass es ein Deutscher war. Vielleicht war es auch ein Deutscher. Das ist ja nicht ausgeschlossen. Aber auch wir haben Vorurteile. Jeder Mensch hat Vorurteile. Das ist einfach menschlich. Das heißt aber nicht, dass man die Vorurteile nicht überwinden kann.« Türktorun vertritt vor allem Straftäter mit Migrationshintergrund aus sozialen Brennpunkten und bekommt so Einblicke in ihre Welt.

»Heute mache ich mir nicht mehr so viele Gedanken über Ausgrenzung«, sagt er. »Man hat sich daran gewöhnt. Wenn man Ausgrenzung schon als Kind erlebt, dann geht man mit der Sache professionell um. Man akzeptiert es einfach, und man versucht es auch zu verstehen. Es ist nicht unverständlich. Es gibt nämlich zahlreiche Beispiele, bei denen man sagen kann, er hat schlechte Erfahrungen gemacht mit jemandem, der eine andere Religion hat oder aus einer anderen Kultur kommt. Da hat man doch Verständnis. Aber Verständnis hat man mit den Leuten nicht, die einen gar nicht kennen oder gar keine Erfahrungen gemacht haben. Das ist Rassismus.«

Ertun Kartal meint: »Wenn heute der Cem mit seinem Ferrari oder Lamborghini vorfährt, dann ist es nicht so, dass er das mit Drogen verdient hat, sondern er gehört zur ersten Generation seiner Familie, die hierhergekommen ist. Sein Opa hat hart dafür gearbeitet. Der Vater hat es weitergeführt, und er macht es auch weiter. Aber der erste Gedanke, ich sage mal von einem ›Deutschen‹, wäre: Ah, der Kanake mit seinem Ferrari, wer weiß, was er da macht. So denken halt die Menschen. So denken beide Seiten. Im Endeffekt muss man halt schauen, warum das so ist.«

Im Alltag ist jeder Mensch mit Vorurteilen konfrontiert. Wenn man einen Migrationshintergrund in Deutschland hat, ist das jedoch deutlich häufiger der Fall. Eine Studie zur Berliner demokratischen Alltagskultur von 2019 kam zu dem Ergebnis: »Fast die Hälfte der Berliner*innen weist zumindest ein gruppenbezogenes Vorurteil auf.« Von diesen Vorurteilen seien am stärksten Geflüchtete, Muslime und Menschen der Roma und Sinti betroffen.[25]

Ertun Kartal weiß sehr gut, wie es ist, ständig mit Vorurteilen konfrontiert zu sein. Während seines Studiums glaubte einer seiner Kommilitonen ein Semester lang, er sei der Hausmeister oder Sicherheitsmann. Als er später in Hanau-Klein-Auheim seine Shishabar eröffnete, riefen seine Nachbarn die Polizei, weil sie den Verdacht hatten, die teuren Autos vor dem Lokal seien mit kriminellen Machenschaften finanziert worden. »Wir sind hier in einem kleinen Dorf, wo die Menschen von *dieser Szene* noch nie etwas gehört haben, vor allem die alten Menschen. Die haben anfangs gedacht, ich verkaufe Drogen. Ich nehme es ihnen nicht übel, weil die sich nur im Radius von fünf Kilometer bewegt haben, die kennen Frankfurt nicht, wenn die nach Frankfurt fahren, ist es für die ein Ausflug, wie wenn ich nach Florida fliege.«

Wenn man ständig mit Vorurteilen konfrontiert wird, dann sucht und findet man Wege, damit umzugehen. »Ich mache das Beste daraus«, sagt Ertun Kartal. »Ich bin ein Mensch, der meinem Gegenüber zeigt, dass ich trotz meines Aussehens wie ein ›Türke oder Kanake‹ genauso bin wie sie.« Vorurteile bemüht er sich abzubauen. »Ich habe den gleichen Bildungsstand wie sie und bei manchen sogar einen höheren, obwohl mein Gegenüber mich oft viel weiter ›unten‹ einordnen würde. Und dann finde ich es immer wieder schön, wenn ich mit diesen Menschen kommuniziere und die dann nach einiger Zeit merken: Oh, der ist ja doch nicht so, wie ich vermutet habe. Dann gehen diese Vorurteile weg.« Etwas anderes bleibe ihm nicht übrig: »Ich lebe ja hier, ich bin hier in Deutschland geboren und aufgewachsen. Ich kenne es nicht anders. Die Migranten, die hier geboren und aufgewachsen sind, sind mit zwei Kulturen aufgewachsen, das finde ich schön.«

Influencer Kaan Tosun zuckt mit den Schultern: »Mich juckt das gar nicht. Die Leute können ruhig denken, was sie wollen. Das ist im Endeffekt ihr Land. Aber in dem Moment, in dem ich hier geboren wurde, mit dem System gehe, arbeite, Steuern zahle, bin ich auf dem gleichen Level, auf der gleichen Stufe wie die.« Kaan Tosun hat eine deutsche Mutter und einen türkischen Vater. Seine Mutter spricht fließend Türkisch – noch bevor sie seinen Vater kennengelernt hatte. Denn sie wuchs mit türkischen Nachbarn auf. Mit 15 Jahren ist sie zum Islam übergetreten, »aber ohne Kopftuch oder so«, meint Kaan Tosun. Er glaubt, dass insbesondere die neue Generation der Zwanzigjährigen mit Vorurteilen lockerer umgehe. »Weil die jungen Menschen selbstbewusster geworden sind. Früher war das anders, die Generation unserer Eltern war nicht so selbstbewusst. Sie haben schon mehr durchmachen müssen als wir heute.«

Cem Görmüs beschwert sich zwar darüber, dass Vorurteile in den letzten Jahren zugenommen haben. Rassismus erlebe er dennoch keinen. »Meine Erfahrungen haben die letzten Jahre sogar das komplette Gegenteil gezeigt: Ich habe eine Bar und bin immer wieder überrascht, dass so viele Kulturen ›problemlos‹ aufeinanderstoßen und so gut harmonieren!«

Regisseur Neco Celik hat Methoden entwickelt, um sich gar nicht in den Teufelskreis zu begeben, wie er es nennt. »Diese Menschen sind der Meinung, sie wüssten etwas über uns. Und wir versuchen, uns ihnen zu erklären. Ich möchte keine Erklärung abgeben müssen oder so weit gehen, dass ich mich rechtfertigen muss. Man trifft immer auf gute Menschen, auf weitsichtige Menschen, die einfach weiter sind. Das ist das Ding. Ist man weiter oder steht man immer noch ganz hinten, aber denkt, dass man schon weiter sei? Wenn wir den Menschen, die glauben, dass sie alles über uns wüssten, anfangen uns zu erklären, dann müssten wir uns für sie ganz nach hinten stellen. Wir müssen quasi bei Adam und Eva anfangen. Es ist mühselig.« Für ihn ist klar: Man muss Widerstand leisten, wenn man als Ausländer bezeichnet wird, obwohl man in diesem Land geboren und aufgewachsen ist. »Wenn man keinen Widerstand leistet, dann denken sie, man könne so weitermachen.«

Auch Abdï wird nicht müde, immer wieder gegen die Vorurteile seiner Mitmenschen anzugehen. »Ich habe immer viel Energie gehabt. Ich wünschte, ich wäre irgendwann mal von etwas müde geworden, aber keine Chance, ich war immer aktiv, immer auf Strom. Das hat sogar Fahrtwind gegeben, da weiterzumachen. Die Bestätigung der Leute hat mir dann gezeigt, dass es nicht unbedingt falsch ist, was ich mache und wie ich es mache. Dann hat man den Kurs gehalten.«

Auch Hikmet Sugör empfindet es zwar als anstrengend, auf Vorurteile zu reagieren. Aber er hat seine eigene Taktik: »Wenn mich jemand anpöbelt, dann versuche ich, ihm etwas zu entgegnen, was er nicht erwartet. Denn er erwartet sicher, dass ich ihm mit Aggressivität antworte. In der Regel reagiere ich mit etwas Freundlichem oder Lustigem.« Das mache ihm Spaß.

Auch andere Interviewpartner meinten, dass sie auf Vorurteile mit Humor reagieren. Ferhat Yilmaz hat einen türkischen Gemüse- und Feinkostladen in München. Seine Kunden sind überwiegend Deutsche ohne Migrationshintergrund. Auch der 38-jährige Deutsche mit türkischen Wurzeln geht locker mit Vorurteilen ihm gegenüber um – er trägt eine Kappe, hat breite Arme und Schultern und sieht auf den ersten Blick, wenn man seine warmen Augen und das breite Lächeln nicht sieht, eher gefährlich aus. »Wenn ein Kunde mich fragt: Woher kommst du? Dann sage ich, ich bin ein Münchner Kindl. Dann lachen wir fünf Minuten darüber. Dann fragt er mich noch mal: Wo kommst du her? Dann sage ich: aus der Türkei. Da bin ich einen Monat im Jahr.« Schließlich sagt er den Kunden, dass er von hier sei. »Die Reaktionen sind positiv. Sie kommen immer wieder. Die merken, er weiß wovon er spricht. Sympathie ist sehr wichtig.«

Samson Habtom habe irgendwann gelernt, dass nicht jeder Deutsche, der ihn schief anschaut, gleich ein Rassist sei. »Vielleicht hat ihm meine Nase nicht gefallen, oder vielleicht ist er gerade in Gedanken. Was wir aber als Deutsche mit Migrationshintergrund gerne machen, ist, Deutsche immer als Rassisten zu beschimpfen, wenn es einen Konflikt gibt. Das hat auch mit Vorurteilen zu tun. Man muss auch definieren können, wann jemand ein Rassist ist.«

Seit einigen Jahren führt Samson Habtom ein Café in der Frankfurter Innenstadt, gegenüber der Commerzbank. »Unsere Kunden sind bunt, genauso wie unsere Gesellschaft. Vom Banker, Hipster über Mütter mit ihren Kindern bis hin zu Jungs von der Straße findet man unter unseren Kunden Menschen aus jeder Schicht und jedem Kulturkreis. Und genau darauf bin ich stolz: einen Ort geschaffen zu haben, wo ein Mensch einfach nur Mensch sein darf.« Samson Habtom ist mit seinem Café etwas gelungen, was unserer Gesellschaft meist nicht gelingt: unterschiedliche Menschen zu vereinen, die sich gegenseitig respektieren. Er beschäftige sich nicht zu sehr mit Rassismus. »Wir leben hier eigentlich ganz gut. Es gibt andere Regionen in Deutschland, in denen die Situation viel schlimmer ist und wo mehr Rassismus herrscht als hier im Rhein-Main-Gebiet. Überall herrscht Rassismus, aber wir müssen auch lernen, dass Rassismus ein Teil unseres Lebens ist.«

Als Inhaber lebt er seinen Kunden und Mitarbeitern die Freundlichkeit und Wärme vor. »Man kann Hass nicht mit Hass bekämpfen. Das habe ich früher in meiner Jugend gemacht. Aber da hat man auch noch nicht so viel Lebenserfahrung. Das Reisen, vor allem das Alleinreisen, hat mir sehr geholfen, mich mit Menschen auseinanderzusetzen. Anders als heute war das Erste, woran man in der Jugend gedacht hat, wenn es zu einem Konflikt kam, Gewalt.« Auch Samson Habtom ist bemüht, Vorurteile abzubauen. »Heutzutage sehe ich das auch gewissermaßen als eine Herausforderung, Menschen für mich zu gewinnen. Ich will jetzt keinen Hardcore-Nazi für mich gewinnen oder in eine linke Ecke drängen. Aber wenn ich einen guten Einfluss auf die Leute habe, nur einen Denkanstoß geben kann, das reicht schon manchmal, dann habe ich damit schon viel bewirkt.«

Diese Meinung teilt auch der DFB-Integrationsbeauftragte Cacau, mit bürgerlichem Namen Claudemir Jerônimo Barreto, der in Brasilien, wo er geboren und aufgewachsen ist, mehr Rassismus erlebt hat als in Deutschland. Das war, neben dem Fußball, auch der Grund, warum er in Deutschland geblieben ist, nachdem er mit 18 Jahren aus Brasilien nach Deutschland gekommen war und hier seine Karriere beim SC Türk Gücü in München startete. Cacau wurde sehr schnell vom 1. FC Nürnberg entdeckt und wechselte dorthin. Nur zwei Jahre später spielte er dann beim VfB Stuttgart, mit dem er 2007 Deutscher Meister wurde.

»Ich habe in Brasilien immer sehr schlechte Erfahrungen gemacht. Bis heute. Es ist zwar ein bisschen besser geworden, aber die Erfahrung von Diskriminierung und Rassismus in Brasilien ist sehr deutlich. Man merkt in sehr vielen Situationen, dass man nicht willkommen ist, dass man nicht gewollt ist. Wenn man ein bestimmtes Automodell fährt, wird man komisch angeschaut – als ob sich die Leute denken: Es kann nicht sein, dass ein Schwarzer dieses Auto fahren darf. Oder im Restaurant. Je nachdem, wo man essen geht, wird man abfällig angeschaut. Das habe ich in Brasilien schon immer erlebt, seit ich klein war. Ich bin auch oft von der Polizei angehalten worden und sollte meinen Ausweis zeigen. Und das habe ich alles in der Form in Deutschland nicht erlebt. Ich habe das Gefühl gehabt, ich gehe hier in ein Geschäft rein, und keiner bemerkt mich. Ich war einer von vielen. Das war gut so.«

In Deutschland sei es anders gewesen, als ihn die Menschen in Brasilien gewarnt hatten. »Obwohl sie noch nie in Deutschland waren.« Und auch wenn Cacau auf die Frage »Woher kommst du?« mit »Brasilien« antwortete, habe er nur positive Reaktionen erhalten wie: »Ah so, schön, aus Brasilien.«

Heute fühlt sich Cacau als Teil dieser Gesellschaft. »Ich muss dazu auch sagen, dass ich versuche, nicht so empfindlich zu sein. Ich kenne meinen Wert. Das versuche ich auch, an meine Kinder weiterzugeben.« Er glaubt, je sensibler man durch die Welt gehe, desto schwieriger werde es im Leben. »Ich kann jemand anderen schwer so verändern, dass er eine andere Sicht auf das Leben und eine andere Einstellung bekommt. Aber ich frage mich, was ich persönlich machen kann, wie ich andere Menschen behandeln und sie beeinflussen kann. Durch mein eigenes Verhalten schaffe ich vielleicht, andere zu verändern – indem ich ein Vorbild bin. Damit habe ich sehr, sehr gute Erfahrungen gemacht. Menschen, die vielleicht auch mir gegenüber Vorurteile hatten, aber dadurch, dass ich normal war, mit denen gesprochen habe, meine Sicht der

Dinge auf die Welt gesagt habe, sind diese Vorurteile dann verschwunden.«

Das bedeute nicht, dass er Rassismus kleinrede. »Aber wenn ich das alles vermische – Rassismus, Diskriminierung und Vorurteile, und das sind drei verschiedene Dinge, ich aber zu allem Rassismus sage, dann wird unsere Welt dadurch nicht besser. Das ist meine Überzeugung: Es braucht Differenzierung. Es braucht Sensibilität, es braucht auch Menschen, die dann aufstehen, wenn Rassismus herrscht.«

Ciani-Sophia Hoeder erzählt, dass sie lange darüber nachgedacht hat, wie sich Diskriminierung und Rassismus voneinander unterscheiden, wo also die Trennlinie verläuft. Und sie ist der Ansicht, dass viele nicht verstehen, dass schwarze Menschen, egal wo sie sich auf der Welt befinden, immer mit Rassismus konfrontiert sind. »Wenn eine deutsch-türkische Person hier Rassismus erfährt, ist das Gefühl in der Türkei anders. Natürlich wird sie auch *otherized,* wenn sie in der Türkei ist, weil sie für die fremd ist. Aber Rassismus ist ein System, konstruiert von weißen Menschen, um schwarze Menschen zu dehumanisieren. Ich glaube, das verstehen viele Menschen im Diskurs nicht. In Deutschland bedeutet Rassismus: Jemand sieht nicht deutsch aus und bekommt etwas ab. Das ist die Definition von Rassismus in Deutschland.«

Cacau versucht gleichwohl, bewusst mit Vorurteilen und Rassismus umzugehen. Er glaubt, wenn er von anderen Menschen schlecht behandelt werde, habe es weniger mit ihm, sondern mehr mit den Menschen selbst zu tun. »Es gibt Menschen, die Probleme bei sich zu Hause haben oder eine andere Einstellung zu ihren Mitmenschen, und dementsprechend gehen sie auch durchs Leben. Davon muss man sich ein wenig befreien. Ich bin nicht mehr oder weniger wert, weil einer mich mag oder nicht mag. Deswegen ist es wichtig, seinen Wert zu kennen, und so durchs Leben zu gehen.« Und dann werde man vieles im Leben anders sehen und anders erleben. Diese Einstellung möchte Cacau auch seinen Kindern weitergeben. »Ich möchte, dass meine Kinder das machen, was sie wollen, dass sie das sind, was sie sein wollen, und nicht das, was die anderen über sie sagen.«

So hofft er, dass sich für künftige Generationen die Dinge zum Positiven verändern: »Bei meinen Kindern wird es vielleicht anders sein, weil die dann die zweite Generation sind. Ich spreche immer aus meiner Sicht und kann selbstverständlich auch verstehen und nachvollziehen, dass es nervig sein kann für jemanden, der hier geboren ist, hier zur Schule gegangen ist und studiert hat, so was zu hören. Aber ich möchte trotzdem, dass meine Kinder sehr selbstbewusst damit umgehen, dass sie mit einer positiven Einstellung durch das Leben gehen. Ich möchte in meiner Welt Geschichte schreiben, und ich möchte, dass meine Kinder Geschichte schreiben.«

Tatsächlich hat sich in den letzten Jahren viel verändert. Während wir als Kinder von Eingewanderten lange als »Ausländer« gesehen wurden, gehören wir heute für die Mehrheit der Gesellschaft ganz selbstverständlich zu diesem Land. Dieser Schluss lässt sich jedenfalls aus einer Studie der Friedrich-Ebert-Stiftung ziehen.[26] Gerade die junge Generation ist weitaus offener uns gegenüber. Eine Umfrage der Bertelsmann-Stiftung ergab 2019 unter anderem, dass jüngere Menschen in Deutschland einen weitaus positiveren Blick auf Einwanderung haben als die älteren. Das wurde darauf zurückgeführt, dass bei ihnen »der Kontakt und Umgang mit Vielfalt […] viel stärker Normalität« sei.[27] Für sie ist es ganz normal, Freunde zu haben, die andere Wurzeln haben.

Cacau erzählt: »Mein Sohn hatte vorgestern Geburtstag. Wir haben seine Freunde eingeladen, und da merke ich bei den Kindern, dass es kein Thema ist. Da versuche ich auch, von den Kindern zu lernen. Ich glaube, das ist das, was wir brauchen. Diese Selbstverständlichkeit. Das finde ich dann auch sehr wichtig.«

Noch immer kommt es vor, dass wir ausgeschlossen werden sollen: aufgrund unseres Aussehens, unserer vermeintlichen Tendenz zu Gewalt und Kriminalität, unserer Religion oder unserer Kultur. Und das schmerzt. Aber wir wehren uns dagegen. Und wir wissen: Wir sind nicht allein. Schon 2008 hatte eine Studie der Antidiskriminierungsstelle festgestellt, dass junge Menschen sich gegen »Schubladendenken« in unserer Gesellschaft stark machen. »Je jünger, gebildeter und soziokulturell moderner die Menschen sind und je gefestigter ihre soziale Stellung ist, desto offener sind sie gegenüber dem Problem von Benachteiligung und Diskriminierung.«[28]

Viele von den jungen Menschen in diesem Land kämpfen an unserer Seite. Für sie sind Unterschiede selbstverständlich, ohne dass sie die Gemeinsamkeiten vergessen: Genau das trägt entscheidend dazu bei, Vorurteile gegen Menschen mit Migrationsgeschichte abzubauen und Hass sowie Gewalt zu verhindern.

AUFSTIEG

Man sollte es als Privileg sehen,
dass man es schwer hat.
Shan Rahimkhan

Es ist ebenso schmerzlich wie wahr: Ausgrenzung und Benachteiligung waren für viele von uns ein Katalysator für den Aufstieg. Das Gefühl, nicht dazugehören zu können, weil man ausländische Wurzeln hat, kann dazu führen, dass man noch mehr Gas gibt, dass man sich besonders anstrengt.

Der Berliner Sneaker-Designer und Unternehmer Hikmet Sugör ist sich da sicher: »Ich wollte niemals bevorzugt werden oder etwas geschenkt bekommen. Ich habe immer schon, seit ich ein Kind bin, diesen Anspruch an mich gehabt – wie auch sehr viele in meinem Umfeld mit Migrationshintergrund. Uns war es immer wichtig, in der Schule besser zu sein als die Deutschen. Ich wollte es nicht als Nachteil sehen, ein Ausländer zu sein. Ich wollte mich nicht selbst bemitleiden, ich wollte nicht sagen, das Leben ist so beschissen, es ist so schwer, weil ich Ausländer bin und mich keiner anstellen möchte. Auch was den Mangel an Fairness bei Bewerbungen angeht: Das hat mich nicht davon abgehalten, mich trotzdem zu bewerben, und es hat mich auch nicht davon abgehalten, trotzdem Jobs zu bekommen. Ich habe mich nicht in diese Opferrolle begeben. Aber ich habe auch gesehen, ich muss mindestens zwei Stufen besser sein als Max Mustermann. Wenn meine Bewerbung auf dem Tisch liegt, dann soll sich der Personalchef denken: Scheiße, der Typ hat null Fehlzeiten und hat auch noch ein super Zeugnis.«

Sugör war schon immer sehr selbstbewusst: »Wenn ich mir etwas vornehme, dann schaffe ich es auch.« Anders als seine Mitschüler auf dem Gymnasium in Charlottenburg, kam er aus einer Arbeiterfamilie. »Meine Mitschüler wurden zum Teil mit einem Rolls-Royce vorgefahren, und ich kam mit dem Fahrrad.« Er interessierte sich für Hip-Hop und trug auch die Mode der Rapper, etwa Turnschuhe, die damals sonst niemand trug. »Ich habe Trends gesetzt. Ich habe beispielsweise die Adidas Superstar-Schuhe getragen und wurde belächelt: Ah, der trägt doch Bowlingschuhe. Ein paar Jahre später hat die ganze Schule diese Sneakers getragen.« In der Pubertät wollte er auffallen und hat stets versucht, cooler zu sein als die anderen. »Ich konnte nicht zu Mama und Papa gehen und nach Kohle fragen, weil ich bestimmte Schuhe wollte, um cool zu sein. Ich musste mir das erarbeiten.«

Während seines Studiums jobbte er in einem Sneaker-Shop und begann, seltene Modelle an Liebhaber in Deutschland und im Ausland zu verkaufen. »Es gab Sneaker-Modelle, die in Deutschland niemanden interessiert haben. Aber in London konnte ich sie an Sammler für beispielsweise 300 Pfund verkaufen. Der Wechselkurs damals war sehr hoch, das waren 900 DM. Damit konnte ich mir eine Auslandsreise finanzieren.« Die Schuhe habe er in Sportgeschäften gefunden. »Früher waren die Sportgeschäfte in Besitz von Familienunternehmen, die alte Schuhmodelle zum Verkauf hatten, die hier die jungen Leute nicht mehr gekauft haben. Und die waren sehr günstig zu erwerben.«

Auf seine Geschäftsidee, auch limitierte Modelle und andere besondere Sneakers anzubieten, kam Sugör, als er immer wieder auf seine Schuhe angesprochen wurde. Stets hatte er die neuesten Sneakers aus den Stores der amerikanischen Soldaten, die in Berlin-Zehlendorf stationiert gewesen waren, oder von Freunden, die in die USA reisten. »Oft waren das ausgefallene Modelle, und ich wurde auf der Straße gefragt, ob ich sie verkaufe. Was geboten wurde, war mehr, als ich ausgegeben hatte. Da habe ich gemerkt, dass es eine große Nachfrage nach diesen Modellen gibt.« 2002 eröffnete Hikmet Sugör mit seinem Bruder den Sneaker-Store SoleBox, den es mittlerweile in fünf Städten gibt. 2015 verkauften sie an die Sneaker- und Bekleidungskette Snipes.

Aber damit endete seine Karriere nicht. »Ich hätte mich auf die faule Haut legen können, aber dafür bin ich einfach nicht der Typ. So bin ich nicht erzogen worden.« Zum ersten Mal in seinem Leben war er arbeitslos, zum ersten Mal beim Arbeitsamt. »Ich wurde da sehr seltsam behandelt. Ich glaube, die Beamten haben nicht ganz verstanden, was ich vorher in meinem Leben gemacht habe. Am Empfang sind sie so mit mir umgegangen, als ob ich kein Deutsch kann.« Dieses Erlebnis befeuerte ihn. »Nach einem Monat habe ich dem Arbeitsamt gesagt: Ich mache mich wieder selbstständig.« Sugör gründete seine eigene Sneakermarke »Sonra« (Türkisch »dann, danach«) – der Name ist eine Anspielung auf die Firma »Next«, die Steve Jobs gründete, nachdem er Apple verlassen hatte. Sugör lässt in Deutschland herstellen, nutzt sehr hochwertige Materialien und versucht, die Sneaker so nachhaltig wie möglich zu machen. Er designt die Schuhe selbst, vertreibt sie übers Internet und über ausgewählte Geschäfte in Europa.

Der Frankfurter Rapper Abdï hat einen immens großen Wortschatz, seine Redegewandtheit ist beeindruckend. Das hat sicher auch damit zu tun, dass ihm aufgrund seiner marokkanischen Wurzeln nie viel zugetraut wurde. »Man hat sich schon Gedanken gemacht, wie man bei den Deutschen ankommt. Man gab sich Mühe, um ihnen zu zeigen, ich kann besser Deutsch als du. So wurde vorurteilstechnisch aufgeräumt. Es war mir wichtig, dass ich die deutsche Sprache richtig gut beherrsche, ihrer mächtig bin. Wenn man ein besonderes, ein schönes Wort gehört hat, bei irgend so einem intellektuellen Typen, dann hat man dieses Wort anschließend ständig verwendet, um zu zeigen, wie schlau man ist. Mit zehn krassen Wörtern kannst du ein ganzes Gespräch führen. Aber man muss auch aufpassen, die Leute riechen schnell, wenn du einen auf Klugscheißer machst. Dann musst du ›Alter‹ hinzufügen, dann ist alles wieder im Gleichgewicht.«

Seinen späteren Rap-Partner Ćelo hat Abdï in einem Callcenter kennengelernt. Auch dessen enger Freund Syn, der inzwischen der Manager der beiden ist, arbeitete dort. Syn hatte Ćelo die Stelle verschafft: »Das war ein richtig guter Job, man hat gutes Geld verdient. Abdï hatte da schon gearbeitet, nur in einer anderen Abteilung. Ich hatte schon gehört, dass er ein guter Rapper sei.« Mit 16 Jahren hatte Syn angefangen, Musik aufzulegen. Der nächste Schritt war, selbst Beats zu machen. »Wir haben bei mir aufgenommen, und dann kam Ćelo dazu, der rappen wollte, das war 2007.« Im Jahr darauf stieß Abdï zu ihnen. So entstand das Label 385i, eines der erfolgreichsten Deutsch-Rap-Label. Syn erzählt: »Ich habe immer gearbeitet, ich wollte immer einen gewissen Lebensstandard halten. Mindestens Drei-Sterne-Türkeiurlaub, das muss schon drin sein. Aber ich habe auch ständig das Gefühl gehabt, da geht irgendwie noch was, da geht mehr.« Obwohl er nie geglaubt hat, Deutschland etwas beweisen zu müssen, weil er Migrant ist, hat ihn der Aufstiegsgedanke immer begleitet.

Nachdem Filiz Tatar ihre Ausbildung abgebrochen hatte, weil sie in der Berufsschule als Klassenbeste in Englisch eine sechs bekommen hatte, fing sie an, in einer Bäckerei zu arbeiten. Doch das bedeutete nicht, dass sie aufgegeben hätte. Sie bewarb sich als Mitarbeiterin bei einer amerikanischen Kaserne. »Ich wusste ja, ich kann Englisch.« Sie musste Prüfungen ablegen, »die habe ich 1A bestanden«. Als die Kaserne im Jahr 2017 geschlossen wurde und die amerikanischen Soldaten zurück in ihre Heimat gingen, bewarb sie sich beim amerikanischen Konsulat. Und während der Arbeit dort dachte sie sich: »Du musst noch was anderes machen. Dann wollte ich mein Fachabitur nachholen.« Neben ihrem Vollzeitjob ging sie auf eine Abendschule. In Englisch und Spanisch war sie sehr gut. »Ich habe ständig fünfzehn Punkte kassiert, weil ich gut war und fleißig. Wenn wir eine einseitige Geschichte schreiben sollten, habe ich drei Seiten geschrieben. Wenn wir etwas vortragen mussten, habe ich es auswendig gelernt.«

Heute arbeitet sie noch immer ganztags beim Konsulat, hat

eine eigene Wohnung und ein Leben, das nicht fremdbestimmt von den Erwartungen ihrer Eltern oder kulturellen Vorstellungen ist. Trotzdem wollte sie sich weiterbilden und nicht aufhören zu lernen. Sie entschied sich, nebenberuflich eine Ausbildung als Heilpraktikerin zu beginnen. »Ich war einfach nicht mit mir und mit meiner Lebenssituation zufrieden. Meine Freundin erzählte mir, dass sie eine Ausbildung zur Heilpraktikerin macht, und danach habe ich recherchiert. Das würde mir auch selbst zugutekommen. Dann hab ich mich da angemeldet, und ich bin noch immer fasziniert davon.« Denn Filiz möchte alle Möglichkeiten, die sie in diesem Land hat, ausschöpfen. Ihr Bedürfnis aufzusteigen sei immer da. Ob sie Angst habe zu scheitern? »Nö. Scheitern ist für mich, die Prüfung nicht zu bestehen, dann macht man das noch mal. Wenn ich etwas anfange, muss ich es zu Ende bringen. Ich weiß ja, was ich kann.«

Bobby hat 14 Jahre Breakdance getanzt und kam so in Berührung mit einem französischen Fotografen, Little Shao, der Bilder von Tanzszenen und Menschen in Bewegung machte. Noch heute bezeichnet er ihn als seine »größte Inspiration«. Als Bobby den Veranstalter von Battle of the Year kennenlernte, einem jährlich stattfindenden internationalen Breakdance-Wettbewerb, und mit ihm über sein Filmstudium sprach, bot der ihm an, den Wettbewerb zu filmen. Bobby hatte bis dahin jedoch weder gefilmt noch fotografiert. »Ich habe vorgeschlagen, Fotos zu machen.« Dann kaufte er sich eine professionelle Kamera und lieh sich an seiner Universität verschiedene Objektive aus. »Bis dato konnte ich nicht wirklich fotografieren. Die ersten Fotos, die ich gemacht habe, waren orange. Weil ich die Kamera falsch eingestellt habe. Dann dachte ich mir: Okay, dann bearbeite ich sie einfach in Schwarz-Weiß, und der Veranstalter war cool damit.«

Auf diese Weise hat er mit der Fotografie angefangen. Dann lernte er die Rappergruppe KMN Gang und ihren Manager Lucas Teuchner kennen. Der fragte ihn, ob er nicht auf Festivals fotografieren und auch die Shootings der Rapper übernehmen wolle, die bei ihm unter Vertrag standen. So kam es, dass Bobby viele der erfolgreichsten Rapper Deutschlands auf angesagten Hip-Hop-Festivals wie Wireless, Splash! und Frauenfeld fotografierte.

Viele meiner Gesprächspartnerinnen und -partner sind ins kalte Wasser gesprungen. Wenn sie nicht wussten, wie es weitergehen sollte, und sie keine konkrete Vorstellung über die Zukunft hatten. Nicht nur, weil Perspektiven fehlten, sondern auch eine Orientierung. Sie hatten keine Vorbilder, die ihnen einen Weg aufzeigen konnten. Trotzdem sind sie weitergegangen. Denn Scheitern ist keine Option.

Es ist genau diese selbstbewusste Haltung, die in den Familien von Menschen mit Migrationshintergrund vermittelt wird. Mehr noch, sie ist Teil ihrer Geschichte, unabhängig davon, ob ihre Großeltern und Eltern als Gastarbeiter nach Deutschland eingewandert sind oder ob sie selbst als Kinder vor Krieg und Armut nach Deutschland geflüchtet sind.

»Hauptsache, die Eltern waren zufrieden«

Viele von uns bekommen von Eltern und Großeltern zu hören: »Wenn ich deine Möglichkeiten hätte, wäre ich längst Bundeskanzlerin oder Bundeskanzler von Deutschland.« Unsere Eltern oder Großeltern sind nach Deutschland gekommen, um zu arbeiten oder Schutz zu suchen. Sie erhofften sich Wohlstand und Sicherheit, und als sich diese Hoffnung erfüllte, sind sie hiergeblieben. Unser Drang war stets, immer weiter nach oben zu kommen. Auch, um unseren Eltern gerecht zu werden, die sich für uns ein besseres Leben wünschen. In den Augen der Eltern könne man nicht weit genug aufsteigen, meint der Unternehmer Nikbin Rohany.

Auch die Journalistin Eva Schulz erzählt, dass sie bei jungen Menschen mit Migrationshintergrund ein starkes Leistungsmotiv beobachtet. »Sie sagen: Ich muss dem gerecht werden, was meine Eltern geopfert haben, indem sie hergekommen sind. Oder sie sagen: Ich möchte viel erreichen, wofür haben meine Eltern schließlich so viel auf sich genommen? Das ist auch ein wiederkehrendes Motiv bei meinen Podcast-Gästen. Etwa die Hälfte der Interviewpartnerinnen und -partner haben einen Migrationshintergrund. Und auch, wenn sie ganz unterschiedliche Berufe ausüben, wie Schauspieler, Politikerin oder Künstler, komme ich in den Gesprächen oft zu dem Punkt, an dem ich frage: Hast du das Gefühl, deinen Eltern etwas beweisen oder zurückgeben zu müssen, damit sie nicht umsonst hergekommen sind? Da hört man dann oft, dass das eine starke Motivation ist.«

Wenn ich Syn frage, warum er Abitur gemacht hat, antwortet er schulterzuckend: »Für die Eltern natürlich. Es gab keine andere Option, als Abitur zu machen. Es gab keine Gespräche darüber. Man wusste: Man macht die Schule und fertig.« Sein Freund Ćelo fügt hinzu: »Hauptsache, die Eltern waren zufrieden. Man ging zur Schule und studierte.« Beide haben sich in der Schule bemüht, weil sie ihre Eltern nicht enttäuschen wollten. Wahrscheinlich hatten sie genauso wie ich das Gefühl, bei den eigenen Eltern in der Schuld zu stehen. Mein Vater musste körperlich hart arbeiten, und alles, was er und meine Mutter von mir erwarteten, war, ein Buch aufzuschlagen. Bis heute habe ich ein schlechtes Gewissen, weil ich manchmal nicht genug lernte, sondern faul war und einfach das Leben genießen wollte. Denn sie selbst hatten wenige Momente in ihrem Leben, wo sie nicht an die Arbeit dachten.

Onur Türkorun hörte stets von seinen Eltern: »Du sollst studieren, damit du nicht hart arbeiten musst. Guck uns doch mal an. Wir haben nie studiert, und wie hart wir arbeiten für unser Geld. Und dann sagten sie es auch auf Türkisch: *Oku da adam ol.* Das heißt: Studiere, und sei ein richtiger Mann, ein gestandener Mann. Das wurde immer von zu Hause mitgegeben, aber auch andere, Verwandte und Bekannte, haben mir das gesagt.«

Cem Görmüs' Eltern wurden aktiv, als es ihm eine Zeit lang an Motivation mangelte. »Sie haben mich mitgenommen auf die Arbeit – ob ich wollte oder nicht. Ich musste mitgehen, ich musste

Döner schneiden, und ich musste alles lernen. Mein Vater sagte zu mir, du willst nicht studieren, du willst nicht in die Schule gehen, dann musst du mit mir zur Arbeit mitkommen. Er hat mich jeden Morgen geweckt.« Irgendwann habe Görmüs eingesehen, dass man Geld verdienen und sich auf eigene Beine stellen muss. »Ich wollte, dass meine Eltern sagen: Ich bin stolz auf dich.«

Die Erwartungen der Eltern zu erfüllen, sie glücklich zu sehen und ihnen das Gefühl zu geben, es hat sich gelohnt, dass sie ihre Sachen gepackt und ihre Heimat verlassen haben, um nach Deutschland zu kommen – diesen Gedanken kennen tatsächlich viele von uns. Und häufig möchte man den Eltern auch materiell etwas zurückgeben. So sagt der Café-Besitzer Samson Habtom: »Ich habe immer hart gearbeitet, weil ich schon, seit ich 21 Jahre alt bin, wusste, dass ich für meine Eltern auch sorgen möchte. Ich habe damals den Rentenbescheid meines Vaters gelesen, und da stand eine mickrige Summe. Es war für mich als junger Erwachsener ein riesiger Schock, wie der Staat mit Rentnern umgeht, und da wurde mir klar, dass ich mich nur auf mich selbst verlassen kann. Und ich habe mir gesagt: Ich muss dafür sorgen, dass es meinen Eltern immer gut geht. Und ich sehe das als ein Privileg. Ich will das wieder zurückgeben, was meine Eltern uns damals gegeben haben. Denn unsere Eltern haben immer dafür gesorgt, dass wir uns sicher und geborgen fühlen.«

Fotograf Bobby ist überzeugt: »Ich muss meiner Mutter den Respekt zollen, den sie verdient. Auch materiell, Geld ist Geld. Wenn man mit nichts aufgewachsen ist, muss man auch den Eltern Geld geben. Meine Mutter erwartet von mir kein Geld, sie will nur Gesundheit für sich, dass ich gesund bin und auf mich aufpasse und einfach meinen Weg gehe. Das ist alles, was sie will.«

»Wenn man in Deutschland kein Risiko eingeht, wo dann?«

Doch unsere Eltern hatten nicht nur Erwartungen an uns, setzten nicht nur Hoffnungen in uns. Sie waren es auch, die immer an uns glaubten und uns die Sicherheit gaben, dass wir nichts zu verlieren haben. So erzählt die Boxerin Nikki Adler, deren Eltern aus Kroatien stammen: »Sie haben alles versucht, um uns alles zu ermöglichen. Ohne meine Eltern wäre ich niemals da, wo ich heute bin. Von Anfang an haben sie an mich geglaubt und wollten, dass ich meinen Traum verwirkliche. Meine Eltern haben mich finanziert, und auch meine Schwester hat, nachdem sie ihr Studium beendet hat, meine Sportlerkarriere finanziert.« All das sei selbstverständlich gewesen. Bei Samson Habtom waren es nicht nur seine Eltern, die hinter ihm standen, als er sich mit seinem Café selbstständig machte, sondern die gesamte Familie und seine Community.

Unsere Familien waren selbst ein Risiko eingegangen, als sie ihre Heimat verließen, um sich in einem neuen Land ein Leben aufzubauen. Von ihnen lernten wir, dass wir keine Angst vor dem Aufstieg haben mussten. Dass wir uns etwas trauen konnten.

Der Großvater von Onur Türktorun ist als einer der ersten Gastarbeiter in den 60er Jahren nach Deutschland gekommen. Danach zog sein Vater mit seinen Geschwistern nach. Seine Eltern haben sich in der Türkei kennengelernt, und seine Mutter ist dann im Rahmen der Familienzusammenführung nach Deutschland gekommen.

Onur selbst bekam trotz guter Noten in der Grundschule nur eine Empfehlung für die Realschule. »Die Lehrerin hat die Empfehlung damit begründet, dass es sehr schwierig für mich sei, auf dem Gymnasium mitzuhalten. Es wäre besser, wenn ich zuerst die Realschule besuchen würde und Spaß an der Schule hätte. Und wenn ich gute Noten hätte, könnte ich später trotzdem mein Abitur machen.

Für mich war das ein Schockmoment, weil ich mich fit gefühlt habe, und ich wollte unbedingt das Gymnasium besuchen, weil ich Ziele hatte. Zu Hause gab es auch Stress. Ich erinnere mich, wie mein Vater nach Hause kam vom Elternabend und meinte: ›Ich dachte, du willst auf das Gymnasium gehen, deine Lehrerin hat die Realschule empfohlen. Wie kommt das?‹ Da war schon ein gewisser Druck schon sehr, sehr früh da.

Aber mein Vater hat auch gesagt: Du musst es wollen, ich kann das nicht entscheiden. Ich möchte, dass du das Gymnasium besuchst, aber du musst es auch schaffen können. Wenn du sagst, ich schaffe das, dann kreuze ich das Kästchen bei Gymnasium an. Wenn du aber Angst hast, dann kreuze ich die Realschule an. Du darfst das entscheiden. Ich habe es mit dem Gymnasium versucht. Am Anfang hatte ich nicht so gute Noten, aber irgendwann hat es dann klick gemacht.«

Seine Familie unterstützte ihn die ganze Zeit – denn sie wusste: »Wenn es nicht klappt, dann lande ich ja sowieso in der Realschule. Das heißt: Man hatte nicht viel zu verlieren.« Auch seine jüngere Schwester wurde von den Eltern gefördert. »Sie war sogar viel besser als Schülerin als ich.« Seine Schwester hat ebenfalls eine beachtliche Karriere hinter sich. Sie hat auch ihr Abitur auf einem Gymnasium gemacht – mit einem 1,1 Notendurchschnitt. »Sie hat ein Stipendium bekommen und Psychologie in Frankfurt studiert. Nachdem sie ihren Bachelor und Master gemacht hat, promoviert sie momentan. Sie hat eine Vollzeitstelle an einem Lehrstuhl der Goethe-Universität in Frankfurt.«

Aber nicht nur unsere Eltern gaben uns Sicherheit, sondern auch das Land selbst, in das sie oder unsere Großeltern eingewandert sind. Samson Habtom ist der Meinung: »Wenn man in Deutschland kein Risiko eingeht, wo dann?« Wir kannten die Umstände in den Herkunftsländern unserer Eltern und wussten, dass dort der soziale und wirtschaftliche Aufstieg schwierig bis unmöglich war. Dort ist der Bildungsweg für Kinder aus sozial schwachen Familien noch steiniger, und es gibt keinen Sozialstaat, der uns auffängt, wenn wir fallen. Kein Wunder, dass die Risikobereitschaft der Menschen mit Migrationsgeschichte so hoch ist. Nikbin Rohany, dessen Vater aus Afghanistan flüchten musste, glaubt, dass man in Deutschland keine Risiken eingeht, weil man mehrfach abgesichert ist: »Durch das Studium, durch die sozialen Strukturen, auch die Wirtschaft ist hier hervorragend. Selbst wenn alles schiefgeht, findet man schon am nächsten Tag einen anderen Job.« Er habe nie wirklich Risiken gesehen, sondern stets nur eine Investition von Zeit: »Und auch die ist nicht vergeudet, denn man lernt viel währenddessen, auch wenn man scheitern sollte.«

Syn ist nie davor zurückgeschreckt, Risiken einzugehen. »Allein mein Jurastudium war für mich schon ein Risiko«, sagt er. Er sei nie ein sehr guter Student gewesen, und er wusste, dass er ohne ein Prädikatsexamen nicht ganz oben ankommen würde. »Welche Aussicht hätte ich mit meinem Jurastudium gehabt? Da hätte ich auch keinen elitären Lebensstil haben können. Ich wollte nie für 1200 Netto im Monat arbeiten.« Syn wollte mehr. »Ich hatte Bock darauf, mein eigener Chef zu sein.«

Er war scheinfrei und stand kurz vor dem Staatsexamen, nebenher hatte er seinen Job im Callcenter, das Label und managte Ćelo & Abdï. Da traf er eine Entscheidung. »Ich war in den Examensvorbereitungen, ich habe Anrufe und E-Mails bekommen, weil Ćelo & Abdï immer erfolgreicher wurden. Dann habe ich eine Pause vom Studium gemacht und geschaut, wie weit ich mit der Musik komme.« Musik sei immer seine Leidenschaft gewesen. »Und es war mein Traum, irgendwann davon zu leben. Auch wenn das weit weg schien, ich konnte es mir nicht vorstellen. Aber irgendwann war die Aussicht da, tatsächlich davon leben zu können. Das Studium hat geruht, ich habe weiterhin im Callcenter gearbeitet und die Manager- und Labeltätigkeit gemacht. Dann ist ›Hinterhofjargon‹ von Ćelo & Abdï bei den Top 10 gestartet, und Olexesh ist mit ›Nu eta da‹ auf Platz 7 eingestiegen.«

Syn kündigte beim Callcenter, einige Zeit später brach er sein Studium ab, um nur noch Musik zu machen. Dabei war er sich darüber im Klaren: »Wenn alles schiefläuft, dann finde ich auch einen Job in der Musikindustrie. Ich muss mir keine Sorgen mehr machen, irgendwann auf der Straße zu sitzen.« Syn hat all seine Schritte geplant, bis er wusste: Das muss funktionieren. Und das zu einer Zeit, in der es keine so rosigen Aussichten für Deutsch-Rap gab wie heute.

Oft schütteln wir den Kopf, wenn wir sehen, dass die Deutschen vorsichtiger sind, größere Angst vor dem Abstieg haben als wir. Kaan Tosun hält die Deutschen für viel zu zögerlich: »Die Deutschen wollen immer Sicherheit: Schulabschluss, dann eine Ausbildung, alles Schritt für Schritt. Sie gehen nicht oft Risiken ein. Man hört bei den Deutschen ständig: Sicherheit. Ja keine Fehler machen. Nachher verliere ich alles. Die Ausländer haben mehr Biss. Nicht alle. Ich möchte jetzt nicht alle über einen Kamm scheren. Ausländer haben viel weniger Möglichkeiten, aber die holen am Ende alles raus, weil sie den Mut haben. Wenn sie es gegen die Wand fahren, dann fahren sie es eben gegen die Wand. Das ist schon ein riesiger Unterschied. Die Gastronomie ist sehr anstrengend. Aber wir wollen kein monotones Leben. Wir gehen nicht in die Fabrik oder ins Büro, wir suchen die Herausforderung. Wir haben mehr Motivation, nach oben zu kommen.«

Unsere Motivation aufzusteigen ist größer als unsere Angst zu fallen. Auch Angeliki Liakidis hat nicht davor zurückgeschreckt, immer wieder Zeit zu investieren. Nach einer Ausbildung als Bürokauffrau machte sie eine EDV-Umschulung, arbeitete anschließend beim Allgemeinen Studierendenausschuss an der Staatlichen Fachhochschule in Darmstadt und kam dann bei ihrer Tätigkeit in einem Frauenhaus mit sozialer Arbeit in Berührung. So kam sie auf die Idee, Sozialpädagogik zu studieren. Zwar hatte sie kein Abitur, dennoch schaffte sie es als Quereinsteigerin an die Evangelische Fachhochschule. Stets verfolgte sie dabei der Gedanke: »Du musst Erfolg haben. Egal was ich gemacht habe, ich habe mich immer gefragt, wirst du das schaffen? Ich habe mir aber auch immer die Frage gestellt, was so schlimm wäre, wenn ich scheitern würde. Doch ich wollte nie hören: Du schaffst es nicht, weil du Ausländerin bist oder weil du die Sprache nicht so richtig kannst. Es hat mich immer gewundert, dass manche deutsche Mitschüler nicht so viel für die Schule gemacht haben. Ich habe das nie verstanden. Ihr habt alles, ihr könnt die Sprache, ihr versteht zu hundert Prozent, was der Lehrer sagt, warum?«

Auch viele von uns, die studiert haben, entschieden sich für einen Weg, der mit Risiko verbunden war. Aber der Glaube an uns war so stark, dass wir daran festhielten. Und auch der Glaube daran, dass wir in dieser Gesellschaft etwas verändern können. Mit Musik wie Syn oder mit Essen wie die Münchner Brüder Ugur und Oguz Örgün. Beide haben in vielen Problemvierteln der Stadt gelebt, Blumenau, Neuperlach, Milbertshofen. Der 39-jährige Ugur hat Medieninformatik studiert, sein drei jüngere Bruder Oguz Architektur. Zusammen haben sie sich mit einem Manti-Laden selbstständig gemacht. Manti, das sind traditionelle türkische Maultaschen, die mit viel Mühe und Liebe von unseren Müttern und Großmüttern gemacht werden.

»Die Idee kam auf, als wir einmal Hunger und Lust auf Manti hatten. Da ist uns auch aufgefallen, dass die türkische Küche in der Gastronomie – außer mit Döner – kaum vertreten ist. Türkische Hausmannskost, die man draußen kaufen konnte, gab es damals fast nicht. Wie gewohnt, hat unsere Mutter die Manti für uns zubereitet, obwohl es ziemlich aufwendig ist. Manti ist ein Festtagsgericht; man hat sich immer gefreut, wenn es Manti gab. Unsere Mama hat es von unserer Oma gelernt. Es gab zwar Manti in türkischen Supermärkten zu kaufen, diese entsprachen aber nicht unserem Geschmack und hohen Qualitätsansprüchen, wenn es um Essen und Nahrungsmittel geht. Die getrockneten oder tiefgefrorenen Manti waren größtenteils nicht einmal mit Fleisch, sondern als Ersatz mit Soja gefüllt.«

Die Brüder wollten Manti auf den Markt bringen, die sie guten Gewissens Familie und Freunden vorsetzen – und selbst genießen – könnten. »Es war schon eine Herausforderung, und daran haben wir bereits am Anfang gedacht.« Trotzdem kam Aufgeben niemals infrage: »Ich habe in unsere Idee und unseren Traum viel Geld investiert, salopp gesagt: alles bis auf meine letzte Unterhose«, so Ugur Örgün. Dabei ging es den Örgüns nicht nur um die Maultauschen selbst, sondern sie wollten mit ihrem Laden einen Ort schaffen, der, wie sie sagen, den Spagat zwischen der orientalischen Tradition und der Moderne leistet. »So konnten wir ein kulturelles Gericht in ein modernes Ambiente bringen und zwei Kulturen in einem Konzept integrieren«, sagt Ugur Orgün. Mittlerweile besitzen sie sechs »Lezizel«-Filialen und sind zu einem Franchise-Unternehmen geworden.

Auch beim Angebot in den Läden ging es ihnen nicht nur darum, die Vielfalt der türkischen Küche zu zeigen, sondern Tradition und Moderne zu vereinen. Deshalb servieren sie die Manti sowohl klassisch mit Joghurt und einer Paprika-Butter-Soße als auch mit exotischen Toppings wie Mango-Apfel-Chutney. Oguz Örgün erklärt das so: »Wir sind mit beiden Kulturen, der deutschen und der türkischen, aufgewachsen. Unsere Eltern sind eher türkisch, aber wir sind beides. Wir kennen uns in beiden Kulturen gut aus. Vielleicht trauen wir uns deswegen auch viel mehr – solche mutigen Kombinationen zu machen, statt ein türkisches Gericht nur klassisch zu servieren.«

»Es gab keine Vorbilder für uns«

Ein großer Unterschied zu den Deutschen war, dass unsere Eltern und unsere Community es meist nicht geschafft haben, uns Orientierung und Struktur zu geben, damit wir den Erwartungen dieser Leistungsgesellschaft gerecht werden. Viele von uns hatten kein eigenes Zimmer, manche auch keinen Schreibtisch. Wir wussten oft nicht einmal, dass wir das brauchen, um konzentriert für die Schule zu lernen. Unsere Eltern konnten uns weder bei den Hausaufgaben helfen, noch wussten sie, was uns in der Schule erwartet. Sie hofften, dass wir studieren würden, aber sie konnten uns weder bei den Abiturprüfungen helfen noch uns bei der Auswahl des Studienfachs beraten.

Wir hatten auch keine Vorbilder, die uns zeigten, wie wir diese beiden Lebenswelten vereinen können, die uns eine Vorstellung vermittelt hätten, was man erreichen kann oder die Spielregeln erklärten, ohne deren Kenntnis der Aufstieg nicht zu schaffen ist. Das Fehlen von *role models* taucht in vielen meiner Gespräche auf. Weder unsere Eltern erfüllten diese Funktion noch andere Menschen mit Migrationshintergrund, die in der Öffentlichkeit standen oder die wir aus unserer eigenen Community kannten. Also Menschen, die so wie wir waren, es aber nach oben geschafft hatten; die nicht sofort bürgerlich geworden waren oder sich assimiliert hatten, sondern ihre Migrationsgeschichte mit Stolz offen trugen. Es gab wenige, die studiert hatten und sich der Community dennoch weiter verbunden fühlten. Und kaum jemanden, der uns sagte: »Hey, hier gibt es auch Platz für euch. Mit eurer Geschichte.«

Unsere Großeltern, unsere Eltern waren Arbeiter. Zwar machten sich viele von ihnen selbstständig. Aber wir sahen auch, wie sie daran kaputtgingen. Wir wollten aber nicht nur für das Arbeiten in Deutschland leben, wir wollten in Deutschland auch leben. Mein Kickboxtrainer Sefer Göktepe ist 1989 im Alter von zehn Jahren aus Diyarbakir mit seiner Familie nach Deutschland nachgekommen, wo sein Vater bereits als sogenannter Gastarbeiter lebte. In Deutschland besuchte er Sprachkurse, aber keine Schule. Auch er berichtet: »Es gab keine Vorbilder für uns. Unsere Eltern haben uns morgens verlassen, um auf die Arbeit zu gehen. Und abends sind sie zurückgekommen. Niemand hat nach der Schule gefragt. Wir waren auf uns selbst gestellt. Wir mussten selbst lernen zu überleben – wir, die ältere Generation. Wir sind manchmal auch den schlechten Weg gegangen, aber durch die Familie und den Zusammenhalt haben wir die Kurve gekratzt. Nicht alle, aus meinem Freundeskreis sind mehrere im Knast gelandet, einer wurde abgestochen, ein anderer wurde erschossen. Das sind die Jungs, die mit mir aufgewachsen sind.«

Unsere Eltern waren oft überfordert, auch wenn sie sich wünschten, dass wir eine gute Schulbildung erhalten. Onur Türktorun erinnert sich daran, dass er bereits als Fünftklässler von Verwandten und Bekannten seiner Eltern gefragt wurde, wie er es aufs Gymnasium geschafft habe: »Wie lernst du denn, oder wie machst du das? Die wollten das auch ihren eigenen Kindern beibringen. Diese Fragen wurden mir so oft gestellt. Oder: Was machst du nach der Schule? Ich habe diese Fragen nie verstanden.« Lange glaubte er, eine geheime Formel zu besitzen.

Dass Familien mit türkischem Hintergrund keinen großen Wert auf Schulbildung legen, stimmt so nicht, viele wissen nur nicht, was es erfordert, gut in der Schule zu sein. So berichtet Onur Türktorun: »Meine Eltern werden auch heute noch von anderen ausländischen Familien gefragt, wie sie das so gemacht haben. Und eigentlich antworten sie ihnen immer dasselbe: Wir standen immer hinter unseren Kindern und haben dafür gesorgt, dass sie an der Schule drangeblieben sind. Mehr konnten sie auch nicht machen. Sie konnten nicht bei den Hausaufgaben helfen.« Offenbar war das auch nicht nötig: »Heute sind meine Eltern sehr stolz. Ihr Sohn ist Anwalt, ihre Tochter ist Psychologin.«

»Wenn man erfolgreich ist und etwas leistet, fühlt sich jeder Mensch stolz«

Es reicht nicht, wenn wir die Anerkennung unserer Familien und Communitys haben. Wir brauchen auch die Anerkennung der Gesellschaft. Wir brauchen sie dringender als alles andere, um es zu schaffen. Wenn man uns nicht so annimmt, wie wir sind, dann steigen wir erst gar nicht auf. Wir scheitern, bevor wir es versucht haben. Wir geben auf.

Anerkennung bedeutet für uns, dass wir nicht einfach toleriert werden, sondern dass man das kulturelle Kapital wertschätzt, das wir von zu Hause mitbringen. Unsere Eltern haben vielleicht keinen hohen Bildungsabschluss, weil sie nicht zur Schule gehen konnten, obwohl sie es wollten. Aber sie haben ihr Wissen, das sie jenseits der Schule gesammelt haben, und ihre Erfahrungen als Migranten an uns weitergegeben. Neco Celik sagt: »Wir leben in einer Leistungsgesellschaft. Man redet uns ein, dass wir Menschen mit Migrationsgeschichte mit 3:0 im Rückstand anfangen. Aber das stimmt gar nicht. Im Gegenteil. Wir fangen eigentlich mit 5:0 vorne an. Weil wir einfach mehr Sprachen können, weil wir mehr Verständnis haben für Kulturen und Ethnien. Und unser Wissensstand ist so hoch, dass man das gar nicht in der Schule erlernen kann. Wir können uns überall auf der Welt orientieren. Aber wir haben nicht das geschafft, was unsere Eltern geschafft haben. Einfach ihre Existenz in einem völlig fremden Land ohne Sprache und Bildung aufzubauen. Sie sind die wahren Vorbilder für uns.«

Oft fehlt uns die Anerkennung dafür, dass wir, die aus sozial schwachen Familien stammen, überhaupt *versuchen* aufzusteigen. Dass wir einen starken Willen haben. Manchmal bekomme ich sie von Deutschen, meist von älteren Menschen, die auch in Armut gelebt oder mit wenigen Mitteln viel in ihrem Leben erreicht haben. Sie schätzen es, dass wir »von unten« kommen und »nach oben« wollen. Viele andere aber sprechen uns den Aufstiegswillen ab und suggerieren, wir wollten nur auf der faulen Haut liegen und am liebsten von staatlicher Leistung leben.

Wenn wir es geschafft haben, sollte die Anstrengung anerkannt werden, die dafür nötig war, dass wir viele Hürden überwunden haben. Wir wollen nicht die Kinder von Migranten sein, die man heute nicht braucht. Im Gegenteil, wir wollen gebraucht werden. Wir wollen unseren Beitrag für eine Gesellschaft leisten, die auch unsere ist.

Wie wichtig Anerkennung ist, kann man verstehen, wenn man sich mit dem Konzernsprecher der Deutschen Bahn, Achim Stauß, unterhält: »Viele unserer Mitarbeiterinnen und Mitarbeiter tragen Unternehmensbekleidung. Wir spüren, dass diese ›Uniform‹ bei Beschäftigten aus arabischen Ländern oder mit einem türkischen Hintergrund eine andere, eine positivere Bedeutung hat als bei Deutschen ohne Migrationshintergrund. Viele Deutsche haben ja mit Uniformen, auch aus historischen Gründen, ein wenig Probleme. Aber für jemanden, der vielleicht aus schwierigen Verhältnissen kommt und plötzlich bei der Bahn diese Unternehmensbekleidung trägt, hat sie eine sehr positive Bedeutung. Für ihn oder sie ist diese Kleidung mit dem Gefühl verbunden, dass man damit einen gewissen Status, Respekt und Wertschätzung bekommt. Auch wenn man einen anstrengenden Job macht und nicht zu den Spitzenverdienern gehört. Unternehmensbekleidung kann einen positiven Effekt haben und das Gefühl vermitteln: Wir sind alle Bahner. Ich bin einer von euch, ich gehöre zu einem starken Team.«

Sicher, eine Uniform ist eine Äußerlichkeit. Aber sie verschafft Menschen wie uns Respekt und Ansehen – weil man für ein staatliches deutsches Unternehmen arbeitet. Arbeit ist wichtig, wenn es um Zugehörigkeit zu diesem Land geht. Denn sie schafft eine Identität, die Menschen verbindet, obwohl sie unterschiedliche Wurzeln haben. In dem Moment, in dem ich arbeite, bin ich nicht einfach der Türke oder der Araber, sondern ein Kollege. Und Arbeit ist in Deutschland entscheidend, um anerkannt zu werden. Wer arbeitet, leistet gleichzeitig einen Beitrag für die Gesellschaft und stärkt das, was Deutschland besonders für uns Menschen mit Migrationshintergrund lebenswert macht: den Sozialstaat.

Arbeit bedeutet, gebraucht zu werden, und bringt einem Wertschätzung ein. Auch deshalb ist sie so wichtig für uns. Vor allem, wenn wir sehen, dass unsere Arbeit Früchte trägt. Erfolgserlebnisse ermutigen uns weiterzumachen. Als Kind hat sich Ćelo Deutschland nicht zugehörig gefühlt. Das hat sich aber mit der Zeit verändert: »Durch die Musik fühle ich mich mittlerweile als ein Teil von Deutschland, weil ich durch die Musik in der Gesellschaft etwas bewirkt habe. Wenn man erfolgreich ist und etwas leistet, dann fühlt sich jeder Mensch stolz – ob du ein Auto entwickelst, eine Talkshow moderierst oder rappst.«

Der Gastronom Cem Görmüs erzählt: »Ich habe gemerkt, wenn ich arbeite und mich anstrenge und wenn ich etwas möchte, was mir Spaß macht, dann kämpfe ich darum und habe Erfolg. Und es hat funktioniert.« Er möchte etwas beitragen zur Gesellschaft, etwas bewirken, und er ist zu einem Vorbild geworden: »Ja, die Leute sagen: Der hat Erfolg. Die Leute sehen das und wollen auch das umsetzen, was ich gemacht habe.«

So werden neue Vorbilder geschaffen. Auch Onur Türktorun ist eines davon. »Ohne arrogant klingen zu wollen: Das ist auf jeden Fall so. Das bekomme ich auch heute unter anderem von Mandanten so mit. Wenn sie mit ihren Kindern kommen, weil die als Jugendliche eine Straftat begangen haben, dann sagen sie: ›Wieso hast du nicht wie dein Onur *abi** Gas gegeben in der Schule?‹ Oder: ›Siehst du mal, aus ihm ist ein Anwalt geworden, und du machst hier noch Mist und klaust Fahrräder!‹«

»Natürlich muss man einen Willen haben«

Trotz der vielseitigen Herausforderungen – der Ausgrenzung und Diskriminierung, den mangelnden Kapazitäten unserer sozialen Schicht, der fehlenden Sprachkenntnisse unserer Eltern – haben es viele von uns geschafft. »Unsere Geschichte ist eine Erfolgsgeschichte, das kann niemand bestreiten. Unsere Ausgangsposition ist klar. Und wo wir jetzt stehen, ist klar. Da ist ein voller Erfolg«, sagt Neco Celik.

Ist also der eigene Wille entscheidend, damit ein Schüler mit Migrationshintergrund es auf ein Gymnasium schafft, Abitur macht, studiert und einen guten Job bekommt? Muss man

---

*   Türkisch für »älterer Bruder«.

sich einfach nur genügend anstrengen, und alles ist möglich? Das impliziert, dass diejenigen, die es nicht schaffen, es nur nicht ausreichend wollen würden. Und das stimmt so pauschal selbstverständlich nicht. Denn während die einen am Druck der Ausgrenzung wachsen, scheitern andere daran. Sie brechen die Schule ab, gehen einen kriminellen Weg oder gehen keiner Arbeit nach. Sie nutzen keine der vielen Möglichkeiten, die dieses Land für uns alle bereithält.

Es sind mehrere Faktoren, die beim Aufstieg eine Rolle spielen, meint Onur Türktorun. »Natürlich muss man einen Willen haben, um etwas durchzusetzen. Man muss aber auch die finanziellen Möglichkeiten haben, und es reicht nicht, wenn man es nur möchte. Man muss gut aufgestellt sein – strukturell.« Aber er ist auch der Meinung, dass man sein Schicksal selbst in die Hand nehmen kann und es versuchen sollte.

Wie schaffen es dann Menschen, denen die Ressourcen fehlen, ihre eigenen Ziele und Träume zu verfolgen und zu verwirklichen? Die in Vierteln wohnen, wo Kriminalität herrscht, und aus einer bildungsfernen Familie kommen? Für Sefer Göktepe ist das Leben ein Kampf: »Ein wahrer und realer Kampf.« Er schildert den Vorfall, der für seinen weiteren Lebensweg entscheidend war: »Wir haben uns mal geschlagen, eine Rivalität zwischen zwei Gruppen. Dann sollte es zu einer zweiten Schlägerei kommen, nur die Beteiligten sollten dabei sein, die Freunde sollten sich raushalten. Sie haben sich wieder geschlagen, der eine hat aufs Maul bekommen. Mein Freund Karim ist nach Hause gegangen, hat ein Messer geholt und hat den Jungen, mit dem er ein Problem hatte, abgestochen und getötet. Ich war 16 Jahre alt, ich musste mich entscheiden. Ich wollte meinen eigenen Weg gehen. Ich bin aus dem Freundeskreis und aus dem Ghetto raus.«

Er packte seine Sachen und reiste in die weite Welt. Zwei Jahre lang war er weg von seiner Familie. »Ich bin nach Thailand gegangen, ich bin nach Holland gegangen.« Das Reisen und vor allem der Sport haben ihm geholfen, seinen Weg zu finden.

Auch Onur Türktorun ist in so einem Viertel aufgewachsen, im Dietzenbacher Starkenburgring. Er hat dort gespielt, wo Drogen verkauft wurden. »Als ich in die Schule kam, sind wir umgezogen, aber das Umfeld war trotzdem da, ich bin trotzdem zum Starkenburgring gegangen, habe dort mit meinen Freunden gespielt, und meine Großeltern haben dort noch gewohnt. Viele meiner Freunde, die wie alle dort auf der Sonderschule landeten, haben einen anderen Weg als ich eingeschlagen.«

In der 10. Klasse hat er sein Schulpraktikum bei einem deutschen Rechtsanwalt absolviert, 13 Jahre später sein Referendariat. »Dann habe ich auch eine Bürogemeinschaft mit ihm gegründet.« Bergauf gegangen sei es für ihn jedoch vor allem, nachdem er als Schüler auf dem Gymnasium ein Stipendium bekommen hatte. »Das war von der Staatsstiftung für Kinder mit Migrationshintergrund, die zwar gute Noten haben, aber aus wirtschaftlich schwachen Familien kommen.« Das Stipendium habe er von der neunten Klasse bis zum Abitur erhalten. »Man musste einen Notendurchschnitt von besser als 2,0 haben, und man musste auch soziales Engagement zeigen. Ich habe jüngeren Schülern ehrenamtlich Nachhilfe gegeben, das habe ich einmal die Woche gemacht, und dann war ich in einem EU-Projekt engagiert – das war in Dietzenbach.« Seine Eltern waren stolz auf ihn, da sie wussten, dass nicht jeder dieses Stipendium bekommt.

Als finanzielle Unterstützung hat die Familie monatlich 100 Euro erhalten, dem Schüler wurde ein Laptop zur Verfügung gestellt. »Und sie haben uns auf Exkursionen und Seminaren mitgenommen. Diese Seminare haben mich gefördert – Grundrechtsseminare, Exkursionen bei diversen Firmen und Museen. Man hat auch andere Leute kennengelernt, das waren auch Ausländer, also andere Migranten. Aus Russland, aus Afghanistan, aus verschiedenen Ländern. Man hat Kontakte gepflegt zu denen, es gab auch eine Fußballmannschaft, bei der ich mitgespielt habe. Das waren Leute aus Deutschland, überwiegend aus Hessen, die aber Wurzeln in anderen Ländern hatten. Die waren alle in der Schule fit. Sie haben mich beeindruckt, denn viele hatten viel schlechtere Voraussetzungen als ich. Sie kamen aus Kriegsgebieten und waren trotzdem sehr gut in der Schule. Oder da gab es auch Stipendiaten, die innerhalb von zwei Jahren Deutsch gelernt haben und sehr gute Noten hatten.«

Wenn unsere Gesellschaft nur auf den eigenen Willen der Kinder mit Migrationshintergrund setzt, darauf, dass sie ihre Perspektiven erkennen, ihre Ziele formulieren und sie auch verfolgen, ohne die strukturellen Hürden für sie aus dem Weg zu räumen und ihnen Chancengleichheit zu garantieren, die sie auch dann haben müssten, wenn sie keinen Migrationshintergrund hätten – dann lässt man sie ganz einfach im Stich. Und man vergeudet ein immenses Potenzial.

Islam Dulatov erzählt, dass er keine große Vorstellung von Deutschland hatte, als er wusste, dass sie aus Tschetschenien dorthin flüchten würden. »Ich wollte einfach nur weg aus Tschetschenien. Ich habe mir weder Vorstellungen von den Menschen noch von dem Leben dort gemacht. Von den Erzählungen her war es so, als ob das Geld hier auf dem Boden liegt.«

Die Brüder hatten anfangs Probleme, sie sprachen kein Wort Deutsch, wurden von ihren Mitschülern gemobbt, und auch sie hatten viele Aggressionen und Wut in sich. Aber vieles änderte sich mit einem Ferienprojekt, das von der Stadt Düsseldorf gefördert wurde. Djibril erzählt: »Das war ein Programm für uns. Wir sind ohne unseren Vater nach Deutschland gekommen, er kam fünf Jahre später. Unser Vater ist 100 Prozent behindert. Zu dem Zeitpunkt gab es bei unserer Mutter den Verdacht auf eine Krebserkrankung. Deshalb ging es ihr gesundheitlich sehr schlecht. Und da es uns auch nicht gut ging und wir uns in der Schule ständig geprügelt haben, hat man uns in dieses Freizeitprogramm aufgenommen.«

Danach wurde alles anders. »Das war unser krassestes Erlebnis«, erzählt Sulumbek. »Fast vier Wochen haben wir jeden Tag unterschiedliche Freizeitaktivitäten gemacht, wir waren im Freizeitpark oder im Schwimmbad. Jeden Tag erlebten wir etwas, das wir uns niemals im Leben vorher hätten vorstellen können. Wir sind extrem dankbar, hier leben zu dürfen.«

Als sich Bobby für das Studium an der Hochschule Darmstadt bewarb, gehörte er zu denen von den 600 Bewerbern, die zum Bewerbungsgespräch eingeladen wurden. Nur 40 Bewerber wurden angenommen. Beim Interview habe man ihn zu seiner Biografie befragt, woher er komme, unter welchen Umständen er aufgewachsen sei und so weiter. »Ich habe ihnen alles erzählt. Das war für mich wie eine Therapie. Ich konnte ihnen alles erzählen, den ganze Schmerz, den ich erlitten habe. Das fanden sie interessant, und sie haben mich gefragt, ob ich eventuell Lust hätte, das zu verfilmen, ob ich eine Dokumentation über mich machen würde. Ich habe Ja gesagt und erklärt, in welchen Bildern, mit welchen Perspektiven, und dann habe ich ihnen einen Film über mich erzählt. Und ich hatte bisher mit Film nichts zu tun gehabt. Sie fanden aber meine Erzählungen so gut, dass sie mich angenommen haben. Sie waren sprachlos.«

Er selbst habe sich wie neugeboren gefühlt. Mit diesem Gefühl betrat er die Universität. »Ich habe gemerkt, es geht darum, wie man drauf ist. Es geht um die Persönlichkeit, und das merke ich in meinem Beruf«, sagt Bobby.

Es gibt Möglichkeiten, und inzwischen gibt es auch Vorbilder. Doch man muss sie kennen, wissen, was man will und wie man sein Ziel erreichen kann. Erst wenn wir sehen, dass es eine Vielfalt an Möglichkeiten in diesem Land gibt – auch jenseits dessen, was unsere eigene Community uns an Lebenszielen und -entwürfen aufzeigt –, erst dann werden sich junge Menschen mit Migrationshintergrund trauen aufzusteigen. Und die jüngere Generation wird es einfacher haben, weil viele von uns als Pioniere in der Musik, in der Gastronomie oder in den Medien vorangegangen sind.

Ich stelle mir Deutschland wie eine Wohnung mit verschiedenen Zimmern vor. Die Türen zu jedem der einzelnen Räume sind immer offen, denn niemand sollte nur in einem Raum verharren oder eingesperrt bleiben. Die Türen sollten nicht zugehalten oder gar zugesperrt werden können. Ich gehe durch diese Räume und fühle mich in dieser einen Wohnung sicher, geborgen und heimisch. Ich kann die Möbel verrücken und von Zimmer zu Zimmer gehen und so die verschiedenen Lebenswelten kennenlernen, mir neue Möglichkeiten eröffnen.

Aber ohne Unterstützung wird es nicht möglich sein zu erkennen, dass ich mich nicht in einem einzigen Raum, sondern in einer Wohnung befinde, in der es viele Räume gibt, und ich frei bin, selbst zu entscheiden, wann ich den Raum verlasse. Und diese Unterstützung können solche Programme für junge Migranten wie im Fall der Dulatov-Brüder sein. Es können aber auch einzelne Menschen, Lehrer oder Nachbarn sein, wenn es nicht die eigenen Eltern sind, die jungen Menschen mit Migrationsgeschichte zeigen, wie vielfältig das Land ist.

Ingrid König hat eine ihrer Schülerinnen und deren Familie für das Diesterweg-Stipendium vorgeschlagen, ein Frankfurter Bildungsstipendium für Viertklässler, das den Übergang in die fünfte Klasse fördern soll. Für die Schüler umfasst es Akademien zu Sprache, Literatur, Kultur und Naturwissenschaft, und sie besuchen gemeinsam mit ihren Familien Bildungsorte in Frankfurt und Umgebung. Dazu gibt es eine finanzielle Unterstützung für die Anschaffung von Bildungsmitteln für die Kinder. »Damit sie [die Schülerin] die Möglichkeit hat, mit ihren Geschwistern und auch den Eltern Dinge zu sehen, die Deutschland bedeuten. Kultur, Landschaft. Denn meine Schüler sehen *nichts*. Die gehen nicht in den Taunus. Einzelne zwar, wir haben auch polnische Migranten, die gehen natürlich irgendwohin, aber die anderen gehen nicht in den Taunus zum Schlittenfahren, die gehen nicht in den Palmengarten, die gehen größtenteils noch nicht mal in den Zoo, obwohl sie eben entsprechend verbilligte Möglichkeiten haben, sie betreten nie ein Museum. Da ist die Welt so klein. Und, ja, so kann man leben, wenn man in Afghanistan auf dem Dorf lebt, das ist okay. Aber wenn man hier weiterkommen möchte, also teilhaben möchte, muss man sich öffnen.«

Nur wenn man Wissen über seine Umgebung und die Menschen hat, könne man teilhaben, mitbestimmen und zu sich selbst finden. »Im Privaten kann man sich ja abgrenzen, das ist völlig in Ordnung. Aber was die Kindererziehung betrifft, muss einfach diese Offenheit vorhanden sein. Ich schätze Religion, aber sie darf nicht das Leben bestimmen, sie darf nicht zur Abschottung führen.«

Noch heute bleibe die größte Herausforderung für Kinder mit Migrationsgeschichte, dass die Gleichbehandlung von Jungen und Mädchen fehle und die Offenheit für das, was Deutschland ihnen zu bieten hat. »Da geht es nicht nur ums Deutschsein, sondern überhaupt um die Vielfältigkeit. Die Landschaft zu erkennen und Kultur zu erkennen, und die ist ja mittlerweile nicht nur deutsch«, findet Ingrid König.

Oft braucht es einzelne Menschen, die uns mit den vielfältigen Möglichkeiten in diesem Land vertraut machen. Für viele von uns waren aber auch Menschen entscheidend, die einfach an uns geglaubt haben, wenn wir nicht weiterwussten. Uns etwas zugetraut haben. Marina Buzunashvili hat eine Ausbildung als Kommunikationskauffrau mit dem Schwerpunkt Buchhaltung und Marketing gemacht. Als sie nach einem Englandaufenthalt zurück nach Berlin kam, wusste sie nicht, wie es weitergehen soll. »Ich war ein bisschen *lost* in meinem Leben, und ich wusste, ich hatte keinen Bock auf Abitur und auf gar nichts. Und fragte mich dann: Was mache ich jetzt?«

Da lernte sie den Inhaber eines Musiklabels und einer Agentur kennen, der eine Buchhalterin suchte. »Ich sagte ihm, dass ich die Buchhaltung machen kann. Er fragte mich, was ich dafür will. Ich sagte: ein Praktikum. Und dann habe ich sehr schnell neben der Buchhaltung PR-Aufgaben bekommen, Labelmanagement gemacht, und irgendwie war ich ein Naturtalent – also gerade bei der PR-Arbeit. Währenddessen habe ich an der Abendschule mein Abitur nachgeholt. Ich fragte meinen Chef: Job oder Abi? Und er meinte, schmeiß dein Abi, du hast doch deine Passion gefunden. Ich hatte total Angst vor dieser Aufgabe. Ich hatte aber auch einen geilen Chef, der hatte so eine Macke, und die kam mir zugute: Er hat mir nicht viel beigebracht, sondern mich einfach ins kalte Wasser geworfen. Der hat dich nicht alleingelassen, der wollte, dass man es in der Praxis lernt.«

Nach wenigen Monaten durfte sie die PR-Abteilung übernehmen. Sie hat sich um die PR für Filme und Musik gekümmert. »Das waren erst mal keine Hip-Hop-Themen, es war alles gemischt. Man wusste aber im Unternehmen, dass ich ein großer Deutsch-Rap- oder Rapfan war. Irgendwann kamen die ersten Hip-Hop-Themen, natürlich vom Major Label, und ich habe mich total gefreut und das übernommen. Dann habe ich es ein paar Jahre gemacht. Und irgendwann konnte ich alles abdecken, klassische Agentur und Hip-Hop-Spezifisches. So kamen immer mehr Hip-Hop-Themen zu mir. 2011 habe ich mich von der Firma getrennt, bin gegangen mit null Euro und wusste gar nicht, ob ich überhaupt eine Firma gründen kann. Ich habe es einfach gemacht mit meiner damaligen Partnerin.«

Es geht in diesem Buch nicht um Erfolgsgeschichten, auch nicht darum, positive Beispiele zu zeigen, wie Menschen mit Migrationshintergrund es trotz aller Schwierigkeiten in Deutschland geschafft haben. Wie sie ihr eigenes Unternehmen aufgebaut oder eine steile Sportlerkarriere absolviert haben, um nun als gute Beispiele für »Integration« zu dienen.

Es geht um die Komplexität ihrer Lebenswelten, darum, dass sie mehr sind als nur der »Pole« oder die »Türkin«, dass es verschiedene Faktoren gibt, die über ihre Zukunft bestimmen, auch dann, wenn sie einen starken Willen haben. Darum, dass wir selbst immer wieder überrascht sind, wie divers die migrantischen Communitys sind.

»Man kann es schon schaffen«

Es hat mich überrascht, dass alle Gesprächspartnerinnen und -partner – bis auf eine Ausnahme – auf die Frage, ob man es in Deutschland schaffen, ob man seine Träume und Ziele verwirklichen kann, mit einem klaren Ja geantwortet haben. Sie alle kennen Ausgrenzung und Rassismus und haben in ihrer schulischen oder beruflichen Laufbahn auch Diskriminierung erlebt. Aber sie alle glauben fest daran, dass man es hier schaffen kann. Dass dieses Land, das ihnen gegenüber nicht immer fair gewesen ist, ihnen viele Möglichkeiten bietet. Wie passt das zusammen?

Meine Gesprächspartnerinnen und -partner haben gelernt, mit Vorurteilen umzugehen, sie wurden dazu erzogen, dass sie für ihre Rechte kämpfen müssen. Und ihnen sind immer wieder Menschen begegnet – Lehrer, Kolleginnen, Nachbarn –, die ihnen gezeigt haben, dass nicht alle Deutschen gleich sind. Menschen, die an sie glaubten und ihnen Respekt und Anerkennung zollten.

So glaubt Filiz Tatar »absolut« daran, dass man es in Deutschland schaffen kann. Zwar müsse man dafür kämpfen. »Aber es ist machbar. In Deutschland kannst du werden, was du willst. Natürlich musst du dir Mühe geben.« Auch der Boxer und ehemalige Weltmeister Jack Culcay meint: »Man kann es schon schaffen.« Man müsse sich irgendwie anpassen und »auch durchboxen«. Früher seien die Beschränkungen stärker gewesen, aber es habe sich viel verändert, denn die Gesellschaft akzeptiere inzwischen den Aufstieg von Menschen mit Migrationshintergrund und schenke ihnen Anerkennung. Jedenfalls ist er sich sicher, dass, wäre er nicht nach Deutschland gekommen, er »heute in Ecuador dick und ein Taxifahrer« wäre.

Viele wissen, dass sie in den Herkunftsländern ihrer Großeltern oder Eltern geringe Chancen und Möglichkeiten hätten. Djibril Dulatov erinnert sich an seine Heimat, aus der er als Jugendlicher mit seinen Brüdern flüchten musste: »In Tschetschenien wusste ich nicht einmal, ob ich überhaupt älter werde oder ob ich als Kind sterbe. Heute ist das für mich wie ein Film, ich kann mir nicht mehr vorstellen, dass ein Panzer vor unserer Haustür stand. Dass wir mit Patronen auf der Straße gespielt haben.«

Und auch sein Bruder Islam, inzwischen ein gefragtes Versace-Model, glaubt, dass man nicht davon ausgehen könne, dass die Welt jedem überall offensteht: »Nicht in jedem Land haben Kinder alle Möglichkeiten. Ich verstehe die Menschen nicht, die meinen, man könne überall etwas erreichen, wenn man es möchte. In gewissen Ländern kann man das nicht.« Sein Bruder Sulumbek sieht es etwas anders: »Man kann es überall schaffen, aber in armen Ländern wird man nicht auf den Gedanken zu kommen, es überhaupt zu versuchen. Man hat diese Ziele nicht einmal im Kopf.«

Wer wie die Brüder, die mit ihrer Mutter eineinhalb Jahre auf der Flucht waren, Krieg und Not erlebt hat oder schlicht aus einfachen Verhältnissen kommt, weiß Angebote anders zu schätzen. So sagt Nikbin Rohany: »Nicht nur Menschen mit Migrationshintergrund, sondern jeder, der in Deutschland lebt, sollte dankbar sein, in einem sicheren und wohlhabenden Land wie Deutschland zu leben, in dem man viele Möglichkeiten hat. Wenn man aber einen nicht deutschen Hintergrund hat, dann erkennt man es eher. Es ist einem bewusster. Man hat in Deutschland alle Möglichkeiten, was Bildung und auch Arbeitsplätze angeht. Ich sehe auch keine großen Grenzen, auch nicht was die Herkunft betrifft. Das mag von der Stadt und Umgebung abhängig sein. Ich habe Diskriminierung in der Kindheit erfahren, regelmäßig, jetzt aber, das liegt wahrscheinlich auch an meinem Umfeld und an München, erfahre ich kaum Diskriminierung.«

Die deutsche Profiboxerin Nikki Adler glaubt ebenfalls an Aufstiegsmöglichkeiten, weiß aber auch, dass es für manche härter ist: »Ich glaube nicht, dass es einen geraden Weg gibt. Aber ich glaube, dass man Chancen hat, sich den eigenen Traum zu erfüllen oder seine Ziele zu erreichen. Auch wenn man Ausländer ist. Man muss einfach nur zeigen, dass man es wert ist. Mehr Kompetenz, mehr Zielstrebigkeit haben, man muss mehr mitbringen, um es zu beweisen. Als Ausländer musst du mehr tun als Deutsche. Man muss statt 100 Prozent 150 Prozent geben. Das war früher schon so. Das wird sich nicht ändern.«

Den Brüdern Ugur und Oguz Orgün ging es darum, alle Möglichkeiten auszuschöpfen: »Das haben die in der Generation unserer Eltern nicht alle gemacht. Sie haben nicht so hinter ihren Rechten stehen können.« Ein Großvater der beiden gehörte zu den ersten, die als Gastarbeiter nach Deutschland kamen, ihre Mutter zog mit 14 hierhin, der Vater mit 20. Er hatte auch Abitur, konnte aber nicht studieren, weil der Schulabschluss nicht anerkannt wurde. Trotzdem glaubt Ugur Orgün: »Sie haben ihre Möglichkeiten, so gut es geht, wahrgenommen, aber sie haben nicht alle Möglichkeiten ausgeschöpft.«

Allerdings hat die jüngere Generation auch bessere Voraussetzungen als unsere Eltern und Großeltern: »Wir sind hier geboren und aufgewachsen. Das macht es einfacher, weil wir mit beiden Sprachen vertraut sind, das ist schon eine Barriere weniger. Man lernt die Kultur und das System Deutschlands schon seit der Kindheit kennen, und das macht es leichter, sich hier zurechtzufinden«, sagt Ugur Orgün.

»Wenn man es hier nicht schaffen kann, dann nirgendwo«, meint der Theater- und Filmregisseur Neco Celik. »Weil hier alle Möglichkeiten offen sind. Es gibt kein Gesetz, das dich daran hindert. Und wenn dich jemand hindert, dann verklagst du ihn. Du kannst Widerstand leisten, weil die Gesetze auf deiner Seite sind.«

Wenn es erst einmal einige von uns geschafft haben, dann werden wir unsererseits zu Vorbildern und können stolz auf unseren Aufstieg sein. So wie RAF Camora, der in seinem Song »Alles probiert« rappt:

Es hat funktioniert
Es hat funktioniert, ja, es hat funktioniert
Es hat funktioniert
Mama, sieh her, Papa, guck nur, es hat funktioniert

Es stimmt, man braucht einen starken Willen und die Bereitschaft, für die eigenen Ziele und Träume zu kämpfen. Aber ganz allein schaffen wir es nicht. All diese Geschichten zeigen, dass wir auch Unterstützung brauchen, Menschen, die uns und unser Talent sehen und fördern. Wir müssen unsere Möglichkeiten kennen. Und wir brauchen gesellschaftliche Anerkennung. Und vor allem brauchen wir den Glauben dieses Landes an uns. Daran, dass wir es schaffen können.

Onur Türktorun hat ein Stipendium erhalten, bei Nikki Adler stand die ganze Familie hinter ihr, Marina Buzunashvili hatte einen Chef, der ihr eine Möglichkeit und das Vertrauen gegeben hat, und Bobby hat von den Professoren eine Chance bekommen, weil sie sein Potenzial gesehen haben. Die Dulatov-Brüder durften an einem Ferienprogramm teilnehmen, das ihr Leben veränderte.

Manche haben es geschafft, die etablierten Wege zu gehen, sie haben Abitur gemacht, haben studiert und arbeiten nun als Anwalt wie Onur Türktorun. Andere hingegen haben sich selbst Möglichkeiten geschaffen und sich etwas Neues aufgebaut, wie Ćelo & Abdï und Syn, die ihr eigenes Label gegründet haben, oder Marina Buzunashvili, die sich selbst in die PR eingearbeitet hat und zu Deutschlands bekanntester Deutsch-Rap-Promoterin wurde.

Wenn Kinder und Jugendliche hier Chancen bekommen und es schaffen, dann ist es auch die Erfolgsgeschichte Deutschlands. Wenn sie aber versagen, dann ist es nicht einzig allein auf ihr Konto zu verbuchen. Es ist wichtig, die Botschaft zu senden: In Deutschland haben wir Möglichkeiten, und es gibt immer Menschen, die an uns glauben, uns auf unserem Weg unterstützen werden – trotz der Ausgrenzung, die wir erfahren.

ZUSAMMENHALT

Was ich durchlebt habe, haben alle durchlebt,
das schweißt zusammen.
Nikbin Rohany

Wir bezeichnen uns als Ausländer, obwohl wir hier geboren und aufgewachsen sind und viele von uns die deutsche Staatsbürgerschaft besitzen. Wir nennen uns nicht nur so, wenn es um Ausgrenzung und Diskriminierung geht. Sondern auch, weil wir uns der kulturellen Unterschiede sehr bewusst sind. Ob ich eine Deutsche bin oder eine Deutschtürkin, ist ein himmelweiter Unterschied.

Das »Ausländersein« vereint die migrantischen Communitys, es ist unsere gemeinsame Identität, egal ob wir Deutschtürken, Deutscharaber oder Deutschspanier sind. Wir nennen uns auch gegenseitig so, oft hört man bei uns: »Du bist doch auch Ausländer!« – selbst zwischen einem bosnisch-muslimischen Türsteher und einer serbisch-orthodoxen Kellnerin. Wir haben eine gemeinsame Identität im Einwanderungsland Deutschland, weil wir viele Gemeinsamkeiten haben. Der Café-Besitzer Samson Habtom stellt fest: »Bei Ausländern gibt es viele Parallelen, egal ob sie aus Afrika, dem Balkan oder dem Orient kommen.«

Oft sind es ähnliche gesellschaftliche Strukturen, aus denen wir kommen – Gesellschaften, in denen die Familie und die Community eine große Rolle spielen, und oft stammen unsere Großeltern oder Eltern aus ländlichen Regionen. Und auch unsere Normen sind sich ähnlich: »Meistens gibt es sehr, sehr viel Respekt im Elternhaus, Familienmitglieder helfen sich viel mehr gegenseitig, ältere Menschen werden besonders respektiert. Es gibt gewisse Regeln«, erzählt Samson Habtom, als ich ihn nach Gemeinsamkeiten unter Ausländern frage.

Gerade der Respekt und die Ehrfurcht vor den Eltern war bei uns besonders ausgeprägt, auch bei Marina Buzunashvilli. Sie ist Jüdin, aber ich kenne das auch von vielen Menschen mit muslimischem Hintergrund: »Als mein Vater noch lebte, hätte ich niemals vor ihm geraucht. Und viele ausländische Freunde sagen das Gleiche. Das ist eine Respektsache. Egal wie alt ich bin. Bis mein Vater gestorben ist, da war ich 20 Jahre alt, hätte ich niemals einen Jungen nach Hause gebracht; hätte ich nicht gedurft und hätte ich auch nicht gemacht. Und wäre mein Vater nicht so früh verstorben, dann sicher, bis ich 30 bin. Bestimmte Dinge sind für uns einfach ganz normal zu Hause.«

Aber es sind auch unsere gemeinsamen Erfahrungen in Deutschland, die uns eine Identität geben. Wir sind die Minderheit in diesem Land. Würden wir nicht zusammenhalten, hätten wir hier als Ausländer nicht überleben können. Wir teilen das gleiche Schicksal, fremd im eigenen Land und fremd in dem Land, das die Heimat unserer Eltern oder Großeltern ist. »Was ich durchlebt habe, haben alle durchlebt, das schweißt zusammen, und dann fühlt es sich auch nicht so schlimm an. Wenn jemand einem so einen Spruch wie ›Scheiß Ausländer‹ an den Kopf geworfen hat, dann hat man den ausgelacht – gemeinsam als Gruppe«, sagt Nikbin Rohany.

»Da gab es noch große Unterschiede zwischen Deutschen und Ausländern«

Zu den Erfahrungen, die wir als Ausländer teilen, gehören auch die Begegnungen mit den Deutschen. Cem Görmüs erinnert sich: »Wenn wir draußen Fußball gespielt haben, mussten die Deutschen um 18 Uhr zum Abendbrot erscheinen. Das war schon anders als bei uns. Die mussten pünktlich zu Hause sein. Wir nicht. Bei uns hat die Mutter aus dem Fenster geschrien, wenn wir nach Hause mussten, und dann hat es erst einmal gedauert, bis wir uns aufgerafft haben und gegangen sind. Dann hat die Mama gekocht, und es gab Essen.«

Als Kinder und Jugendliche haben wir die Deutschen nicht gerade als herzlich empfunden, eher als sehr sachlich, als Menschen, die nur ungern über ihre Gefühle sprechen oder sie gar zeigen – selbst innerhalb ihrer Familien. Oft haben sie uns irritiert, manches haben wir als Ablehnung empfunden. Dabei haben wir die deutsche Kultur einfach nicht verstanden.

Ich erinnere mich, wie ich in der Grundschule für ein Projekt bei meiner Freundin Carolin zu Hause war. Ihre Eltern hatten ein riesiges Haus, beide waren Apotheker und sehr wohlhabend. Wir haben den ganzen Tag für unser Projekt geübt, und ich weiß noch, wie ich nach Hause kam und zu meiner Mutter sagte, dass ich riesigen Hunger hätte, weil wir außer ein paar Keksen nichts zu essen bekommen hatten. Für uns war völlig unverständlich, wieso man, wenn man zu Besuch war, nicht mit Essen und Trinken verwöhnt wurde, wie wir es bei unseren Familien und Bekannten gewohnt waren.

Als die Cousine meiner italienischen Nachbarn Geburtstag hatte, nahmen sie mich mit zu ihrer Großmutter. Der ganze Tisch war gedeckt mit Kuchen, Chips und Keksen. Wir schauten uns gemeinsam Familienalben an, sie überredeten mich ständig, etwas zu essen. Diese Gastfreundlichkeit und Wärme werde ich nie vergessen. Und ich lernte, dass nicht nur meine türkischen Freunde so warmherzig sind, sondern auch die Italiener.

Marina Buzunashvili kann Ähnliches erzählen: »Als ich klein war, da gab es noch große Unterschiede zwischen Deutschen und Ausländern. Ich hatte jugoslawische und türkische Freunde, und wenn man sie nach der Schule besuchte, dann haben die Eltern dich genauso behandelt wie ihr eigenes Kind. ›Wasch die Hände, setz dich hin und iss das alles auf‹, so war das dort. Die haben dich auch angeschrien und mit den Pantoffeln beworfen, wenn man Ärger gemacht hat. Aber bei den Deutschen hieß es: ›Wir essen jetzt, und du wartest.‹«

Viele meiner Interviewpartnerinnen haben solche Erfahrungen gemacht. Filiz Tatar hat das richtig beschäftigt. »Was ich auch niemals verstanden habe, darüber habe ich erst vor Kurzem mit meiner Freundin aus Ghana gesprochen: Als ich noch zur Grundschule ging und wir zu Hause Besuch bekamen, da wurde mitgegessen, egal wer bei uns war. Wenn ich aber mal ausnahmsweise bei Deutschen zur Essenszeit zu Besuch war – und ich lache immer noch darüber –, sagten sie: ›Kannst du bitte ins Nebenzimmer gehen, wir essen, danach holen wir dich.‹ Das hat mich echt belastet. Das haben nur die Deutschen gemacht. Ich habe das persönlich genommen und dachte, dass die Deutschen nur zu mir so sind.«

Mit den Jahren haben wir die Kultur der Deutschen besser verstanden. Heute wissen wir, dass ihr Verhalten nicht ablehnend uns gegenüber gemeint war. Umgekehrt hat unsere Gastfreundschaft auf die Deutschen abgefärbt. Ich erinnere mich an meinen Klassenkameraden David, der mir in der 11. Klasse begeistert erzählte, wie er bei seinem kurdischstämmigen Freund Cihan zu Hause behandelt wurde: »Als Erstes bekomme ich Pantoffeln, und dann wird mir immer etwas zu essen und zu trinken angeboten.« Von nun an, versicherte er mir damals, wolle er seine Gäste zu Hause genauso empfangen. Und das ist kein Einzelfall. Filiz Tatar meint: »Man lernt ja. Wenn die bei uns gegessen haben, sind sie ja nach Hause und haben es erzählt.«

Auch der Münchner Nikbin Rohany beobachtet, dass die Deutschen viel offener und gastfreundlicher geworden sind. »Auch Menschen, mit denen ich aufgewachsen bin, und deren Eltern, die das anfangs nicht so kannten. Aber wenn ihr Sohnemann dann zwei- oder dreimal die Woche bei uns zu Besuch war und bei uns gegessen hat und wie das eigene Kind behandelt worden ist … So ist es in den letzten Jahrzehnten zu einem gegenseitigen Lernen gekommen. Auf der einen Seite haben die Migranten viele Werte der Deutschen kennengelernt und wissen sie zu schätzen. Auf der anderen Seite haben die Deutschen, nicht alle, aber zumindest ein Teil, das angenommen, was die Migranten nach Deutschland mitgebracht haben, vor allem Offenheit und Wärme. Das alles führt zu einer positiveren Gesellschaft, zu einem besseren und angenehmeren Miteinander. Das ist eine sehr gute Entwicklung.«

Neben der bekannten Gastfreundschaft war ein anderer bestimmender Unterschied die Solidarität und Großzügigkeit, die bei uns völlig selbstverständlich waren. Teilen war bei uns ausländischen Kindern sehr wichtig, es gehörte zum Überleben – denn viel Geld von unseren Eltern haben wir nicht bekommen, dabei wollten wir aber so viel Zeit mit unseren Freunden verbringen wie möglich.

»Das Glück unserer Existenz liegt im Teilen, ob es Erfolg oder Misserfolg ist«, meint Samson Habtom. »Wenn ich fünf Mark gekriegt habe, so einen richtig großen Groschen«, erzählt Habtom, »dann war immer das Erste, woran ich gedacht habe, das Geld mit meinen Freunden zu teilen.« Ausgegeben wurde es gemeinsam: »Dann sind wir in den Supermarkt gegangen und haben uns Süßes und Getränke geholt. Das ist auch etwas, das uns verbindet.«

Irgendwann habe er gemerkt, dass die Deutschen weniger so sind. »Manchmal wollten Ausländer auch nicht teilen, aber das war eher selten der Fall. Und dann haben wir das Teilen den Deutschen beigebracht. Wir sagten ihnen: ›Hey, hier wird immer alles geteilt.‹« Und dann? »Ja, die haben das sofort übernommen. So hat ein Austausch zwischen jungen Menschen mit Migrationshintergrund und ihren deutschen Freunden stattgefunden.«.

Wer mit uns abhängen wollte, »einen auf Kanaken machen«, wie wir sagten, musste unsere Kultur annehmen. So sind wir zusammengewachsen, wir und die Deutschen. Über das Ausmaß sind sich meine Gesprächspartner uneins. Filiz Tatar hat zwei deutsche Freundinnen, die sie von der Abendschule kennt. »Die sind genauso wie du und ich. Das sind die einzigen Deutschen, die mir das Gefühl geben, ich bin nicht anders.« Marina Buzunashvilli stellt hingegen fest: »Ich muss sagen, dass meine deutschen Freunde von uns geprägt worden sind. Die sind inzwischen genauso wie wir. Die Deutschen haben schon was gelernt.« Und der Influencer Kaan Tosun findet, dass gerade die junge deutsche Generation sich angepasst habe – an die Ausländer. »Die haben auch einige Dinge von uns übernommen.«

Je mehr Kontakt Deutsche ohne Migrationshintergrund mit uns haben, umso eher entdecken sie bei uns Normen und Gebräuche, die sie positiv finden und sich manchmal auch aneignen. So erzählt Achim Stauß, Konzernsprecher der Deutschen Bahn: »Eine Beobachtung von mir als häufigem Bahnfahrer und Bahnhofsbesucher – zugegeben ein subjektiver Eindruck: der Respekt vor älteren Menschen, der in anderen Kulturen einen sehr hohen Stellenwert hat. An Bahnhöfen sind ja eher ältere Menschen hilfsbedürftig. Und an Bahnhöfen arbeiten auch viele junge Männer und Frauen mit Migrationshintergrund, die ganz unbefangen Hilfe anbieten, zum Beispiel beim Koffertragen. Übrigens bringen Fluchterfahrungen häufig auch gute Fremdsprachenkenntnisse mit sich: Wer aus Syrien geflüchtet ist, einige Zeit in der Türkei gelebt hat, dann hier Deutsch gelernt hat und meistens auch noch Englisch, der kann sich schon in jungen Jahren auf einem Bahnhof in vier Sprachen mit unseren Kunden unterhalten. Vielleicht kann er sich auch besser in einen hilfsbedürftigen Kunden hineinversetzen, denn er war es ja selbst einmal.«

Wenn gefragt wird, was Deutsche an uns schätzen, werden oft und wenig überraschend Familiensinn und Herzlichkeit genannt. Auch Timo Tonndorf ist da keine Ausnahme, der mit der türkischstämmigen Gözde Duran verheiratet ist: »Was ich sehr, sehr an ihrer Kultur schätze, ist einfach die Herzlichkeit, die Wärme, die in Gözdes Familie herrscht. Das ist für mich eine Bereicherung.«

Auch die Journalistin Eva Schulz beobachtet: »Ich sehe bei muslimischen Freunden und Bekannten und auch in meiner Nachbarschaft, dass Familie einen höheren Stellenwert hat. Ich mag das, und eigentlich ist es auch etwas sehr Deutsches. Aber die Deutschen denken bei Familie vorrangig an die Kernfamilie: Frau, Mann und zwei Kinder.« Ob sie diesen starken Familiensinn übernehmen würde? »Ja, ich finde das voll schön. Ich finde es schön, wenn die Familie einen selbstverständlichen Wert hat, dass die Familienmitglieder teil am Leben nehmen.«

Wenn ich meine Gesprächspartner frage, was sie glauben, was die Deutschen an ihrer Kultur schätzen, antworteten ausnahmslos alle: Zusammenhalt, unseren Zusammenhalt. Sie wissen genau, was die Deutschen an ihnen schätzen, wofür sie sie bewundern. Und das macht sie alle stolz. Gemeint ist der familiäre Zusammenhalt, wie Cem Görmüs erzählt: »Unser Nachbar sagt zu mir: ›Ich finde es schön, wie ihr zusammenhaltet, wie ihr euch gegenseitig Respekt erweist. Wenn eure Oma euch besucht, küsst ihr ihre Hand. Bei euch ist das anders. Ihr habt ein Familienoberhaupt.‹ Jetzt ist es meine Oma, zuvor war es mein Großvater. Er hat darauf geachtet, dass der Zusammenhalt der gesamten Familie bestehen bleibt. Der Opa wurde mit viel Respekt und Anerkennung behandelt.«

So einen engen familiären Zusammenhalt kennen die Deutschen nicht, meint Djibril Dulatov: »Das ist für die das Krasseste.« Klischeehaft müssten sich deutsche Jungs mit 18 Jahren anhören: »Komm Junge, such dir eine Wohnung, sieh zu, dass du auf deinen eigenen Beinen stehst.« Bei ihm sei das anders. »Unsere Eltern wollen nicht, dass wir ausziehen, sie wollen, dass man bis zur Heirat zu Hause wohnt. Und selbst wenn man geheiratet hat, wollen sie nicht, dass man zu weit wegzieht. Es ist anders, auch wenn es nicht bei allen so ist. Dennoch habe ich oft beobachtet, dass Liebe und Zuneigung bei den Deutschen etwas lockerer sind als bei uns Ausländern.« Sein Bruder Sulumbek stimmt zu.

Der Gastronom Cem Görmüs erzählt, dass er selbst mit 18 Jahren nicht ausziehen durfte. »Meine Mutter sagt, bleib da sitzen, wo du bist. Mein Vater sagt das genauso.« Und noch heute, wo er 34 und verheiratet ist, ruft ihn seine Mutter ständig an. »Zehnmal am Tag. Sie fragt, was ich mache, ob ich gegessen habe, ob ich getrunken habe. Meine deutschen Jungs gucken dann und sagen: ›Ey krass, Alter.‹ Die kennen das nicht, das gibt es bei denen nicht.«

»Passt euch nicht den Deutschen an!«

Der Regisseur Neco Celik meint ebenfalls, dass die Deutschen grundsätzlich unseren Zusammenhalt schätzen, nicht nur den in der Familie, sondern auch den im Bekanntenkreis. Aber dieser Zusammenhalt gehe durch das Leben in Deutschland immer mehr verloren. Für Celik ist die Situation der Zugewanderten, aber auch ihrer Nachfahren verzwickt: »Sie stammen aus Familienstrukturen, die auf dem Land gelebt haben, da war der Zusammenhalt lebensnotwendig. Es gab keine Alternative dazu. Diese Struktur, die Sippschaft, hier aufrechtzuerhalten, war letztendlich ihr Kampf. Sie haben so sehr dafür gekämpft und haben nicht mal gemerkt, dass sie bereits verloren hatten.«

Celik ist sich allerdings sicher, dass er den Zusammenhalt seinen Kindern vermitteln möchte. »Ich hoffe, dass wir die positiven Aspekte weitergeben können. Aber wenn man, wie unsere Eltern oder Großeltern, Familie aus dem Dorf mitbringt und auch genauso hier leben möchte, funktioniert das nicht. Man kann das türkische Dorfleben hier nicht konservieren, die unterschiedlichen Sitten und Gebräuche den Kindern aufzwingen, so kann man sie nicht erziehen. Wer das selbst als Kind erlebt hat, will es besser machen.«

So verlieren wir seiner Meinung nach auch etwas, das wir hier nicht mehr leben können oder wollen, und das ist eine schwierige Situation für uns: »Wir lösen uns in der deutschen Gesellschaft auf. Das ist Fakt. Das ist die verzwickte Evolution hier in diesem Land. Wir haben keine Chance. Das urbane Leben ist ein anderes Leben, weil in den urbanen Gesellschaften, auch hier in Deutschland, das Individuum, die Selbstbestimmung, die Selbstoptimierung bis hin zur Selbstauflösung im Vordergrund stehen. Wir haben keine Chance dagegen.«

Hikmet Sugör hat den starken Familiensinn nicht immer geschätzt. »In unserer Kindheit fanden wir das nervig – die Verwandtschaftsbesuche an den Wochenenden.« Heute blickt er zurück und findet es schön: »Man richtet alles her, man hat eine schöne Atmosphäre, es wird mal lauter, mal etwas leiser. Am nächsten Wochenende ist man bei den Bekannten oder Verwandten, die einen gerade besucht hatten.« Das habe sich aber verändert. »So ist das heute nicht mehr. Wir sind alle mit uns beschäftigt. Unterbewusst haben wir das von der heutigen Gesellschaft angenommen, obwohl wir es eigentlich nicht wollten.«

Deshalb sagten unsere Eltern uns als Kindern oft: »Passt euch nicht den Deutschen an!« Sie lehnten das Deutsche ab, weil sie damit alles verbanden, was unseren Zusammenhalt gefährden könnte: Individualität, Freiheit und Unabhängigkeit. Deshalb waren sie noch strenger zu uns, achteten noch mehr darauf, dass wir unseren familiären Pflichten nachkamen, statt einfach unsere Jugend individuell, frei und unabhängig zu genießen. Jedes Wochenende standen Besuche bei Verwandten und Bekannten an – sie nahmen uns jedes Mal mit. Und wenn wir Besuch hatten, sollten wir den Gästen Tee servieren und uns um sie kümmern. Immer sollten wir in die familiären Themen mit einbezogen sein. Sie kontrollierten uns, damit wir nicht abhandenkamen – nicht der türkischen Kultur, sondern ihnen.

Anders als in der Gesellschaft angenommen, wollten unsere Eltern nicht einfach die Traditionen aus ihren Heimatländern in der Diaspora konservieren. Sie wollten uns nicht verlieren. Sie sorgten sich nicht um ihre Kultur, sondern um ihre Kinder. Auch Marina Buzunashvilli weiß: »Wenn unsere Eltern manche Dinge nicht verstehen, die für uns normal sind, dann hat das auch nicht immer etwas mit Kultur zu tun, sondern auch mit Angst.«

Der Psychologe und Integrationsforscher Haci-Halil Uslucan hat sich intensiv mit Erziehung im interkulturellen Vergleich beschäftigt. Er gehört selbst zur Generation der Kinder der ursprünglich als Arbeitsmigranten nach Deutschland eingewanderten Türken. Er schreibt: »Der Widerspruch, sich einerseits in die Mehrheitsgesellschaft zu integrieren, andererseits aber auch kulturelle Wurzeln nicht ganz aufzugeben, wird besonders im Verhältnis zu unseren Eltern deutlich. Die Eltern könnten daher eher geneigt sein, diese als bedrohlich wahrgenommene Entfernung der jüngeren Generationen durch verstärktes Disziplinieren ihrer Kinder und der Erinnerung an eigenkulturelle Verhaltensweisen wiederherzustellen. Besonders in hierarchisch strukturierten Familien könnten aus diesem unterschiedlichen Akkulturationsstand Spannungen erwachsen. So kann eine mit zunehmender Aufenthaltsdauer an Deutschen orientierte Autonomiebestrebung der Jugendlichen Konflikte gegenüber der stärker kollektivistischen Orientierung der Familie auslösen.«[29]

Von diesen Konflikten spricht auch Neco Celik. Je nachdem, welche kulturellen Vorstellungen die Eltern aus ihrer Heimat mitgebracht haben und wie groß der Widerstand der Kinder dagegen ist, kann das Leben der Kinder in Deutschland sehr zermürbend sein. »Wer den Widerstand überlebt hat, wer daraus gelernt hat, wer daraus gestärkt herausgekommen ist, hat gute Voraussetzungen, in der Zukunft etwas besser zu machen.«

Diese Konflikte zu lösen – damit waren wir in unserer Jugend und bis in unser Erwachsenenleben beschäftigt. Wenn ich meinem Vater widersprochen habe, dann hat er das nicht als freie Meinungsäußerung wahrgenommen, sondern als Respektlosigkeit. Und sosehr sich unsere Eltern wünschten, dass wir aufsteigen, so viel Bildung wie möglich genießen, war auch die irrationale Angst da, dass wir sie verlassen werden. Haci-Halil Uslucan erklärt das so, dass »durch unterschiedliche Annäherungen an Standards der neuen Kultur sowie Kompetenzzuwächse der Kinder, die ihre Eltern sprachlich und kognitiv ›überflügeln‹, übliche Rollenerwartungen erschüttert werden und Eltern in eine Situation geraten, in der sie mehr und mehr ihre Autorität als gefährdet erleben. Gerade Familien türkischer Herkunft entwickeln dann in der Aufnahmegesellschaft oft einen stärker behütenden und kontrollierenden Erziehungsstil als Familien in der Türkei. Entsprechend sehen sich diese Eltern dazu aufgerufen, Behütung und Kontrolle der Kinder und Jugendlichen (noch weiter) zu steigern. Ihr Verhalten lässt sich daher als Reaktion auf eine als gefährdend wahrgenommene Migrationssituation verstehen.«[30]

Meine Verwandten in der Türkei waren in der Tat viel freier als wir in Deutschland. Einige meiner Cousinen durften durch das Land reisen, für das Studium ausziehen und sogar einen Freund haben und ihn dem Vater vorstellen – all das, was für uns lange verboten war. Doch so groß die Unterschiede zwischen den Deutschtürken und Türken auch waren, noch größer war der Unterschied zwischen uns Deutschtürken und den Deutschen. Wie haben wir diese unterschiedlichen Erziehungsstile in unserer Kindheit und Jugend erlebt – wie haben wir in den beiden Welten gelebt, in der migrantischen und der deutschen?

Der Strafverteidiger Onur Türktorun hatte in seiner Kindheit ein deutsches Leben auf dem Gymnasium mit seinen deutschen Freunden. »Auf den deutschen Veranstaltungen kam ich ganz gut zurecht. Aber draußen, nach der Schule, hatte ich das andere Leben mit meinen ausländischen Freunden. Da ging es um ganz andere Themen. Da ging es um Action. Action auf der Straße, man hat ganz andere Sachen gemacht.

Kindergeburtstage bei Ausländern waren nicht wie bei den Deutschen. Zu den deutschen Geburtstagen wurde ich sowieso kaum eingeladen. Denn es gab immer dieses Problem: ›Ja, wir bestellen uns dann Pizza mit Salami, und das kann er gar nicht essen.‹ Dabei gibt es ja auch andere Pizzasorten. Oder es war irgendein Event geplant, beispielsweise Schlittschuh fahren. Ich konnte das nicht, mir hat das niemand beigebracht. Kindergeburtstage bei ausländischen Kindern gab es auch, allerdings eher selten. Was hat man da gemacht? Die Mutter hat gekocht. Man hat sich getroffen und getobt, das war's. Da gab es kein Programm.«

Die Kindheit von Deutschen mit und ohne Migrationshintergrund war nach seiner Beobachtung sehr unterschiedlich: »Den Eltern von ausländischen Kindern war es egal, ob sie die Hausaufgaben machen oder nicht. Der Umgang mit den Kindern war entweder sehr gut oder sehr schlecht. Es gab keine Mitte. Bei den Deutschen war das anders. Da gab es eine gewisse Distanz zwischen Vater und Mutter und Kind. Die Eltern haben versucht, den Kindern vieles zu erklären. Wenn ich mal zu Besuch war, habe ich bemerkt, dass dort richtige Unterhaltungen geführt wurden. Die haben alles besprochen. Bei den ausländischen Familien war das nicht so. Die waren mehr mit anderen Problemen beschäftigt als mit ihren eigenen Kindern. Das hat sehr viel ausgemacht. Die Deutschen waren immer gut aufgestellt, oft haben sie gut verdient, sie haben viel mehr unternommen – sie waren im Kino, sie hatten Haustiere. Das war eine ganz andere Welt.«

Gleichzeitig genoss Türktorun aber auch die Vorteile der migrantischen Welt: »Alles war durcheinander, wir hatten mehr Freiheit. Man hat einfach, ohne viel nachzudenken, irgendwas gemacht, und ich habe gemerkt, dass die Leute und ich selbst viel weniger gestresst waren. Man hat es einfach gemacht, und es hat Spaß gemacht. Paradoxerweise hat mir bei den Deutschen die Ordnung sehr gefallen. Alles war so strukturiert, alles war geplant. Jeder wusste, wie er sich zu verhalten hat. Das hat mich schon angezogen. Es gab keine Überraschungen. Man wusste genau, was passiert.«

Er habe deshalb aber nicht das Gefühl gehabt, zwischen diesen Welten hin- und hergerissen zu sein. »Gerade diese Gegensätze haben mich beeindruckt.« Er habe das Beste aus beiden Welten mitgenommen. Marina Buzunashvili drückt das so aus: »Ich bin in vielen Dingen super *kanakisch* und super russisch, und in anderen Dingen bin ich voll deutsch. Ich glaube, das ist das Positive, wenn man in Deutschland aufwächst, aber die Familie woanders herkommt.«

Für sie waren beide Welten, in denen sie lebte, gleich normal. Wie viele von uns diente sie als Botschafterin unserer migrantischen Welt bei den Deutschen. Umgekehrt versuchte sie, ebenfalls wie so viele von uns, den Eltern die deutsche Welt zu erklären: »Als ich noch ein Kind war, habe ich versucht, meinem Vater beizubringen, dass wir in Deutschland sind und er seinen Teller selbst abräumen soll. Ich habe aus Prinzip immer mit ihm diskutiert.« Diese Vermittlungsfunktion sei »super anstrengend« gewesen: »Ich habe früh angefangen, meine Eltern zu erziehen. Auch beim Thema Homophobie. Man hatte in Aserbaidschan oder in Georgien keine Menschen auf der Straße gesehen, die homosexuell sind. Anfangs in Berlin haben meine Eltern das nicht verstanden. ›Wie? Und dann machen die noch eine Party draußen?‹ Das hat sich so gewandelt, dass meine Mutter angefangen hat, zu der Gay-Parade am Nollendorfplatz zu gehen und sich das anzuschauen, weil sie die Drag Queens cool fand. Wir Kinder erziehen unsere Eltern auch oft in die deutsche Kultur. Wir zeigen ihnen: ›Hey, bestimmte Dinge sind hier anders.‹«

»Das ist etwas, was ich an Deutschland sehr schätze«

Wir waren aber nicht nur Wanderer und Vermittler zwischen den Welten, wir haben dabei auch versucht, uns das Beste aus beiden Welten anzueignen. Etwas, was auch für die Gesellschaft als ganze wünschenswert wäre. Unter den deutschen Werten, Normen und Gepflogenheiten haben wir vieles entdeckt, was uns positiv erscheint. So schätzt der Musikproducer Mohamad Hoteit an der deutschen Kultur: »Disziplin, Struktur und Pünktlichkeit. Ich hasse es, wenn Menschen zu spät kommen und mich warten lassen. Zur deutschen Kultur gehört auch, ein sozialer Mensch zu sein, der auf seine Mitmenschen achtet. Wenn ich in den Libanon schaue, sehe ich, dass meine vielen Cousins dort nicht viel aus ihrem Leben machen. Es liegt sicher auch am Land, weil dort eine politische Krise herrscht. Mein Umfeld hier in Deutschland besteht zu 70 Prozent aus Ausländern, und ich habe das Gefühl, dass es sehr verantwortungsbewusst ist. Diese Mentalität haben wir von den Deutschen gelernt: Zähne zusammenbeißen, Disziplin und Kondition zu haben, zu träumen und diese Träume auch zu verwirklichen.«

Viele meiner Gesprächspartner antworten auf die Frage, was sie an der deutschen Kultur schätzen, mit den viel zitierten »deutschen Tugenden«: Disziplin und Ordnung; außerdem aber auch Freiheit. Der Shishabar-Besitzer Cem Görmüs schätzt die Disziplin der Deutschen, gerade, was die Kindererziehung angeht. Denn in der Schule hatte er Probleme wegen seines Sozialverhaltens. Den Grund dafür sieht er in seiner Erziehung: »Wir werden so verwöhnt. Bei den Deutschen gibt es mehr Disziplin. Das Baby bekommt frische Pampers, es wird gebadet, gefüttert, dann wird es ins Bett gelegt, dann ist Sense. Egal wie lange es weint, jetzt muss es schlafen. Wir wurden immer aus dem Bett rausgeholt. Es ist natürlich nicht verkehrt. Aber wir sind schon verwöhnt worden.«

Wie hilfreich Struktur ist, davon erzählt der Fotograf Bobby. Als sich eine Pädagogin um ihn kümmerte, weil sein Sozialverhalten in der Schule immer auffälliger wurde, überredete sie seine Mutter, ihn Sport treiben zu lassen. »Das hat mir total geholfen. Ich war in der Schule so ein Unruhestifter, ich habe andere geschlagen. Dann bin ich zum Judo gegangen. Das hat mich geprägt. Ich habe auch angefangen, Instrumente zu spielen. Auf einmal war mein Alltag ganz entspannt. Ich bin zur Schule gegangen, zu der Pädagogin, zum Musikunterricht und noch zum Kampfsport. Und das jeden Tag. Das hat mir Struktur gegeben, und das war eine schöne Sache.«

Wie Cem Görmüs und Bobby möchte auch Samson Habtom seinen Kindern natürlich Liebe und das Gefühl des Zusammenhalts geben. Aber eben nicht nur das: »Auch Struktur, das mussten wir hier in Deutschland selbst lernen«, sagt Samson Habtom. Struktur gehöre zu den Dingen, die er bei den Deutschen viel besser gefunden habe. »Struktur in dem Sinne: ›Hier hast du dein Taschengeld, komm damit klar.‹ Die deutschen Kinder haben schnell gelernt, mit ihrem Geld klar zu kommen. Ich musste mir das selbst beibringen.«

Hier zeigt sich, dass viele meiner Gesprächspartner mit »Struktur« auch »Selbstständigkeit« meinen. Ralph Wangemann, seit vielen Jahren Arbeitsdirektor von Opel, sieht hier eine wichtige Veränderung innerhalb der migrantischen Community: »Wir sehen, dass von der dritten Generation Strukturen und Muster, die in der Gesellschaft, aber auch im Unternehmen gelebt werden, stark angenommen wurden. Die Menschen setzen etwa viel stärker auf Eigenständigkeit bei der Optimierung von Arbeitsprozessen.« Insofern verwundert es nicht, wenn Cem Görmüs heute zugibt, dass es vielleicht doch nicht so verkehrt ist, von den Eltern frühzeitig zum Auszug gedrängt zu werden, damit man auf eigenen Beinen steht. Samson Habtom kündigt an: »Ich werde es bei meinen Kindern genauso machen. Bei den Deutschen ist man mit 18 aus dem Haus, bei uns Ausländern sind die Kinder mit 30 immer noch zu Hause, wissen daher nicht, was ein Spülmittel kostet.«

Kaan Tosuns Mutter, eine Deutsche, war in puncto Gastfreundlichkeit und Wärme eher türkisch. »In der Erziehung war sie aber deutsch. Als ich jünger war und bei ihr gelebt habe, meinte sie immer zu mir: ›Du musst dein Bett aufräumen, und bring den Müll raus.‹ Wenn ich sehe, wie meine Kumpels groß geworden sind – die mussten das nicht machen, die waren die Söhne, da hat das die Mama gemacht. Oftmals hat meine Mutter auch gesagt, ich arbeite heute lange, kocht euch mal was, saugt die Wohnung oder geht einkaufen.«

Es gibt aber noch eine klassische »deutsche Tugend«, die wir sehr schätzen: Zuverlässigkeit. Wir können uns auf die Menschen hier verlassen. Die Boxerin Nikki Adler liebt das besonders an Deutschland. Kaan Tosun meint: »Bei den Südländern vergisst man schnell, was man versprochen hat.« Die Deutschen hielten dagegen ihr Wort. Das schätzt er. Und Ciani-Sophia Hoeder sagt von sich, sie sei sortiert, geordnet und immer pünktlich. Das mache ihre deutsche Seite aus. »Ich bin zuverlässig. Wenn jemand sagt, lass uns das doch mal machen, dann melde ich mich noch mal und frage nach.«

Als ich Angeliki Liakidis frage, was sie an der deutschen Kultur besonders schätzt, möchte sie nicht die »typischen Dinge« wie Ordnung und Pünktlichkeit nennen. »Sondern was mich die ganzen Jahre begleitet, ist, dass hier viele Dinge funktionieren und man sich darauf verlassen kann. Ich stelle immer wieder fest, wenn man etwas sagt, dann ist es so, und wenn man mitmacht, dann kommt man voran. Das ist, was ich an Deutschland mag. Das mochte ich damals als Jugendliche auch.«

Wir wissen, dass wir uns in Deutschland nicht nur auf die Menschen, sondern auch auf das System verlassen können. Diese Berechenbarkeit führte allerdings auch dazu, dass man Deutsche zu »Nein-Sagern« erklärte. Weil sie wussten, wenn sie in eine Behörde gehen und es »Nein« heißt, ist das kein Ausgangspunkt für Verhandlungen, sondern es bleibt bei einem »Nein«. Früher wurde das als negativ aufgefasst, heute wissen wir, ein klares Nein bedeutet, Grenzen zu zeigen, und dass die Ordnung und das System in Deutschland auch nur deshalb funktionieren, weil sich jeder an die Regeln hält.

Direktheit und Ehrlichkeit haben wir als Teil der deutschen Mentalität kennen- und schätzen gelernt. Man weiß, woran man ist. Der Berliner Friseur Shan Rahimkhan mag die »ehrliche Art und Weise« der Deutschen: »Es ist ein ehrliches Trauern, es ist ein ehrliches Lachen. Was mir aufgefallen ist, nachdem ich das alles in Deutschland gesehen habe: Wenn im Iran eine Trauerfeier stattfindet, kann ich damit überhaupt nicht mehr umgehen, weil die Menschen um die Wette heulen. Je lauter jemand heult, umso trauriger sei er – das ist die Haltung dahinter. Wenn du zu wenig weinst, sagt jemand: ›Oh, der hat den Verstorbenen aber nicht geliebt.‹ Das finde ich grauenvoll. Ich bin jemand, der gerne im Stillen trauert. Ich möchte dann auch in Ruhe gelassen werden. Dieses massenhafte Besuchen und das Essen, am 7. Todestag, am

40. Todestag – und dann noch mal Heulen. Das verstehe ich einfach nicht. Das habe ich komplett aufgegeben. Wenn du ehrlich bist und offen bist, musst du das nicht tun. Das mag ich gerne an Deutschland: Besuch ist auch gut, wenn er weg ist. Im Iran heißt es dann: ›Oh nein, bleiben Sie ruhig!‹ Das ist etwas, was ich an Deutschland sehr, sehr schätze und mag, man kann offen sein und seine Meinung sagen.«

Dass Ehrlichkeit im Umgang möglich und erwünscht ist, schätzen wir vielleicht auch deshalb so sehr, weil unsere Familien häufig aus Ländern stammen, wo Tradition und politische Verhältnisse es schwer machen, seine Meinung offen zu äußern. Die Freiheit in Deutschland ist Angeliki Liakidis bereits als Jugendliche aufgefallen: »Auf der Berufsschule habe ich diese Freiheit gespürt – in den Klassen und auf dem Schulhof. Die Schüler konnten auf Augenhöhe mit den Lehrerinnen und Lehrern sprechen. Das gab es in Griechenland zur Zeit der Diktatur nicht. Im Gegenteil, die eigene Meinung zu äußern, war sehr gefährlich. Und hier habe ich gemerkt: Da ist ja mehr Freiheit, da muss ich hin. Da will ich auch hin.« Sefer Göktepe behagt an der deutschen Kultur vieles nicht, gleichwohl akzeptiert und respektiert er es: »Fertig. Das ist ihr Leben.« Wenn er trotzdem sagt: »Ich mag Deutschland«, dann hat das wesentlich damit zu tun, dass hier Meinungsfreiheit herrscht und man hier frei leben kann.

»Meine Töchter sollen von einem Mann unabhängig sein«

Frei leben zu können – genau das ist es, was vor allem für uns Frauen mit Migrationsgeschichte besonders ins Gewicht fällt. Denn im Vergleich zu den deutschen Frauen und Mädchen wurde uns unsere eigene Unfreiheit umso bewusster. Als junge Mädchen durften wir keinen Freund haben, oft mit Jungs nicht ins Kino gehen, selbst mit Freundinnen nicht allein Urlaub machen. Viele durften nicht ausziehen, wenn sie das wollten. Das war unser Alltag, und er fühlte sich komisch an. Denn wir hatten nicht das Gefühl, dass wir hier eingewandert sind und uns der Kultur in der Türkei zugehörig fühlen. Nein, unser Zuhause war nicht die Türkei, sondern die migrantische Kultur in Deutschland. So, wie wir waren, als Türken, als Marokkaner, als Kurden, als Mazedonier in Deutschland, das waren wir nur hier und auch nur gemeinsam. So haben wir uns trotz kultureller und nationaler Unterschiede zwischen den verschiedenen Gruppen der weiblichen Einwanderer eine gemeinsame Kultur geschaffen.

Filiz Tatar lebt heute als Frau allein. Nachdem sie die Berufsschule abgebrochen hatte, fasste sie den Entschluss, zu Hause auszuziehen, und zwar gegen den Willen ihrer Eltern, nach deren Vorstellung – die auch meine Eltern lange teilten – eine Frau erst mit der Heirat auszieht. Anfangs akzeptierten ihre Eltern die Entscheidung weder, noch konnten sie sie nachvollziehen. »Ich wollte einfach meine Freiheit.« Die Freiheit, das anzuziehen, was sie wollte, und die Menschen zu sich nach Hause einzuladen, die sie einladen wollte. »Ich wollte übernachten, wo ich wollte. Das gab es früher nicht. Ich wollte einfach nur weg. Alleine wohnen. Ich wollte nach meinen eigenen Regeln leben, die für mich Sinn machen.« Was sie aus der Heimat ihrer Eltern kannte, fand sie für sich nicht erstrebenswert: »Ich wollte nie so enden, wie die Frauen aus meinem Ort. Nie, nie. Die heiraten, weil sie denken, eine Frau kommt nur auf diese Welt, um zu heiraten. Sie denken: Du kannst als Frau nur glücklich werden, wenn du einen Mann hast und Kinder auf die Welt bringst. Und ich sehe es nicht so.«

Heute verstehen die Eltern ihre Entscheidung: »Schon, weil sie von anderen Leuten hören, dass auch deren Töchter ausgezogen sind, weil sie in Hannover studieren oder in Dortmund ein Praktikum machen müssen.« Auch wenn sie ihren Auszug respektieren, sorgen sie sich um sie, obwohl sie 34 Jahre alt ist. »Meine Familie ist der Meinung, dass ich hungere. Ich weiß aber nicht, was meine Mutter und meine Familie unter Freiheit verstehen. Ich glaube nicht, dass sie die Definition von Freiheit überhaupt kennen. Denn für mich heißt Freiheit auch zu essen, was und wann ich will.«

Ihren Eltern gehe es, wie vielen anderen aus migrantischen Communitys, die Wert auf das Kollektiv legen, darum, was andere dazu sagen. »Wir haben zu Hause immer Besuch gehabt, und ich habe es gehasst. Sie saßen stundenlang bei uns und haben immer gepredigt, ich müsse meiner Mutter im Haushalt helfen, ich müsse dies oder das machen. Man hört ja mit. Die haben meiner Mutter immer eine Gehirnwäsche verpasst. ›Wenn dein Kind dahin gehen möchte, sag Nein.‹ Wenn man immer mit ›Nein, nein, nein‹ aufgewachsen ist, dann denkt man sich, irgendwann reicht es. Ich mache das, was ich will.«

Anders als viele andere Frauen in ihrem Alter gab Filiz Tatar dem Druck der Familie nicht nach. »Es fing mit Klassenfahrten an, da hieß es: ›Nein, du darfst nicht mit.‹ Aber ich war ein Rebell. Ein Nein habe ich nie akzeptiert, das hätte man mir schon erklären müssen, aber man hat es mir nicht erklärt. Ich habe meiner Lehrerin erzählt, dass ich nicht mit auf die Klassenfahrt darf. Dann wurden meine Eltern in die Schule bestellt, mit Übersetzer. Ich musste mitgehen. Natürlich habe ich einen Anschiss bekommen. Aber ich habe es sogar geschafft, dass ich an einem Austausch nach Frankreich teilnehmen durfte. Das war in der achten Klasse. Ich habe rebelliert. Ich bin gefahren.«

Ihre Lehrerin stand an ihrer Seite, wenn es um ihre Freiheit ging. »Sie sagte zu mir und meiner pakistanischen Freundin immer: ›Vergesst niemals, ihr seid in Deutschland. Vergesst es niemals, wenn es zu Hause Probleme gibt. Dann kommt ihr zu mir, und ihr erzählt es mir.‹« Anders als ihre Freundin mit pakistanischen Wurzeln hat Filiz Tatar an schulischen Aktivitäten teilgenommen: »Ich habe mich durchgesetzt. Wenn meine Eltern gesagt haben, bei uns gibt es das nicht, habe ich immer eine Ohrfeige dafür bekommen, dass ich gesagt habe: *Burasi Türkiye degil*, hier ist Deutschland. Wenn es dir nicht passt, dann musst du mich in die Türkei schicken. Mach's doch.‹«

Natürlich waren ihre Eltern nicht glücklich über ihren Widerstand. »Sie haben gesagt: *Terbiyesiz* (Unverschämte), *dili uzamis* (sie hat eine zu große Klappe) und *buda Alman olmus* (sie ist auch deutsch geworden). Aber mir war das egal. Dann bin ich eben deutsch. Hauptsache, ich bekomme meine Klassenfahrt. Meine Eltern haben die Termine mit meinen Lehrern immer für den frühen Morgen vereinbart, damit die mich aus dem Unterricht rausholen können und ich übersetze. Dabei habe ich dann immer gelogen. Ich habe meinen Eltern gesagt: Wenn ich nicht auf die Klassenfahrt gehe, gibt es Probleme. Darauf hatten sie nun wieder auch keinen Bock.«

Was viele nicht verstehen: Wir sind trotz allem selbstbewusst, oft selbstbewusster als Frauen ohne Migrationshintergrund. Mit »wir« meine ich nicht nur Frauen mit türkischen, sondern auch mit albanischen, italienischen, griechischen oder russischen Wurzeln. Uns ist der Sexismus unserer Community sehr bewusst, wir müssen mehr kämpfen. Aber wir wissen auch, uns zu wehren, weil wir uns wehren müssen.

Viele sind verwundert, woher wir unsere Stärke nehmen, wo uns doch die Freiheit fehlte. Ganz einfach: Wir wurden zu starken Frauen erzogen, und zwar auch von unseren Vätern. Mein Vater wollte stets, dass ich eine starke Frau bin, furchtlos, und dass ich meine Träume verwirkliche. Auch Haci-Halil Uslucan stellt fest: »Die Daten zeigen, dass aus der Sicht der Eltern türkische Mädchen – entgegen den Klischees – sowohl von ihren Vätern wie von ihren Müttern weniger streng erzogen werden und mehr Unterstützung bekommen als die Söhne; allerdings erwarten türkische Väter von ihren Töchtern eine größere Disziplin ihres sichtbaren Verhaltens.«[31]

Der Kampfsportler Sefer Göktepe erzieht seine Tochter ebenfalls zu einer starken Frau, die nicht von einem Mann abhängig sein soll: »Ich will, dass sie frei lebt. Frei und unabhängig. Ihr Leben gehört auch ihr.« Hikmet Sugör erzieht seine Tochter »geschlechtsuntypisch«, wie er sagt: »Wenn ich an meinem Oldtimer schraube, sollen meine Töchter dabei sein. Das ist keine Sache, die nur ein Junge machen kann. Meine Töchter sollen von einem Mann unabhängig sein und niemals in irgendeine finanzielle oder psychische Abhängigkeit geraten. Sie sollen lernen, auf eigenen Beinen zu stehen. Und bei meinem Sohn werde ich vieles auch nicht anders machen.«

Türkische Väter stärken die Töchter sogar mehr als ihre türkischen Mütter, findet er. »Die Frauen leben selbst noch in dem Raster, weil sie von ihren Müttern traditionell erzogen worden sind.« Aber seine deutsche Ehefrau nehme auch traditionelle Sichtweisen von ihm an: »Beispielsweise findet es meine Frau gut, wenn meine ältere Tochter, die schon 19 Jahre alt ist, mich trotzdem noch fragt, wann sie nach Hause kommen darf. Meine Ehefrau hat mit 18 Jahren das Haus verlassen.«

So haben viele von uns gekämpft, für unsere Freiheit. Wir werden unsere Kinder anders erziehen, als unsere Eltern uns erzogen haben. Aber auch unsere Eltern haben bei diesen oft schmerzlichen Konflikten dazugelernt. So ist es heute für junge Frauen aus den migrantischen Communitys viel selbstverständlicher, dass sie frei und selbstbestimmt leben können.

Rapper Abdï aus Frankfurt erzählt von seinen Schwestern: »Unsere Eltern haben heute kaum die Wahl, ihren Töchtern die Freiheit zu geben, zu studieren und ein Auslandssemester zu machen. Wenn die Tochter am Ende scheitert und traurig ist, sind die Eltern dafür verantwortlich – und das würden sie sich doch niemals verzeihen. Weil sie in erster Linie möchten, dass die Kinder glücklich sind.«

Die YouTuberin Gözde Duran hat allerdings beobachtet, dass die Angst der Eltern um ihre Kinder immer mehr verschwindet: »Eine türkische Mutter muss sich keine Sorgen mehr machen, wenn ihre türkische Tochter in eine andere Stadt zieht, um dort zu studieren – das ist normal geworden. Die Mutter kann sogar stolz darauf sein. Früher war das eher so: ›Wie, du willst ausziehen? Niemals.‹ Heute denkt man darüber nach, dass es schon sinnvoll wäre, das zu studieren, was einen begeistert, und man dafür sogar vielleicht auszieht.«

Der Münchner Lebensmittelhändler Ferhat Yilmaz ist der Meinung, dass viele Familien heute begriffen haben, dass es nur um das Glück ihrer Kinder geht. »Es geht nicht immer um *namus**.« Sein Großvater sei »hardcore konservativ«, so wurde auch seine Mutter konservativ erzogen. Heute sage sie zu ihm: »Wenn du dich mit deiner Frau nicht verstehst, dann trenne dich und such dir jemanden, mit dem du dich verstehst.« Solche Sätze hätte er früher nicht gehört. Natürlich gebe es auch noch Familienclans, die Wert auf Ehre legen. »Aber ich finde, dass 80 Prozent unserer türkischen Leute, die hier leben, nicht mehr den Kopf haben, den sie vor 20 Jahren hatten. Natürlich hat die deutsche Kultur auch Einfluss. Sie sehen deren Vor- und Nachteile. Dass es gut ist, wenn Kinder mit 18 Jahren ausziehen wollen oder eine junge Frau sagt, ich möchte auf meinen eigenen Beinen stehen. Das hat sich alles sehr verändert.«

Das ist ein Mentalitätswandel, dessen Bedeutung kaum zu überschätzen ist. Dass die Eltern lockerer geworden sind und den Jüngeren mehr Freiheiten gewähren, führt Kaan Tosun ähnlich wie Ferhat Yilmaz darauf zurück, dass »sie wahrscheinlich von ihren eigenen Eltern selbst unterdrückt worden sind und nicht so frei sein konnten. Ihren Kindern wollen sie das nicht so weitergeben.« Und sie hätten verstanden, dass es nichts bringt, wenn man Kinder unter Druck setzt. »Es passiert das Gegenteil. Man kann mit den Kindern schön reden, aber Bestrafen und Unter-Druck-Setzen bringt nicht viel.«

---

* Türkisch: »Ehre«.

»Wie soll ich meinen Eltern sagen, dass ich einen Deutschen heiraten will?«

Ferhat Yilmaz macht den Mentalitätswandel auch daran fest, dass heute viel mehr Ehen zwischen Türken und Deutschen geschlossen werden: »Was ich sehe, ist, dass türkische Mädels einen Deutschen heiraten oder deutsche Frauen einen Türken. In meinem Umfeld habe ich so viele Freunde, die untereinander heiraten. Das gab es früher nicht. Auch unsere Eltern denken jetzt anders.«

Einen deutschen Freund zu haben oder gar einen deutschen Mann zu heiraten, hätten wir uns in unserer Jugend kaum vorstellen können, auch wenn wir es uns insgeheim vielleicht wünschten. Heute können sich das immer mehr junge Frauen mit Migrationsgeschichte vorstellen. Es beschäftigt sie aber sehr, wie ihre Familien und Eltern darauf reagieren werden. Die Influencerin Gözde Duran ist mit einem Deutschen verheiratet und dadurch unfreiwillig zum Vorbild geworden: »Ich werde mehrmals täglich gefragt, wie ich meine Eltern dazu bekommen habe, meiner deutsch-türkischen Ehe zuzustimmen. Diese Frage kommt immer und immer wieder von meinen Followerinnen.«

Viele junge Frauen mit Migrationshintergrund beschäftigt das so sehr, dass es fast keine Rolle spielt, ob der betreffende Mann überhaupt der Richtige ist. »Dass sich ihre Gedanken meist nur um die Herkunft drehen, macht mir Bauschmerzen. Ich meine, wie hoch ist denn die Wahrscheinlichkeit, dass du in Deutschland einen Mann triffst, den du liebst, den du toll findest, der aber nicht deine Nationalität hat, wenn du Ausländerin bist? Wir leben ja in diesem Land. Es ist sehr normal, dass man einen deutschen Mann trifft, der vom Herz und vom Kopf zu einem passt.«

Sie selbst hatte noch nie einen türkischen Freund. »Und ich glaube, meine Eltern haben über die Jahre realisiert: ›Sie wird auf jeden Fall keinen türkischen Mann heiraten.‹ Meine Mama sagt heute, wenn sie in ihrem Freundeskreis danach gefragt wird: ›Was habt ihr denn erwartet? In ihrer kompletten Stufe war ein einziger türkischer Junge.‹« Für Duran ist die Frage der Herkunft bei der Partnerwahl unbedeutend: »Für mich ist es doch egal, wo du auf die Welt gekommen bist oder wo deine Eltern auf die Welt gekommen sind.«

Ihre Followerinnen haben Angst vor der Konfrontation mit den Eltern. Sie fragten immer: »Wie hast du's geschafft, dass deine Eltern damit klarkommen? Ich habe total Angst.« Oder: »Ich habe versucht, es denen zu sagen. Die lehnen das komplett ab.« Duran findet, »die Menschen halten das Problem für viel größer, als es eigentlich ist. Deshalb empfehle ich, dass du es deinen Eltern so früh wie möglich sagst. Weil die Enttäuschung bei ihnen größer ist, je länger man es für sich behält. Auch, wenn es um einen Landsmann ginge, wäre die Enttäuschung groß, wenn man das jahrelang für sich behält und den Eltern irgendwann sagt: ›Ja, übrigens, das ist mein Freund seit drei Jahren.‹ Mein Tipp ist immer: Redet offen mit den Eltern. Sagt es beiden Elternteilen. Und versucht, beide mit ins Boot zu holen. Weil ich finde, man sollte nicht versuchen, gegen die Eltern zu kämpfen, sondern sie davon zu überzeugen, dass man es ernst meint und man von Anfang an ehrlich mit ihnen umgeht. Ich bin immer dafür, die Eltern mit auf diese Reise zu nehmen, statt sie außen vor zu lassen.«

Auch wenn unsere Eltern noch damit hadern: Es ist für uns nicht nur eher vorstellbar, sondern auch einfacher geworden, mit Deutschen eine Familie zu gründen. Denn je mehr Berührungspunkte wir alle – Menschen mit und ohne Migrationsgeschichte – miteinander bekommen, desto weniger betrachten wir den »anderen« auch als »anders«. »Es treffen sich immer mehr Menschen aus unterschiedlichen Ländern und Kulturen«, hat der Hanauer Shishabar-Besitzer Ertun Kartal beobachtet. »Früher hieß es bei uns: ›Der Türke muss eine Türkin heiraten‹, und wenn man es ganz krass genommen hat, hieß es: ›Ach so, wir sind aus Corum*, dann

---

* Stadt in der Türkei.

muss sie auch aus Corum sein.‹« Sein Freund Cenk ist Fußballprofi in der Türkei. »Cenk ist mit einer Deutschen verheiratet. Früher gab es das nicht. Aber mit dem Generationenwechsel wird es nicht mehr so streng gesehen wie damals. Wenn ich zurückdenke an meinen Opa, der der ersten Generation angehört: Meine Mutter hätte niemals einen Deutschen heiraten dürfen.« Heute bekomme er von seiner Mutter gesagt: »Hauptsache, du bist glücklich.«

Der Münchner Gastronom Oguz Örgün ist mit einer polnischstämmigen Frau verheiratet. Sein Bruder Ugur stellt fest: »Wir sind nicht mehr so traditionsgebunden wie unsere Großeltern. Sicherlich haben sich auch unsere Eltern etwas angepasst. Sie haben die türkische Tradition nicht vergessen, leben auch, soweit es geht, authentisch. Dennoch sind sie sehr gut integriert.« Auch ihre Eltern haben mittlerweile nicht-türkische Freunde und Bekannte. »Ihre Freunde kommen aus Ungarn oder sind Deutsche«, erzählt Oguz Örgün.

»Wir verschmelzen mit den Deutschen«

Je mehr Austausch zwischen unseren Kulturen stattfindet, desto glücklicher werden wir in diesem Land. Es macht uns stolz, dass unsere Migrationsgeschichte in Deutschland auch auf Bewunderung stößt. Angeliki Liakidis erzählt beispielsweise, dass Deutsche an Menschen mit Migrationsgeschichte ihr Streben nach oben bewundern. »Wenn ich den Deutschen von meiner beruflichen Biografie erzähle, merke ich, dass ein Teil von ihnen Bewunderung dafür hat. Sie sagen so etwas wie: ›Als ich 15 Jahre alt war, haben mich meine Eltern zur Schule drängen müssen, und was du alles geschafft hast! Wenn ich in deiner Situation gewesen wäre, hätte ich bestimmt kapituliert.‹ Sie bewundern also, dass wir es trotz mangelnder Sprachkenntnisse und obwohl wir kaum Zugang zu Bildung hatten geschafft haben.« Davon spricht auch Onur Türktorun: »Es gehört viel Mut und Wille dazu, sein Land aufzugeben, teilweise auch die eigene Kultur und Sprache, und sich der Herausforderung zu stellen, in einem anderen Land sesshaft zu werden. Ich denke schon, dass die Deutschen das anerkennen.«

Umgekehrt bewundern wir viel an diesem Land. Wenn ich Ertun Kartal frage, was er an der deutschen Kultur schätzt, dann zieht er seine Augenbrauen hoch und sagt: »Oh, darüber kann ich dir ein Buch schreiben. Ich bin hier geboren und aufgewachsen, und ich sage immer, Deutschland ist ein Land, das seine Türen für viele Menschen mit Migrationshintergrund, also Ausländer, immer offengehalten hat und bis heute offenhält. Man muss sich natürlich auch anpassen, und wenn man sich anpasst, dann hat man hier sehr viele Chancen. Ich habe Deutschland viel zu verdanken, zum Beispiel, dass es mir während der Pandemie gut geht. Wie hat denn unser Staat im Vergleich zu anderen Staaten darauf reagiert? Mit Soforthilfen und anderen Maßnahmen; wir sind sehr gut aufgestellt. Deswegen schätze ich Deutschland sehr. Hier muss kein Mensch verhungern, hier gibt es Arbeit für jeden, man muss es nur wollen.«

Solange wir hier leben, findet ein Austausch statt, meint Onur Türktorun. »Wir verschmelzen mit den Deutschen. Genauso, wie die Deutschen etwas von uns lernen – und sei es das Hupen nach einem gewonnenen Fußballspiel –, nehmen wir auch gewisse Dinge von ihnen an.«

Manchmal ist es auch die regionale Kultur, die uns besonders gut gefällt. Denn die Städte haben uns aufgenommen, bevor es das Land machte. Wir haben die urbane Identität angenommen und wurden zu Frankfurtern, Hamburgern und Münchnern, bevor wir zu Deutschen wurden. Die kulturelle Identität der Städte und Regionen war viel klarer als die des Landes. Was es heißt, ein Frankfurter oder Hamburger zu sein, war uns allen bewusst, Menschen mit und ohne Migrationsgeschichte. Im Türkeiurlaub, wenn wir auf andere Deutschtürken trafen, fragten wir immer: »Woher kommst du?« Damit meinten wir: aus welcher Stadt. Und sofort fielen uns Eigenschaften zu den jeweiligen Städten ein.

Die Münchner waren die feinen Deutschen, und manchmal lachten wir auch über ihre Dekadenz.

Der Manager Syn sagt: »Ich bin Migrant, aber ich sehe mich nicht als den ›Polen‹. Ich sehe mich auch nicht als Deutscher, weil es kulturell und von der Mentalität her anders ist, aber ich mache mir auch nicht so viele Gedanken darüber. Wenn mich jemand fragt, dann sage ich, ich bin aus Polen. Aber ich bin auch Frankfurter. Ich habe einen deutschen Pass.«

Auch wir sind stolz auf unseren hessischen oder schwäbischen Dialekt. Der Münchner Ferhat Yilmaz sieht sich als Urbayer: »Wenn der Bayer kommt und sagt: ›Hast du ein Zwickl*?‹, dann weiß ich, was er meint.« Für ihn ist klar, dass er vor allem seine bayerische Kultur mag. »Bayerisch ist die Zusammengehörigkeit, die Bayern legen viel Wert darauf. Es macht einen Unterschied, wenn man an einem Stammtisch sitzt und gemeinsam ein Bier trinkt. Das ist die Bierkultur. Das Beisammensein. Das mag ich gerne. Die bayerische Kultur hat mich fasziniert. Sie hat Parallelen zur türkischen Kultur, wo man zusammensitzt und Raki trinkt.« Inzwischen ist es für ihn viel selbstverständlicher geworden, dass ein Bayer auch ihn auf ein Bier einlädt. »Die Deutschen sind viel offener geworden. Natürlich gibt es auch noch die alten Köpfe, die kann man nicht wegmachen. Die junge Generation wächst aber anders auf. Die ist offener. Die kommt auf uns zu.«

Wie sehr die junge Generation auf uns zukommt, erkennt man, wenn man sich die Videos der YouTuber Leon und Nick anschaut, die sie auf ihrem Kanal FRESH BOXX TV teilen. Darin setzen sie sich mit der türkischen Kultur auseinander. So haben sie eine Fangemeinde unter Türken und Deutschtürken gefunden. Leon und Nick arbeiten bei YOU FM in Frankfurt und haben mit YouTube-Videos begonnen, um damit Ideen umzusetzen, die nicht ins Radio passten. »Anfangs haben wir auch nichts über die Türkei gemacht,

---

* Hast du zwei Euro?

sondern wir haben Sketche zu verschiedenen Themen hochgeladen«, erzählt Nick.

Dann habe ein Kollege mit türkischen Wurzeln sie auf den türkischen Rapper Ezhel angesprochen, dem 2018 eine Gefängnisstrafe drohte, weil er mit seiner Musik junge Menschen zum Drogenkonsum anstiftete, so lautete der Vorwurf. In der Türkei löste seine Verhaftung ein großes Medienecho aus. »Wir haben dann angefangen, ›Ezhel‹ und ›Gefängnis zu googlen und haben auf Deutsch nichts gefunden. Unser Kollege hat uns die türkischsprachigen Nachrichten übersetzt, die uns erklären sollten, warum er im Gefängnis sitzt. Und dann haben wir ihn gefragt: ›Was sollen wir denn machen?‹ Und er meinte: ›Hört euch einfach seine Musik an. Habt ihr schon einmal türkischsprachige Musik gehört?‹ Das hatten wir vorher noch nie«, erinnert sich Leon. »Außer Tarkan, wie jeder Deutsche«, ergänzt Nick.

Die beiden setzten sich vor die Kamera und hörten sich türkischen Rap an. »Das Video hat mittlerweile drei Millionen Aufrufe«, sagt Leon. Seitdem setzen sie sich in ihren Videos aber nicht nur mit türkischem Rap auseinander, sondern mit der türkischen Kultur überhaupt. Sie versuchen sich an türkischen Zungenbrechern, fasten an Ramadan oder backen das türkische Dessert Baklava.

»Das ist jetzt schon mehr als das, was wir als Kinder von der türkischen Kultur mitbekommen haben, und auch mehr als das, was die meisten Deutschen von ihr kennen. Weil wir uns in unsren Videos intensiv mit dem Essen, mit Ritualen und kulturellen Gepflogenheiten auseinandersetzen – die man als normaler Deutscher nicht kennt. Wir haben Halay getanzt, das ist nichts, was jeder, der mit einem Türken in einer Fußballmannschaft spielt, mitbekommt, wir gehen schon einen Schritt weiter«, erzählt der 32-jährige Nick.

Sehr oft wundern sich Nick und Leon: »Wir machen immer so Bräuche-Videos, in denen wir gucken, wie es in Deutschland ist und wie in der Türkei. In der Türkei hast du zum Beispiel immer ganz viele Hausschuhe – für jeden Gast, der kommt. In Deutschland bist du zwar gastfreundlich und du lässt die Leute zu dir kommen, klar, aber du bist nicht so gastfreundlich, dass du für jeden einen Hausschuh hast. Also, wie gastfreundlich kann man denn sein? Bei den Türken kannst du auch jederzeit klingeln. Wenn du in Deutschland jemanden einlädst, dann hat er aber bitte fünf Minuten vorher oder nachher zu kommen, am besten vorher. Danach ist er zu spät. Generell merken wir, Deutschland ist schon sehr steif. Wir nehmen uns da auch nicht aus«, sagt Leon.

Die beiden YouTuber denken verstärkt darüber nach, was an ihnen selbst deutsch und nicht deutsch ist. »Letztens waren wir Sushi essen, und danach haben fünf von acht Leuten einzeln bezahlt. Als wir mit der EC-Karte beim Bezahlen standen, war das ein super unangenehmer Moment, weil wir durch die Videos wussten, dass das sehr deutsch ist. Es gibt in der Türkei sogar einen Begriff dafür, auf die deutsche Art zu bezahlen – *Alman hesabi*«, sagt Leon.

Was die YouTuber und ihre Zuschauer besonders gewundert hat: Leon und Nick haben in einem ihrer Videos das Klatschen im Flieger nach dem Landen als typisch deutsch erklärt. »Dann haben die Leute drunter geschrieben: ›Häh, das machen doch wir Türken.‹« Leon erklärt das so: »Du hast nicht mehr diese eine deutsche Kultur, sondern da kommen ganz viele Einflüsse rein. Da weißt du irgendwann gar nicht mehr: Was ist denn diese deutsche Kultur?«

Der Journalist Günter Wallraff unterscheidet gar nicht mehr zwischen deutsch und nicht deutsch. Denn auch die Deutschen, die er kenne, hätten heute sehr unklare kulturelle Einflüsse. Der Fotograf Bobby meint, dass er viele seiner Eigenschaften von seinem Umfeld übernommen habe. »Aber ich habe nicht nur eine Kultur in mir, ich bin geformt von vielen verschiedenen Kulturen. Von dem einen habe ich angenommen, dass man in meiner Umgebung vorsichtig sein sollte und sich nicht über den Tisch ziehen lassen soll, von dem anderen habe ich gelernt, dass ich pünktlich sein soll; das habe ich sicher von den Deutschen gelernt.« Aber man könne heute nicht eine Eigenschaft einer Kultur zuschreiben. »Das ist heute so gemischt.«

Je mehr Begegnungen passieren, desto kleiner werden die kulturellen Unterschiede. Wir wachsen zusammen. Aber leider passiert das nicht überall. »Es gibt auch Deutsche, die noch nie einen türkischen, kurdischen, arabischen Freund oder Freundin hatten. Die haben noch nie einen gesehen«, stellt Neco Celik fest. Das mag für Berlin stimmen, aber in vielen Orten Deutschlands sind die Begegnungen zwischen Deutschen mit und ohne Migrationshintergrund viel häufiger.

Ich werde nicht vergessen, wie ein breit gebauter junger Mann mit wahrscheinlich türkischen Wurzeln in einer Seitenstraße der Frankfurter Innenstadt zu einer älteren deutschen chic gekleideten Frau ganz laut »Hey!« rief. Ich erschrak. Sie aber drehte sich ganz gelassen um. »Parken Sie lieber da vorne. Da können Sie länger stehen bleiben, und es gibt auch noch Parkplätze.« Sie lächelte und sagte »Danke«. Diese Begegnung war das Natürlichste der Welt für die beiden.

Neco Celik meint, dass wir eine unglaubliche Bereicherung für die Deutschen seien – »ob sie es bewusst so erleben oder nicht. Sobald wir in ihr Leben eintreten, passiert dort etwas. Sie bekommen eine andere Perspektive. Sie erhalten Informationen umsonst. Es ist vom Anfang bis zum Ende eine Bereicherung für sie. Und dieses Potenzial nutzen sie noch nicht aus. Sie überlassen es immer noch dem Zufall. Aber lenken, unterstützen oder absichtlich den Dialog fördern, dass man sich begegnet, so etwas existiert nicht. Wenn es das geben würde, dann würde eigentlich viel mehr Positives passieren. Es wäre viel bereichernder.«

Günter Wallraff schätzt die migrantische Kultur in Deutschland besonders, weil sie ihm immer wieder überraschende Ansichten bietet. Ihm gehe es auch darum, etwas zu erfahren, etwas zu lernen, was einem sonst verborgen bliebe. »Wenn sie mit jemanden befreundet sind, dann wird er sich ganz anders erklären, zu verstehen geben, als wenn das in einer Diskussion in einer fremden

Umgebung passiert. Wie er mit Problemen, mit Leidenssituationen umgeht, welche Familiengeschichte er hat. Es ist eine Vielfalt, es geht aus einem Klischeedenken in eine Verästelung hinüber, das ist immer persönlicher und erkenntnisreich. Man kann das eigene eindimensionale Denken leichter überwinden, wenn man nicht nur unter Seinesgleichen ist.«

Er bedauert, dass Menschen mit Migrationsgeschichte in Deutschland auf Ausgrenzung treffen und man aufgrund der Herkunft schnell klassifiziert werde. »Die Mehrheit der Deutschen erlebe ich inzwischen allerdings als offener und Migranten zugewandter. Das wird in den Medien zu wenig berücksichtigt, obwohl die Mehrheitsgesellschaft, so sehe ich das, dazugelernt hat. Da bin ich seit jeher Berufsskeptiker und Zweckoptimist.«

DEUTSCHSEIN

*Ob ich mich deutsch fühle?
Das ist eine gute Frage, weil ich sie mir
selbst so oft gestellt habe.*
Marina Buzunashvili

Ist man deutsch, wenn man in Deutschland geboren ist? Oder wird man deutsch, wenn man sich bewusst dafür entscheidet, weil man Teil dieser Gesellschaft sein möchte? Muss man als Kind hierher gekommen sein, oder reicht es, als Erwachsene eingewandert zu sein, deutsche Partner und deutsche Freunde zu haben, perfekt Deutsch zu sprechen? Wann werden wir zu Deutschen, und wenn wir es nicht werden, warum nicht?

Rechtlich ist die Sache einigermaßen übersichtlich: Deutsch ist, wer mindestens einen deutschen Elternteil hat. Dieses Abstammungsprinzip wurde im Jahr 2000 durch das Geburtsortprinzip ergänzt. Demnach ist Deutscher, wer in Deutschland geboren wurde, auch wenn beide Eltern Ausländer sind. Das gilt allerdings nur unter bestimmten Voraussetzungen. Auch eine spätere Einbürgerung und die doppelte Staatsbürgerschaft sind an Bedingungen geknüpft.

Die Rechtslage sagt natürlich wenig darüber aus, wie wir uns sehen und gesehen werden. Viele meiner Gesprächspartnerinnen und -partner haben die deutsche Staatsbürgerschaft, schätzen die kulturellen Gepflogenheiten und Normen der Deutschen und übernehmen sie, definieren sich selbst als deutsch. Wieso bezeichnen wir uns dennoch als Ausländer?

»Wann wurde uns denn je die Hand gereicht?«

»Wenn ich im Ausland bin, dann bin ich ganz klar deutsch. Wenn ich hier bin, werde ich immer deutscher und fühle mich immer mehr deutsch«, meint Start-up-Gründer Nikbin Rohany. Als Kind habe er das noch keineswegs so empfunden. »Letztendlich entscheidest ja nicht nur du, wer du bist, sondern auch die Gesellschaft. Und wenn man in der Kindheit regelmäßig ›Scheiß Ausländer‹ an den Kopf geworfen bekommt, dann fühlst du dich natürlich nicht deutsch. Dir wird jeden Tag gesagt: Hey, ne, bist du nicht.«

Denn bevor wir als Kinder darüber hätten entscheiden können, dass wir Deutsche sind, wurde uns schon gezeigt, gesagt und vermittelt: Ihr könnt gar nicht Deutsche sein, denn dafür beherrscht ihr die Sprache nicht gut genug – was oft nicht stimmte. Aber ein kleiner Fehler reichte aus, um uns das zu bestätigen. Ich werde nie vergessen, wie ich im Mathematikunterricht in der siebten Klasse eine Sachaufgabe vorlesen sollte. Und ich las »Benzin« wie »Bensin«, weil man im Türkischen das »Z« wie ein »S« ausspricht. Und das Wort »Benzin« hörte ich ja oft genug von meinem Vater. Die ganze Klasse lachte mich aus – wegen diesem einen kleinen Patzer. Und schon schien vergessen, dass ich zu den Besten im Deutschunterricht gehörte.

Niemals könnten wir Deutsche sein, so wurde es uns gesagt: Ihr seid anders. »Bei euch« ist kulturell so vieles verschieden. Bedeutet Deutschsein heute, ein Teil dieser Gesellschaft zu sein, hieß es damals, ethnisch und kulturell deutsch zu sein. Diese Erfahrung haben wir fast alle in unserer Kindheit und Jugend gemacht und werden sie nicht so schnell wieder los. Denn auch damals wohnten wir schon dauerhaft in diesem Land, auch damals konnten wir die deutsche Sprache. Nur war die Gesellschaft nicht so weit, uns deshalb als Deutsche anzusehen. Wie hätten wir es da tun sollen? Wenn wir uns heute als deutsch sehen und deutsch fühlen oder sehen und fühlen wollen, werden wir immer noch täglich mit unserem Deutschsein konfrontiert. Wir werden *anders* gemacht.

Deshalb fällt es uns oft schwer, uns mit dem Deutschsein zu identifizieren – weil es sehr eng begriffen wird.

Model und Influencer Kaan Tosun hat eine deutsche Mutter und einen türkischen Vater. Doch seine Mutter ist Muslimin und spricht fließend Türkisch, weil sie es als Jugendliche von ihren türkischen Nachbarn in Duisburg gelernt hat. Als sie im Alter von 15 Jahren mit diesen Nachbarn in Konya Urlaub machte, trat sie zum Islam über. Kaan Tosun selbst ist in Deutschland geboren und aufgewachsen und besitzt die deutsche Staatsangehörigkeit. Dennoch sagt er während unseres Gesprächs interessanterweise immer wieder »bei uns Ausländern«. Warum? »Weil wir meiner Meinung nach trotzdem immer die Ausländer bleiben, egal ob wir hier geboren sind, ob ich einen deutschen Pass habe oder nicht. Das interessiert keinen. Die Leute gucken mich an, und für sie sehe ich nicht aus wie ein Deutscher. Es ist für sie egal, dass meine Mutter Deutsche ist. Das interessiert niemanden. Ich verstehe mich mit Deutschen super. Aber wenn du dann so Sprüche hörst wie: Du bist nicht wie die anderen, dann weißt du ganz genau, was sie tatsächlich denken.«

Schwarze Haare, womöglich ein dunklerer Teint – für viele Menschen reicht das schon, um zu wissen: Die betreffende Person ist nicht deutsch. Für sie ist Deutschsein offenbar mit einem bestimmten Aussehen verbunden. Der Theater- und Filmregisseur Neco Celik beobachtet außerdem, dass man als Mensch mit Migrationshintergrund von der deutschen Gesellschaft nicht als Individuum, sondern als Teil eines Kollektivs wahrgenommen wird. Und dieses Kollektiv ist nicht das deutsche, sondern immer ein »anderes«: das türkische, das arabische, das afrikanische, das vietnamesische und so weiter. Diese Erfahrung macht man gerade auch unter gebildeten Menschen. »Weißt du, wie schwer es ist, Journalisten klarzumachen, dass ich Neco Celik bin? Ich sitze mit einem deutschen Journalisten zusammen, ich habe ihm nie gesagt, dass ich nicht dazugehöre. Er sagt von vornherein, dass ich ein türkischer Regisseur sei. ›Wie viele Regisseure hast du denn interviewt?‹, frage ich ihn. ›Nennst du sie auch *deutsche* Regisseure?‹«

Doch es bleibt nicht bei der Zuordnung zu einem Kollektiv – diesem Kollektiv werden feste Eigenschaften zugeschrieben, die dann auch jedes einzelne Mitglied aufweisen soll. Celik zufolge hat es in der abendländischen Hochkultur schon immer ein negatives Bild vom Nahen Osten gegeben, man habe ihn gefürchtet. Heute würden, wenn es um Menschen mit Migrationshintergrund geht, »die Geschichten, die Erlebnisse und jede einzelne schlechte Tat, all das Negative seziert, als wäre es die Regel und nicht die Ausnahme. Das sind simple Berichterstattungen, die auf dem Gedanken beruhen: ›Wir wissen ja, wie ihr seid.‹ Das führt dann zum Ergebnis, dass dir ein Mensch gegenübersitzt, der glaubt, dass er alles über dich wisse. Das ist wirklich krank«, so Neco Celik.

Auch Sneaker-Designer Hikmet Sugör wird bei dem Thema ungehalten: »Beide Seiten müssen verstehen, dass es egal ist, woher man kommt. Ein Kanake kann für die *Süddeutsche Zeitung* schreiben, und ein Biodeutscher kann Moslem sein. Nur weil es untypisch ist, heißt es nicht, dass es nicht möglich ist. Dass in der internationalen Sneaker-Branche ein Türke dabei ist, war auch nicht vorstellbar. Das sind Dinge, die Menschen verstehen müssen, weil sie neu sind. Wir müssen von dem Schubladendenken wegkommen.«

Für ihn kam erst im Erwachsenenalter der Moment, wo ihm signalisiert wurde, dass er, so wie er ist, Teil dieses Landes ist: als der damalige Bundespräsident Christian Wulff 2015 sagte, dass der Islam zu Deutschland gehöre. Zuvor war die Zugehörigkeit eher eine einseitige Angelegenheit. »Ich wurde hier geboren, aber ich habe mich selbst in die Gesellschaft eingeladen. Wann wurde uns denn je wirklich die Hand gereicht und uns das Gefühl gegeben, dass wir dazugehören – so ganz offiziell?«

Mein Kickboxtrainer Sefer Göktepe ärgert sich über die Deutschen, die nicht akzeptieren wollen, dass er deutsch ist. »Ich als Ausländer habe mich hier integriert und achte die deutschen Gesetze. Aber ich bin der Meinung, die Deutschen haben sich nicht integriert. Ein Deutscher sieht mich immer noch als Ausländer. Ich zahle mehr Steuern als er. Aber er behandelt mich nicht gleich.«

Es war aber nicht nur die deutsche Gesellschaft, die uns signalisiert hat, dass wir nicht dazugehören. Es war auch der deutsche Staat. Hikmet Sugör hat sich zwar schon in seiner Jugend mit diesem Land verbunden gefühlt. Aber mit 16 Jahren wurde er aus seiner heilen Welt herausgerissen, wie er sagt: »Da hieß es auf einmal, ich müsse mich um eine Aufenthaltserlaubnis kümmern. Ich dachte nur: Warum? Ich bin hier geboren, und ich lebe doch hier, warum muss ich noch dafür sorgen, dass ich hier weiterleben darf?« Das Unwillkommensein habe er schon früher gespürt. »Aber dass ich mich vom Staat unwillkommen gefühlt habe, also offiziell«, das sei erst da zum ersten Mal der Fall gewesen.

Solche Gefühle hatte ich ebenfalls, als ich mir meine Aufenthaltserlaubnis in meinem türkischen Pass anschaute. Eine Erlaubnis ist kein Recht. Eine Erlaubnis ließ sich jederzeit widerrufen. Ich dachte, wenn bei mir oder in unserem Land irgendetwas schiefläuft, könnte man mich verbannen, weil ich doch keine Deutsche bin, obwohl das meine Heimat ist. Und dieser Gedanke erschreckte mich zutiefst.

Uns alle wühlt immer wieder auf, dass die Bürokratie darüber bestimmt, welche Identität wir haben und uns damit auch das Gefühl der Zugehörigkeit an- oder aberkennt. Sugör erzählt, dass er sich als Jugendlicher noch nicht mit Fragen der Staatsbürgerschaft und Aufenthaltserlaubnis beschäftigt habe. »Ich war auf einer Schule, auf der ich einer von drei Türken war. Ich habe nie Menschen nach ihrer Nationalität oder Glauben unterschiedlich behandelt. Ich bin mit Freunden jüdischen Glaubens, aber auch mit Christen und Atheisten groß geworden, mit Kurden, mit Türken, mit Moslems, mit Aleviten und Sunniten. Mein Freundeskreis war immer sehr vielfältig, und die Herkunft meiner Freunde war mir nie wichtig. Denn am Ende zählt der Mensch, mit dem ich mich verstehe oder nicht verstehe. Aber als ich meine Aufenthaltserlaubnis verlängern musste, da merkte ich plötzlich, dass es wohl doch ein Problem ist, dass ich einen türkischen Pass habe, obwohl ich hier geboren, hier zur Schule gegangen bin und nicht dem Stereotyp eines Türken entspreche, der in den Augen einiger Bürger ein ›Messerstecher‹, ein ›Drogendealer‹ oder ›integrationsunwillig‹ ist.«

Ein ausländischer Pass dokumentiert ganz offensichtlich, dass man primär einem anderen Land angehört, jedenfalls in Deutschland eindeutig nicht dazugehört, auch wenn man hier seinen Lebensmittelpunkt hat. Doch selbst der deutsche Pass macht es für uns und die Gesellschaft nicht einfacher, aus dem Identitätsdilemma herauszukommen. Das Gefühl des Fremdseins in der eigenen Heimat löst sich mit dem deutschen Pass nicht auf. Dieses Gefühl tauchte immer dann auf, wenn man im Alltag ausgegrenzt wurde oder man, wie es oft vorkam, einige Sekunden innehielt und sich dachte: »Krass, wäre mein Großvater nicht nach Deutschland eingewandert, wäre ich nie hier geboren worden. Und krass: Für manche Menschen in diesem Land gehöre ich nicht dazu.« Dieses Gefühl des Fremdseins ist zwar weniger geworden, seit ich die deutsche Staatsangehörigkeit habe, aber dennoch wirft es mich immer wieder aus der Bahn.

Der deutsche Pass gibt uns also nicht die Antwort auf die Frage, wer wir sind, auch nimmt er uns nicht die Entscheidung ab – falls uns diese Gesellschaft dazu drängt, uns entscheiden zu müssen –, ob wir nun deutsch oder russisch oder deutsch oder marokkanisch sind. Aber ist diese Entscheidung überhaupt notwendig? Müssen wir uns auf eine Identität, eine Staatsbürgerschaft festlegen? Oft habe ich das Gefühl, wenn ich mich nicht zwischen der Türkei und Deutschland entschiede, wäre ich für die Gesellschaft in diesem Land nicht »ganz«, man könnte mich weder kategorisieren noch einordnen. Und dann stimmte etwas *mit mir* nicht. Ich hätte mir nicht genügend Zeit und Muße genommen, um mir Gedanken über meine Identität zu machen. Und das ist doch so bedeutend für unser Leben im Miteinander. Fühlte ich mich beiden Ländern zugehörig, wäre ich mitverantwortlich, dass es hier mit der Vielfalt nicht funktioniert. Ich solle es doch meinen Mitmenschen einfacher machen, höre ich sie innerlich sagen, eine komplexe Identität sei schlicht fatal für uns.

Der Dietzenbacher Strafverteidiger Onur Türktorun hat 2011 die deutsche Staatsbürgerschaft beantragt, wegen der Wehrpflicht in der Türkei. »Aber ich wollte schon immer Deutscher werden, weil ich genau wusste, ich werde mein Leben hier verbringen. Ich sage mal so: Ich bin Türke, aber ich lebe deutsch. Ich fühle mich aber sowohl deutsch als auch türkisch.«

Dass die Gesellschaft nicht akzeptieren will, dass wir beides sein können und fühlen, das macht uns das Leben schwer. Hikmet Sugör hat immer noch seinen türkischen Pass. »Den habe ich nicht, weil ich kein Deutsch kann und die Deutschprüfung nicht ablegen möchte. Mir geht es ums Prinzip, denn ich sage: Ich habe die gleichen Pflichten in Deutschland, und ich erfülle sie. Ich würde sogar sagen, in der Regel mehr als einige Einheimische. Ich spreche die Sprache sogar besser als viele andere, die keine ausländischen Wurzeln haben. Da habe ich in der Schule besser aufgepasst.«

Er fühlt sich »leider nicht« deutsch. »Ich bin hier geboren. Ich liebe Deutschland, ich liebe aber auch die Türkei – das, was ich als Kind von meinen Eltern als Kultur mitbekommen habe. Ich finde, das hat Herbert Grönemeyer in seinem Song mit den zwei Herzen super ausgedrückt. Ich finde es in Ordnung, dass ich beide Länder und beide Kulturen gut finden kann. Warum darf ich nicht beide Länder lieben dürfen? Genau das wird oft infrage gestellt.«

Ich selbst werde den Moment nicht vergessen, als ich mit 25 Jahren 2012 meine deutsche Staatsbürgerschaft erhalten habe. Als der Beamte mir meine Einbürgerungsurkunde überreichte, stand er auf, reichte mir die Hand und sagte: »Herzlichen Glückwunsch, Sie sind jetzt Deutsche.« Ich dachte: Okay, ist es also dieses Stück Papier, das mich zu einer von euch macht? So einfach ist das? In diesem Moment fühlte ich mich sehr einsam, weil nur der Beamte und ich da standen. Dabei war dieser Moment so entscheidend, so bedeutend für mich und mein Leben. Denn jetzt würde sich die Identitätsfrage für mich auflösen, so hatte ich es mir zumindest vorgestellt. Doch ich sollte noch lange damit hadern.

Dass die deutsche Staatsbürgerschaft nicht gleich das Gefühl des Deutschseins vermittelt, das versteht man auch, wenn man die Geschichte der Sozialpädagogin Angeliki Liakidis kennt. »Zur Entscheidung, Deutsche zu werden, kam es nicht aus patriotischen Gründen oder weil ich mich mehr deutsch und weniger griechisch fühle«, erzählt sie. Sie und ihre Familie haben sich vielmehr dazu entschieden, um nicht weiter Diskriminierung ausgesetzt zu sein. Es war ein Ereignis, das den entscheidenden Anstoß gab. Ihre Tochter Elena hatte mit dem Fechten angefangen. »Beim Fechten gibt es sehr konservative Menschen. Wir waren etwas unglücklich über die Leute in dem Verein, aber die Sportart selbst war toll – ein sehr disziplinierter Sport.«

1994 wurde die Familie Liakidis vom Verein angerufen und bekam mitgeteilt: »Gratulation, Elena wurde vom hessischen Landesverband nominiert, sie kann an der Deutschen Meisterschaft teilnehmen.« »Wir haben uns gefreut und getobt. Eine halbe Stunde später kam ein zweiter Anruf, und sie fragten: ›Elena, hast du einen deutschen Pass?‹ ›Nein.‹ ›Ja, dann kannst du nicht trainieren‹, wurde uns gesagt, denn so stehe es in der Satzung. Wir haben lange diskutiert und auch gesagt, dass wir einen Eilantrag zur Staatsbürgerschaft stellen werden. Das hatten wir schon seit Längerem vor. Aber was hinderte sie daran, Elena schon in dieser Saison mittrainieren zu lassen? Das haben sie nicht erlaubt, meinten, es sei absolut nicht möglich.« Zu der Zeit seien Sportler aus Rumänien und Bulgarien eingekauft worden, die innerhalb eines Monats Deutsche wurden, trainieren und an den deutschen Meisterschaften teilnehmen konnten.

»Irgendwann hat Elena gesagt: Ich mache das nicht mehr mit, ich gehe nicht mehr hin.« Diese Ausgrenzung passierte nur wegen des Passes. »Dann haben wir den Pass für die ganze Familie beantragt, und 1997 haben wir die deutsche Staatsbürgerschaft auch bekommen.« Für sich selbst sah Liakidis ebenfalls Vorteile: »Ich dachte mir: Bevor mir wieder jemand sagt: ›Du kannst das nicht, weil du keine Deutsche bist‹, werde ich Deutsche. Dann zeige ich ihm diesen Lappen, und dann gibt es kein Hindernis mehr, und er kann dann von mir denken, was er will.«

Dass sie sich als Deutsche fühle, kann Angeliki Liakidis nicht sagen. »Deutschland ist der Ort, wo ich meinen Mann kennengelernt und meine Familie gegründet habe und mit dem ich sehr schöne Erinnerungen verbinde, was mir in Griechenland fehlt. Da habe ich nur Kindheitserinnerungen.« Die nostalgischen Gefühle für Griechenland seien immer da. Darüber hat Angeliki Liakidis ein Gedicht geschrieben: »Du fragst mich, was ist meine Heimat« lautet der Titel. Vor zwanzig Jahren noch habe man sie in Deutschland stets gefragt: »Wo kommst du her?« und: »Wirst du dann irgendwann nach Griechenland zurückgehen?« Doch die zweite Frage hört Angeliki Liakidis heute nicht mehr.

Die erste Frage bekommen wir alle ständig gestellt, egal ob wir die deutsche Staatsbürgerschaft haben und egal ob wir hier geboren sind: »Woher kommst du?« Für Hikmet Sugör ist diese Frage so oder so unverständlich: »In dem Sneaker-Segment, in dem ich tätig bin, reden wir nicht über diese Themen, da fragt niemand, wo du herkommst, da fragt niemand, welche Religion du hast. Es ist ein unwichtiges Thema – inwiefern bereichert das Menschen, wenn sie wissen, woher ich komme? Ich arbeite mit Menschen aus der ganzen Welt.«

Den Berliner Musikproducer mit libanesischen Wurzeln, Mohamad Hoteit, stört die Frage hingegen nicht. »Man sieht mir ja an, dass ich kein gebürtiger Deutscher bin, sollen sie doch fragen, ist doch interessant. Ich frage auch, wenn Leute deutsch aussehen, aus welchem Land sie kommen, mich interessiert so etwas.« Doch er kann sich gut vorstellen, dass andere Menschen sich verletzt oder angegriffen fühlen, wenn sie diese Frage hören – »weil sie sich nicht akzeptiert fühlen«. Er selbst sei nie davon ausgegangen, dass jemand, der ihn das fragt, seine Herkunft verächtlich machen möchte. »Im Großen und Ganzen habe ich mich in Deutschland immer akzeptiert gefühlt.«

Anna Lichnog von der Werbeagentur Jung von Matt stellt fest, dass eine große Unsicherheit darüber herrscht, ob man diese Frage nun stellen darf oder es besser lässt. »Es ist immer ein Thema – fragst du, fragst du nicht, ist es okay, und wann fragt man, also in welchem Kontext?« Eigentlich sei es schon spannend, sich auszutauschen und zu wissen, welche unterschiedlichen Erlebnisse man hatte. »Wenn du eine Geschichte erzählen kannst, die dich vielleicht ein Stück weit ausmacht, dann finde ich das sehr spannend.«

Dennoch hat sie Verständnis für Menschen, die sich von der Frage »Woher kommst du?« gestört fühlen: »Ich kenne es ja nicht, dass meine Herkunft ständig Thema ist.« Selbstverständlich könne man sagen: »So was fragt man überhaupt nicht mehr, natürlich komme ich aus Deutschland!« Letztlich komme es »wahrscheinlich darauf an, wie man das Gespräch einfädelt«. Das allerwichtigste sei es, Gespräche zu führen.

Tatsächlich ist es eine Herausforderung, diese Frage so zu stellen, dass niemand sich verletzt fühlt. Ist man ignorant, wenn man nicht fragt, gibt man damit seinem Gegenüber das Gefühl, dass man sich nicht für seine Geschichte interessiert? Oder gehen wir mit dieser Frage bereits davon aus, dass mein Gegenüber fremd ist? Wir befinden uns gerade in einem Prozess, in dem wir versuchen, das herauszufinden.

»Schwarzsein und Deutschsein schien immer ein Widerspruch zu sein«

Die Journalistin und Kolumnistin Ciani-Sophia Hoeder musste ihren Mitmenschen immer erklären, dass sie die Tochter ihrer Mutter ist, und ihre Mutter musste erklären, dass Ciani ihre Tochter ist. »Und da habe ich bemerkt, dass ich Unterhaltungen führen musste, die andere nicht führen mussten. Oder mir wurde gesagt: Du hast bestimmt einen Adoptionshintergrund. Sie meinten, ›och, du armes adoptiertes Kind‹. Es war für viele zu komplex, zu verstehen, wie es sein kann, dass die Mutter blond und weiß und die Tochter schwarz ist. Das hat mich schon immer gewurmt. Und ich habe in der Öffentlichkeit bewusst laut ›Mama‹ gesagt. Das waren Momente, in denen ich wusste, dass ich für andere Menschen anders bin.«

Lange hat Hoeder mit dem Bild gekämpft, dass Deutschsein nur Weißsein bedeute, dass es mit einem bestimmten Aussehen verbunden sei. »Ich bin in Berlin geboren. Ich habe die doppelte Staatsbürgerschaft: die deutsche und die US-amerikanische. Mein Vater kommt aus den USA und die andere Hälfte meiner Familie aus Deutschland. Ich bin unter weißen Deutschen aufgewachsen. Meine Großeltern kommen aus der DDR. Es gab bei uns Kassler, Rotkohl und Kohlrouladen. Ich bin in einer Gartenlaube aufgewachsen, mit meinen Großeltern. Super klischeehaft deutsch. Auch meine Schwester ist weiß. Das heißt, ich bin die einzige schwarze Person in der Familie. Das hat natürlich meinen Weg total stark geprägt. Ich habe auch einen guten Kontakt zu meiner afroamerikanischen Familie, in der alle *dark skin* sind. Ich bin die Einzige, die Schwarz und Weiß ist. Die andere Hälfte meine Familie (väterlicherseits) ist komplett Schwarz, und meine Familie in Deutschland (mütterlicherseits) ist komplett *weiß*.«

Erst im Alter von 20 Jahren habe Ciani-Sophia Hoeder herausgefunden, dass sie offiziell einen Migrationshintergrund hat, zuvor kannte sie die Definition gar nicht. »Ich hatte die Definition in einem Report der Bundesregierung gelesen. Da stand, dass man einen Migrationshintergrund hat, wenn ein Elternteil nicht in Deutschland geboren ist. Ich dachte bis dahin immer, ich habe keinen, weil ich keine Fluchterfahrung habe.«

Auch ihre deutsche Familie hatte keine Ahnung, was es bedeutet, Schwarz zu sein. »Das heißt, ich habe zwischen diesen Welten gelebt. Und mit der deutschen Art, mit der ich aufgewachsen bin, habe ich nie das Gefühl gehabt, ich sei anders. Dass ich deutsch bin, habe ich nie infrage gestellt. Bis ich in die Kita und in die Schule gekommen bin. Da habe ich zum ersten Mal das Gefühl bekommen: Irgendwie bin ich nicht so *richtig* deutsch. Und dann fing es an, dass ich meine Identität, na ja, nicht infrage gestellt habe, aber durch die externen Zuschreibungen habe ich begonnen, mich auf eine Suche nach meiner Identität zu begeben.«

In Berlin ist Ciani-Sophia Hoeder in einer türkischen Community aufgewachsen, weil ihre beste Freundin Türkin war. »Das half mir, weil wir gut darüber reden konnten, warum wir immer mit bestimmten Klischees in Verbindung gebracht wurden. Wir waren beide sehr laut, haben viel getanzt und gesungen. Und unsere Locken waren immer ein Thema unter den Biodeutschen. Aber wir haben nicht verstanden, warum Leute uns bestimmte Eigenschaften zuschreiben. Meine Freundin hat sich selbst immer als Türkin identifiziert, sie hat immer klar gesagt, ich bin türkisch. Ich habe immer gesagt: Ich bin afroamerikanisch-deutsch.«

Hoeder habe ihre Freundin stets dafür beneidet, dass sie ein großes türkisches Umfeld hatte. »Wenn sie heimkam, dann konnte sie immer diese zweite Seite ausleben. Das konnte ich nicht. Wenn ich nach Hause kam, war es nicht da. Ich bin schwarz, und Schwarzsein und Deutschsein schien immer ein Widerspruch zu sein. Weil mir immer wieder gesagt wurde, ich müsse aus irgendeinem fremden Land kommen oder aus einer exotischen Gegend. Ich wusste nicht, wie ich mein Schwarzsein mit meiner Biografie in Zusammenhang bringen konnte.

Bei mir ging es weniger um die Frage, ob ich deutsch bin oder nicht, sondern darum, was Schwarzsein ist und was schwarze Identität bedeutet. Die schwarze Identität gab es nur im Fernsehen und in der Popkultur. Dadurch galt ich in meinem Umfeld nicht als ›richtig schwarz‹, ich entsprach nicht dem schwarzen Stereotyp, das man aus Hip-Hop-Videos und Filmen kannte. Das war für mich der größte *struggle*: Ich kämpfte um die Frage Schwarz- und Weißsein. Es hat schon ziemlich lange gebraucht, bis ich realisiert habe, dass man auch schwarz und deutsch sein kann und dass das einfach kein Widerspruch ist. Aber davor habe ich, glaube ich, gar nicht so viel über die deutsche Identität nachgedacht, sondern weil ich von außen als ›anders‹ beschrieben wurde, habe ich mich da rausgehalten. Das habe ich bemerkt, wenn wir uns zum Beispiel im Unterricht mit dem Holocaust auseinandersetzten.«

Als Hoeder für ihr Masterstudium nach London ging, machte sie die Erfahrung, dass sie sich in einem Land befand, in dem es mehr schwarze Menschen gab und wo über die schwarze Identität auch anders gesprochen wurde. »Auch wenn London und England immer noch ein Rassismusproblem haben, wird man nicht komisch angeschaut, wenn man in den Bus einsteigt. In Berlin ist es immer noch so. Und je nachdem, wo man in Deutschland ist, ist es stärker. In Berlin ist es ein bisschen geringer. Aber in London spielt die Hautfarbe im Alltag keine Rolle.« Dort war Hoeder einfach »the German girl«. Auch wenn sie bei ihrer Familie in den USA war, hat sich niemand gewundert, dass sie Deutsche ist. Das musste sie nur in Deutschland immer wieder verteidigen, in dem Land, in dem sie geboren und aufgewachsen ist.

Für Hoeder war es eine Befreiung, ohne die aus Deutschland gewohnten Zuschreibungen zu leben: »Als ich nach London kam, war ich einfach nur eine Studentin, ich war keine schwarze Studentin, sondern einfach eine Studentin. Bis dahin hatte ich nie den Raum gehabt, darüber nachzudenken, wer ich bin – unabhängig von meiner Hautfarbe. Nun konnte ich Ciani, die Tänzerin sein, oder Ciani, die gerne liest, meine Identität war also nicht mehr abhängig von meiner Hautfarbe. Am Anfang war es komisch für mich, aber nach einem Jahr war es total toll. Eine große Last ist von mir gefallen.

Da habe ich zum ersten Mal gecheckt, dass ich sehr lange gegen das Stereotyp des ›Schwarzseins‹ gekämpft habe, um zu zeigen, man muss nicht RnB oder Hip-Hop hören, nur weil man schwarz ist, man kann auch Indie oder Rockmusik hören. Ich bin richtig bewusst dagegen gefahren. Ich habe so lange daran gearbeitet, dem nicht zu entsprechen. Erst mit 23 Jahren in London habe ich realisiert, dass ich nicht nur das schwarze Mädchen bin.«

Als Ciani-Sophia Hoeder zurück nach Deutschland kam, bemerkte sie umso stärker, wie eng Identität hier gefasst ist: »Für mich war es ein Schock, zurück nach Berlin zu kommen. Und zu merken, wie stark ich polarisiere, wie stark ich anders gemacht werde und wie stark Identität in Deutschland mit Hautfarbe verknüpft ist. Deutschland ist beim Thema Identitätsentwicklung noch in den Kinderschuhen. Großbritannien und die USA sind die größten Imperialisten, aber dennoch gibt es dort so unterschiedliche Identitäten: Caribbean, Ost- und Westafrika und, und, und. Und in Deutschland habe ich immer noch ›Woher kommst du?‹-Diskussionen.«

Sie begann, sich stärker mit afrodeutscher Geschichte auseinanderzusetzen. »Zunächst wusste ich nicht, dass es eine afrodeutsche Geschichte und den Begriff ›afrodeutsch‹ gibt. Es hat sehr lange gedauert, bis ich die Literatur und die Menschen hinter diesem Begriff kennengelernt habe. Es ist eben kein integraler Bestandteil im deutschen Schulwesen, auch über die deutsche Kolonialgeschichte zu lesen. Vor London hatte ich mich immer eher der afroamerikanischen Geschichte zugehörig gefühlt, einfach weil sie omnipräsent ist, weil Schwarzsein immer mit dem US-amerikanischen Schwarzsein gleichgesetzt wird.«

Bald stellte sie fest, dass es eine afrodeutsche Bewegung gibt, die Initiative Schwarze Menschen in Deutschland, die in den 80ern entstanden ist. Damals haben sich zum ersten Mal schwarze Menschen zusammengesetzt und über ihre schwarze Identität gesprochen. Das Buch *Farbe bekennen,* herausgegeben von Katharina Oguntoye, May Ayim und Dagmar Schultz, war das erste Buch, in dem afrodeutsche Geschichte und rassistische Alltagserfahrungen behandelt wurden. »Für schwarze Menschen in Deutschland in dieses Buch wie eine Bibel. Während man es liest, fängt man einfach an zu weinen, weil man realisiert, man ist nicht paranoid, empfindlich oder dünnhäutig. Man realisiert, dass diese Erfahrungen so viele Menschen erleben. Seit dem deutschen Kaiserreich gibt es Schwarze Menschen in Deutschland, aber es wird so getan, als ob schwarze Menschen nur GIs seien aus den USA, die nach dem Zweiten Weltkrieg in Deutschland geblieben sind.«

»Wir fahren hier zweigleisig«

Als ich den Café-Besitzer Samson Habtom frage, ob er sich als Deutscher, Eritreer oder beides empfinde, antwortet er: »Ich sehe mich als offener Mensch, der sehr international geprägt ist. Natürlich sehe ich mich gewissermaßen als Deutscher, würde das aber niemals so richtig sagen.« Das habe mit der Geschichte zu tun – mit der Geschichte der Einwanderer. »Früher haben wir die Leute ausgelacht, wenn ein Dunkelhäutiger oder ein Ausländer sagte, ich bin ein Deutscher.« Weil es klingt, als verleugne er seine Herkunft? »Genau. Ich komme aus Eritrea. Ich finde die Kultur auch superschön. Ich bin stolz auf sie. Aber ich würde jetzt auch nicht sagen, dass ich kein Deutscher bin. Ich habe die deutsche Staatsbürgerschaft, was für mich ein extremer Vorteil ist. Ich kann damit gut reisen. Ich bin hier aufgewachsen. Und ich bin dem Land hier verbunden.«

Um uns als Deutsche bezeichnen zu können, brauchen wir oft den Rückhalt unserer Community. Denn sonst würde es ja bedeuten, dass wir, wenn wir deutsch sind, nicht mehr türkisch, arabisch oder albanisch sein können. Unsere Community würde uns sagen: Dann gehört ihr nicht mehr zu uns, wenn ihr zu denen gehört. Und das ist tatsächlich oft der Fall. »Bist du jetzt deutsch oder was?« ist ein Satz, den man öfter gehört hat. Ganz so, als hätte man die Seiten gewechselt. Denn in meiner Kindheit und Jugend war klar, dass wir Ausländer waren und alles, was mit dem Deutschen zu tun hatte, ablehnten.

Wenn man sich von der eigenen Community löst, auch ohne sie ganz aufzugeben, wenn man deutsche Verhaltensweisen annimmt, deutsche Werte lebt oder viel mit Deutschen abhängt, hörte man früher häufig den Vorwurf, dass man »zu deutsch« sei. Diese Erfahrung hat auch die Influencerin Gözde Duran gemacht: »Das war in der Schule so, dort hatte ich mehr ausländische Schulkameraden. Und wenn ich dann in der deutschen Mädelsclique war, dann hieß es von den anderen: ›Boah, du bist zu deutsch.‹«

Auch der Starfriseur Shan Rahimkhan, der iranische Wurzeln hat, kennt den Satz »Du bist Deutscher geworden« gut, auch wenn er nicht versteht, was genau damit gemeint sein soll. »Das ist ein typischer Satz von Türken, Arabern und Iranern. Ich sage dann, ja, ich weiß zwar nicht, wann es passiert sein soll, dass ich Deutscher geworden bin. Aber wenn es so ist, ja, dann bin ich es. Ich fühle mich auf jeden Fall als Berliner, nicht unbedingt als Deutscher, aber als Berliner.«

Er hat seinen individuellen Lebensweg eingeschlagen. Shan Rahimkhan lebt weiterhin seine iranische Kultur, aber nicht so, wie viele Iraner: »Bei mir zu Hause gibt es keinen Perserteppich. Ich mag es nicht, wenn man in eine Schublade gesteckt wird. Ich mag es auch nicht, wenn ich zum Italiener gehe und dort rotweiße Tischdecken sehe oder wenn die Kellner laut Italienisch reden, weil sie damit zeigen wollen, dass sie besonders italienisch sind. Oder wenn man in ein persisches Restaurant geht, und dort sind überall Ornamente. Du bist nicht weniger Perser, wenn du eine weiße Tischdecke hast. Dieses zwanghafte ›Ich muss zeigen, dass ich anders bin‹, das stört mich.«

In seinem Restaurant »Shan's Kitchen« am Gendarmenmarkt, direkt neben einem seiner Coiffeur-Läden, bietet er auch persisches Essen an. »Obwohl viele Iraner das nicht als persische Küche bezeichnen würden, weil sie nur die traditionelle Küche als persisch anerkennen. Ich sehe das aber nicht so. Ich koche mit den Gewürzen aus dem Iran und mache daraus eine moderne persische Küche. Wir müssen aufhören, typisch deutsch zu sein, typisch persisch zu sein oder typisch italienisch zu sein. Sondern wir müssen anfangen, das zu zelebrieren, wenn es passt.«

Sich von der eigenen Community zu lösen, ist für viele von uns einfach unvorstellbar. Wir wollen unsere Wurzeln nicht aufgeben, unsere Geschichte nicht verdrängen, nicht das Gefühl haben, »unsere Leute« zu verraten, wenn wir zugeben, dass wir Deutsche sind. Wenn es sich heute nicht mehr wie Verrat anfühlt, dann deshalb, weil das Deutsche sich geöffnet hat – und wir uns auch. Je älter wir wurden, je mehr wir uns außerhalb unserer Community in deutschen Lebenswelten bewegten und deutsch sozialisiert wurden, desto mehr fühlten wir uns dem Deutschen nahe. Und je öfter wir in die Heimatländer unserer Eltern und Großeltern reisten, je besser wir verstanden, dass wir einfach anders sind und auch so deutsch, desto mehr wurde uns unser Deutschsein bewusst. Und so haben wir verstanden, dass wir deutsche Türken, deutsche Araber und deutsche Bosnier sind. Also, dass wir deutsch sind.

»Ja, klar fühle ich mich deutsch«, sagt der Shishabar-Besitzer Ertun Kartal. »Aber ich bin nicht ganz deutsch. Denn ich weiß, woher ich komme, ich kenne meine Vorfahren. Dadurch, dass wir hier zweigleisig fahren – einmal mit Migrationshintergrund und einmal als Deutscher, der hier den Kindergarten, Schule und Universität besucht hat –, kann man nicht sagen, dass ich ganz deutsch bin. Auf gar keinen Fall. Im Endeffekt, wenn ich in eine Behörde gehe, dann bin ich immer noch ›der Türke‹, der mit dem Bart, tätowiert, mit schwarzen Haaren.«

»Özil wurde gedrängt, ein Musterbeispiel deutscher Integrationsgeschichte zu sein«

Im Jahr 2018 löste ein Ereignis eine Krise aus, die sowohl unsere Community als auch unsere Gesellschaft belastete. Die beiden deutschen Fußballnationalspieler Mesut Özil und İlkay Gündoğan, beide in Gelsenkirchen geboren, beide türkischer Herkunft, ließen sich in London gemeinsam mit dem türkischen Nationalspieler Cenk Tosun und dem türkischen Staatspräsidenten Erdogan ablichten – kurz vor den Parlaments- und Präsidentschaftswahlen in der Türkei. Alle drei Spieler überreichten Erdogan Trikots ihres jeweiligen Vereins.

In Deutschland wurde der Auftritt schon bald heftig kritisiert. Während Gündoğan sich erklärte, schwieg Özil, sodass sich die Debatte auf ihn konzentrierte. Es ging um die Frage, welchem Land er sich verbunden fühlt und welche Werte er vertritt, wem seine Loyalität galt. Özil ist in Gelsenkirchen geboren und in Deutschland aufgewachsen, er besitzt die deutsche Staatsbürgerschaft und spielte für die deutsche Nationalmannschaft. Hatte er mit der Aktion offenbart, dass er dennoch kein Deutscher war – und niemals sein würde? Und warum entwickelte der Fall überhaupt so eine Wucht?

Das hängt zunächst natürlich mit der enormen Popularität des Fußballs in Deutschland zusammen. Dadurch hat er auch eine soziale Funktion. Der DFB-Integrationsbeauftragte Cacau meint, Fußball habe die Kraft, Zugehörigkeit zu diesem Land und Teilhabe an dieser Gesellschaft zu ermöglichen. Fußballer sind Vorbilder, vor allem für junge Menschen, die aus sozial schwachen Kreisen kommen. Cacau zufolge ist es egal, ob die Fußballer selbst das überhaupt wollen: »Viele sagen: ›Ich möchte kein Vorbild sein.‹ Aber als deutscher Nationalspieler ist man es einfach automatisch.« Fußball habe eben Einfluss.

»Viele Menschen schauen zu, viele Menschen spielen selbst Fußball. Und noch mehr Menschen in Deutschland lieben Fußball. Deswegen hat Fußball diese Kraft. Darüber muss man sich im Klaren sein. Und als Nationalspieler hat man diese Vorbildfunktion noch mal mehr. Hinzu kommt, dass wir in den letzten Jahren immer deutlich gemacht haben, dass wir im Fußball auch ein Vorbild für Integration sind. Mesut Özil wurde immer ein bisschen in die Richtung gedrängt, ein Musterbeispiel deutscher Integrationsgeschichte zu sein. Nicht so sehr durch den DFB, aber durchaus von der Öffentlichkeit und den Medien. Ich weiß, dass Mesut das nicht gerne wollte. Er wollte nicht das Aushängeschild sein.

Das war ihm, aus welchem Grund auch immer, unangenehm. Er wollte einfach ein guter Fußballer sein. Mehr nicht.«

Dabei sei Özil tatsächlich ein gutes Beispiel gewesen. »Weil seine Geschichte eine schöne Geschichte war. Er glänzte durch seine Leistung, war der erste türkischstämmige Spieler in der deutschen Nationalmannschaft«, so Cacau. »Und vielleicht wurde er auch dadurch zu einem Vorbild für viele Türken. Ein Vorbild für die türkischen Kinder, die auch in Deutschland Fußball spielen und sich dann denken: ›Ah, schau mal, wir schaffen das, wir können weit kommen.‹«

Hinzu kam, dass Mesut Özil einer der talentiertesten Fußballer seiner Generation und sehr beliebt war. »Und zwar bei allen Fans.« Das habe man in der ganzen Diskussion vergessen zu erwähnen. »Vor dem Vorfall wurde er von den Fans viermal zum Nationalspieler des Jahres gewählt.« Und auf die Bewunderung und die Beliebtheit sei die Erwartung gefolgt, dass er auch Verantwortung übernimmt. »Nicht nur als Vorbild, sondern als Fußballer.« Weil er der beste Spieler war, sei die Erwartung an ihn besonders hoch gewesen. Das habe mit seiner Herkunft nichts zu tun gehabt.

Wie passierte es dann, dass Mesut Özil aufgrund dieses einen Fotos so angefeindet wurde – er hatte den türkischen Staatspräsidenten Erdogan ja nicht zum ersten Mal getroffen? Man könnte meinen, da die politische Situation zwischen Deutschland und der Türkei im Jahr 2018 so angespannt war wie in den letzten zwei Jahrzehnten nicht mehr. Der autokratische Kurs von Erdogan hatte sich seit dem Putschversuch von 2016 noch verstärkt; nur wenige Monate zuvor war der deutsche Journalist Deniz Yücel verhaftet worden. Eine Verfassungsänderung sicherte dem Präsidenten noch weitaus mehr Machtbefugnisse zu. Deshalb wurde von Özil umso mehr eine Entscheidung für eine Seite, ein Land, eine Identität erwartet. Wem galt die Loyalität eines deutschen Nationalspielers, der zwar türkische Wurzeln hat, aber in Deutschland geboren und aufgewachsen ist? Welches Demokratiebewusstsein hatte er als deutscher Bürger? Özils und Gündoğans Nationalmannschaftskollege Emre Can war ebenfalls zu dem Treffen mit Erdogan eingeladen gewesen, hatte die Einladung laut Medienberichten aber abgelehnt.

»Es scheint, dass er ein Erdogan-Anhänger ist«, sagt Cacau über Özil. »Schließlich hat er ihn nach dem Foto zu seiner Hochzeit eingeladen.« Der ehemalige Fußballprofi Kaan Tosun kann die ganze Aufregung um das Foto dennoch nicht nachvollziehen – er sieht sich politisch als neutral an. »Fußball hat mit Politik nichts zu tun«, meint er. Er glaubt, Özil habe sich bei dem Foto einfach nicht viel gedacht. Gleichzeitig kritisiert Tosun die Kritiker Özils. »Weil die deutsche Politik ein politisches Problem mit der Türkei gehabt hat, wurde Mesut Özil zum Opfer. Warum verurteilt man einen Fußballspieler wegen eines Fotos mit einem ausländischen Präsidenten? Wenn ein x-beliebiger Fußballspieler mit einer anderen Herkunft ein Foto mit einem ausländischen Staatsoberhaupt gemacht hätte, dann hätte es die Medien und Deutschland nicht interessiert. Es ging nur um Erdogan.«

Deshalb sieht er nicht ein, warum Özil sich hätte entschuldigen sollen. »Für was? Die Medien haben das so hochgepusht, dass er sich aus Trotz wahrscheinlich nicht mehr entschuldigt hat.« Auch die deutsche Kanzlerin Angela Merkel sei bei jedem wichtigen Spiel bei den Fußballern in den Kabinen und lasse sich mit ihnen ablichten. »Da gibt es auch keine Aufregung. Dass Merkel mit türkischstämmigen Fußballprofis Fotos in der Kabine macht, darüber hat sich noch nie ein türkischer Politiker beschwert.«

Tosun findet, dass gerade junge Spieler, die sich nicht viel dabei denken, nicht für politische Auseinandersetzungen benutzt werden sollten. »Es war nur ein Foto. Punkt. Er hat kein politisches Statement auf sozialen Medien geteilt.« Zudem sei Özil zum Sündenbock für das schnelle Ausscheiden der deutschen Mannschaft bei der WM 2018 gemacht worden. »Die deutschen Medien haben die Schuld Özil und Erdogan gegeben. Er hätte Unruhe reingebracht.« Tosun betont, dass er nicht aus nationalem Stolz spreche. »Ich habe selbst eine deutsche Mutter.« Er kritisiere Deutschland als Deutscher.

Allein, dass er das so sagen muss, zeigt, was den Fall Özil so tragisch macht: Man kann es sicher als Fehler ansehen, dass er sich mit Erdogan hat ablichten lassen. Aber ihm wurde deshalb seine Zugehörigkeit zu diesem Land abgesprochen. Und das halte ich für falsch.

Cacau meint, wenn Mesut Özil mit dem türkischen Präsidenten Erdogan sympathisiere, sei das seine politische Meinung, die man kritisieren dürfe. Aber sie mache ihn nicht weniger deutsch. Bei vielen türkischstämmigen Deutschen war jedoch der gegenteilige Eindruck entstanden und führte zu viel Ärger und Verbitterung: dass man Deutscher stets nur auf Widerruf sei, dass die Zugehörigkeit zu Deutschland nicht uneingeschränkt, sondern nur bei Wohlverhalten und Verleugnung seiner Wurzeln galt. Dass alle Anstrengungen, alle Leistungen für Deutschland mit einem Mal wertlos sein konnten.

Viele erwarteten von Özil jedenfalls eine Entschuldigung für das Foto, Cacau hätte sich zumindest eine Erklärung gewünscht. »So und so habe ich es gemeint, und deshalb habe ich dieses Foto gemacht.« Diese Erklärung wäre notwendig gewesen, weil man von Özil eine Identifikation mit der Nationalmannschaft erwartet. »Und die Werte der Nationalmannschaft passen nicht mit dem zusammen, was Erdogan repräsentiert.« Möglicherweise sei Özil die Bedeutung des Fotos nicht bewusst gewesen. »Vielleicht hat er nicht das Gefühl, dass er mit dem gemeinsamen Foto die Werte von Erdogan stärkt.« Aber dieses Signal wurde mit dem Foto nach außen gesendet.

Nach der fehlenden Erklärung von Özil geriet der DFB in Erklärungsnot. »Und dann ging die ganze Situation los mit unglücklichen Aussagen, unglücklicher Positionierung, mit viel Emotionen, mit dem tragischen Ende, muss man sagen, für alle Seiten.«

Nachdem Deutschland bei der Fußball-WM 2018 bereits in der Vorrunde ausgeschieden war, erklärte Özil seinen Rücktritt aus der Nationalmannschaft. In mehreren Erklärungen auf Twitter begründete er seine Entscheidung mit dem Rassismus, der ihm entgegengeschlagen sei. In diesem Zusammenhang berichtete er nicht nur von Drohanrufen, unzähligen Hassmails und beleidigenden Posts in den sozialen Medien, sondern kritisierte explizit auch den DFB und dessen damaligen Präsidenten Reinhard Grindel.

Hier ist Cacau zwiegespalten. »Natürlich passiert da was in den sozialen Medien.« Aber er glaube nicht, dass das repräsentativ für unsere Gesellschaft sei. »Ich finde, das wird halt aufgepusht, dann sind da wahrscheinlich zehn Personen mit 100 Accounts angemeldet, die versuchen, Stimmung zu machen.« All die Beleidigungen und üblen Kommentare finde er sehr schlimm. »Aber auf der anderen Seite wurde auch versucht, sachlich zu diskutieren. Und ich persönlich finde, jemanden mit Migrationshintergrund zu kritisieren, ist nicht gleichbedeutend mit Diskriminierung oder Rassismus. Und deshalb finde ich, man kann über Mesuts Bild auch sagen: ›Das finde ich nicht in Ordnung.‹« Es gehöre dazu, dass man kritisiert wird, wenn man einen Fehler begeht. »Aber auch, dass dann gewürdigt wird, was man gut macht oder gut gemacht hat.«

Özils Statement ist aus Cacaus Sicht gleichwohl falsch gewesen. Zwar habe dort die Wahrheit über Diskriminierung gestanden, aber die habe nicht für Özil selbst gegolten, meint Cacau. »Sondern eher für viele, die wirklich tagtäglich diskriminiert werden.« Özils Klage über die angeblich schlechte Behandlung durch den DFB empfand Cacau persönlich als schlimm. Er habe selbst erlebt, wie viel für Mesut Özil in der Nationalmannschaft gemacht wurde. »Es wurde auch Rücksicht auf ihn genommen, was seine religiösen Pflichten angeht. Es wurden ihm viele Freiheiten und viele Möglichkeiten gegeben.«

Özil hatte in seinem Twitter-Statement in Anlehnung an ein Zitat des algerischstämmigen französischen Fußballers Karim Benzema behauptet: »In den Augen von Grindel und seinen Helfern bin ich Deutscher, wenn wir gewinnen, und ein Immigrant, wenn wir verlieren.« Onur Türktorun weist das zurück. Er kenne zahlreiche Gegenbeispiele: »Es gibt viele andere Sportler, die in dem Dilemma waren, für welches Land sie denn nun spielen. Nuri Şahin hat gesagt, dass er sich deutsch und türkisch fühlt, er hat dann für die Türkei gespielt – da gab es auch keine Probleme. Es gibt auch Sportler mit ausländischen Wurzeln, die krass gefördert wurden, wie Gerald Asamoah, der für die deutsche Nationalmannschaft gespielt hat. Auch wenn er einmal schlecht gespielt hat, hat ihn niemand als ›Scheiß-N****‹ beschimpft. Deshalb kann man nicht sagen, dass es in Deutschland so läuft: Wenn der Erfolg da ist, ist man Deutscher, und wenn nicht, ist man keiner. Das stimmt so nicht. Es gibt vielleicht gewisse Menschen, die so denken können. Das darf man aber nicht verallgemeinern. Wenn man damit anfängt, spaltet man die Gesellschaft.«

Für Türktorun ist die Krise um Mesut Özil deshalb auch ein Einzelfall: »Das sollte weder die türkischen noch die deutschen Bürger in Deutschland berühren.« Er sieht Mesut Özil nicht als Vertreter der Deutschtürken, wohl aber als Vorbild – aufgrund seiner sportlichen Leistungen. Jedenfalls: »In diesem Fall muss man sich weder hinter ihn noch gegen ihn stellen.«

Sneaker-Designer Hikmet Sugör hat den Fall Özil anders wahrgenommen. Er fand es unfair, wie man mit Özil umgegangen ist. »Der Junge hat für Deutschland gespielt, er hat sich für Deutschland eingesetzt. Er hat diesen Konflikt mit sich ausgetragen, er hat gegen das Land seiner Eltern gespielt, das zeigt viel Mut. Was er privat macht, ob er an Jesus oder Buddha glaubt, das geht niemanden etwas an. Er ist in der Öffentlichkeit, aber dennoch finde ich es anmaßend, ihn anders darzustellen. Er ist ja ein Fußballer. Man sollte ihn nach seiner spielerischen Leistung beurteilen. Sicher hat er eine Vorbildfunktion, aber ihn dafür zu verurteilen, dass er Fotos mit dem türkischen Staatspräsidenten Erdogan gemacht hat, ist nicht gerecht. Selbst unser ehemaliger Bundeskanzler Schröder hat Fotos mit Erdogan gemacht, wer hat ihn dafür verdammt?« Hier werde mit zweierlei Maß gemessen, meint Sugör.

Er findet den Fall geradezu niederschmetternd. »Unser größtes Problem ist die fehlende Toleranz. Wer schreibt ihm denn vor, was er darf oder nicht? Er hat sich mit einem Staatsoberhaupt ablichten lassen. Das Problem ist, dass sich viele Türken durch diesen Shitstorm angegriffen gefühlt haben.«

Sicher haben sich viele türkischstämmige Menschen in Deutschland angegriffen gefühlt, als sie erfuhren, welchen Beschimpfungen Mesut Özil in den sozialen Medien, Zeitungen und der Politik ausgesetzt war. Allerdings ist Özil gerade bei jungen Menschen kein so großer Star wie viele andere Fußballer. Das lässt sich auch daran ablesen, wer in den Liedern von Deutsch-Rappern unterschiedlicher Herkunft vorkommt: Beim ukranischstämmigen Berliner Capital Bra geht es um Karim Benzema und Neymar (»Doch heut bin ich ein Star so wie Neymar«), beim Berliner mit palästinensischen Wurzeln Massiv um Franck Ribéry, beim Frankfurter Duo Ćelo & Abdï und beim marokkanischstämmigen Miami Yacine um Zlatan Ibrahimović (»Legende à la Zlatan Ibrahimovic – brraa«) oder bei Kool Savas um den berühmten Kopfstoß von Zinedine Zidane (»über Pump, aber ich bin dir mit dem Kopf voraus wie Zidane«).

Lediglich der kurdischstämmige Rapper KC Rebell hat Özil ein Lied gewidmet: Beide haben zusammen bei Rot-Weiss Essen Fußball gespielt, KC Rebell war sogar der Mannschaftskapitän. In seinem Song »Mesut Özil« verarbeitet er auch seine gescheiterte Fußballkarriere – er beleidigte einen Schiedsrichter und wurde für zwei Jahre gesperrt. Özil wechselte zu Schalke und wurde zu einem internationalen Fußballstar, KC Rebell wurde in der Musik zum Star. In seinem Song zeichnet er Özils Karriere und seine eigene nach und macht klar, er bedauert es nicht, dass es mit dem Fußball nicht geklappt hat:

Als Mesut nach London gegang' ist
Und mit seinem Wechsel ein paar von Millionen verdient hat
Wurd' bei mir aus Grau-Rot-Blau Braun-Grün-Gelb-Lila

Immer weiter, Gottseidank, ich ess' jeden Tag Köfte
Hab in Immobilien investiert und paar Läden eröffnet
Ein Rapstar geworden, mein Leben ist töfte

Eins ist aber sicher: Özil ist eher ein Vorbild für die Fans mit deutschen Wurzeln als für die türkischstämmigen jungen Menschen in Deutschland. Onur Türktorun kann sich an ein Fußballspiel in Berlin erinnern – Deutschland gegen die Türkei. Die Deutschen haben gewonnen. »Wir saßen alle gemischt im Stadion, die Deutschen mit den Türken zusammen. Und ich habe viel mehr Deutsche gesehen mit einem Özil-Trikot als Türken. Deswegen weiß ich ganz genau, dass auch die Gesellschaft nicht gespalten werden kann. Denn Özil hatte damals mehr deutsche Sympathisanten gehabt als türkische, weil er für Deutschland gespielt hat. Das hat mir damals auch gezeigt, dass der Sport im Vordergrund steht und nicht die Herkunft oder seine nationale Identität.«

Allerdings gab es eine Debatte darüber, dass Mesut Özil – wie andere Spieler mit Migrationshintergrund – nie die deutsche Nationalhymne mitsang. Dazu sagte er im Jahr 2018: »Während die Hymne gespielt wird, bete ich. Und ich bin sicher, dass diese Einkehr mir und damit auch meiner Mannschaft Kraft und Zuversicht gibt, um den Sieg nach Hause zu fahren.«

Das kann Shan Rahimkhan nicht verstehen: »Natürlich würde ich die deutsche Nationalhymne mitsingen.« Der iranischstämmige Deutsche ist mit Jogi Löw befreundet – der Nationaltrainer verstehe, dass Khedira und Özil nicht mitsingen. Rahimkhan hingegen findet: »Die Nationalhymne zu singen, hat mit einem bestimmten Bewusstsein zu tun. Das hat etwas mit Interaktion zu tun, das heißt, in dem Moment, wenn sie da vorne stehen, gemeinsam singen, dann singe ich auch als Zuschauer mit ihnen mit. Das heißt, wir machen zusammen etwas, das kann auch das Hänschen-Klein-Lied sein oder ein Lied von Shakira.« Für Shan Rahimkhan geht es darum, eine gemeinsame Botschaft zu senden, und auch jemand, der türkische Wurzeln hat, kann dabei mitmachen.

»Deutscher, als wir denken«

Wenn Menschen mit Migrationshintergrund sich ausgegrenzt fühlen oder diskriminiert werden, dann flüchten sie. In ihre Religion, die ihnen Zugehörigkeit, ein Zuhause und eine einzige Identität gibt. Oder in eine romantisierte Vorstellung von ihren Herkunftsländern, obwohl sie auch dort zu Fremden geworden sind. So erzählt Günter Wallraff: »Die Mehrheit der Gastarbeiter wollte eigentlich hier dazugehören, sie wurden aber ausgegrenzt. Einige, zu denen ich Kontakt hielt, kehrten danach wieder in die Türkei zurück. Sie stießen jedoch auch dort auf Ablehnung, waren die *Almancis**. Die waren in beiden Kulturen fremd. Das ist fast, wie einem Menschen Identität und Seele zu nehmen.«

Das *Almanci*-Sein wird von Generation zu Generation stärker. Dennoch versuchen viele Menschen, die in Deutschland geboren und aufgewachsen sind, aber ausländische Wurzeln haben, ihre Loyalität gegenüber dem Heimatland der Eltern aufrechtzuerhalten. Dabei verdrängen sie, dass sie längst zu Deutschland gehören. Natürlich dürfen wir beide Länder lieben, und unser Heimatgefühl darf auch für die Heimat unserer Eltern gelten. Aber wir sind dort Fremde. Das müssen wir uns eingestehen, so schmerzlich es ist. Der Gastronom Cem Görmüs sinnierte während unseres Gesprächs: »Manchmal ist man auch in der Türkei fremd. In der Türkei bin ich Ausländer, und hier bin ich auch Ausländer. Jetzt müsste man verstehen, wie ich mich manchmal fühle. Wohin gehöre ich denn eigentlich?«

Als ich den Gastronomen und Shishabar-Besitzer Cem Görmüs frage, ob er sich deutsch fühlt, schweigt er kurz und stellt mir dann die gleiche Frage. Als ich diese bejahe, fragt er: »In der Türkei sind wir Ausländer, und hier sind wir auch Ausländer – wohin gehören wir jetzt? Was bin ich denn? Doch, ich fühle mich schon

---

* Türkische Bezeichnung für türkische Auswanderer in Deutschland.

teilweise deutsch, ich bin hier geboren, ich bin hier aufgewachsen, ich bin hier zur Schule gegangen, ich habe hier meine Freunde, ich stehe hier mitten im Leben. Klar, ich bin auch deutsch.«

Solche verwirrenden Gefühle und Gedanken kennt auch Kaan Tosun, der als deutscher Fußballer mit türkischen Wurzeln in der Türkei gespielt hat. Mit 10 Jahren hatte er mit dem Fußballspielen begonnen, als er 18 war, bekam er einen Profivertrag bei dem türkischen Erstligisten Konya. »Ich hatte extreme Schwierigkeiten«, erinnert er sich. »Man kennt die Türkei nur aus dem Urlaub, man geht im Sommer für fünf Wochen hin, man hat die Familie bei sich und ist in einem gewohnten Umfeld. Alles ist schön und gut, aber alles wird anders ab dem Zeitpunkt, wo man merkt, alle sind weg, ich bin jetzt hier alleine, ich muss kämpfen für mein Geld, hier herrscht Konkurrenz, hier schenkt mir niemand etwas. Ich war 18 und ich hatte zu dem Zeitpunkt einen Ohrring und einige Tatoos und meine Haare waren zu cool geschnitten. In Konya waren sie konservativer. Selbst meine Mannschaftskameraden haben mir viel Druck gemacht. Ich wurde gemobbt.«

Es war aber nicht nur sein modernes Aussehen, das in der konservativen Stadt Konya für Ablehnung sorgte. »In der Türkei haben sie auch die Deutschtürken auf dem Kieker. Das hat schon damals angefangen, als unsere Eltern in die Türkei in den Urlaub gefahren sind, da dachten die Leute dort immer, wir seien hier alle reich. Und die türkischen Fußballer dachten über mich: Was hat er hier zu suchen? Der kann doch in Deutschland spielen. Jetzt, so langsam gibt es einige, die das akzeptieren. Aber vor zehn Jahren, zu meiner Zeit, war es schwierig.« Sein Fazit: »Wir haben als Deutsche das Problem, wir werden in der Türkei als Ausländer gesehen, wir werden aber auch hier als Ausländer gesehen.« Und dann gibt er ehrlich zu: »Das hört sich jetzt blöd an, aber ich habe zu der Zeit viel geweint.«

Das Gefühl, zwischen den Stühlen zu sitzen, stellt sich auch bei Menschen, die erst als Jugendliche nach Deutschland gekommen sind, erstaunlich schnell ein. Djibril Dulatov, in Tschetschenien geboren und aufgewachsen, wird oft gefragt: »›Fühlst du dich als Deutschtschetschene oder als Tschetschene?‹ Und ich sage ehrlich: Wenn man in Tschetschenien ist, ist man dort ein Ausländer, man ist fremd, für die ist man ein Deutscher, und ist man hier, ist man auch hier Ausländer. Eigentlich wird man nie irgendwo hingehören. Bis ich einen deutschen Pass habe, bin ich Tschetschene.«

Djibril Dulatov ist im Alter von 16 Jahren nach Deutschland gekommen, er hat seine Kindheit nicht hier verbracht. Vielleicht kann er sich deshalb nicht als deutsch bezeichnen, anders als die vielen anderen Gesprächspartner, die hier geboren oder aufgewachsen sind oder zumindest seit mehr als zehn Jahren in Deutschland leben. Djibril fragt sich: »Wie ist dieses Gefühl, sich deutsch zu fühlen? Wie ordnet man das Gefühl ein? Ich bin hier aufgewachsen, ich spreche zu Hause trotzdem Tschetschenisch. Ich esse gerne unsere Gerichte. Einer meiner besten Freunde heißt Markus Schmitz. Ich lebe gerne hier, aber ich würde mich nicht als deutsch bezeichnen.«

Ich selbst bin nicht mit der Staatsbürgerschaft deutsch geworden, sondern erst mit meinem Leben in der Türkei. Als ich für ein Auslandssemester 2010 nach Istanbul ging, begann ich zu bemerken, dass es mir schwerfällt, die türkische Kultur zu verstehen, obwohl ich mit ihr groß geworden und in ihr erzogen wurde. Auch wenn meine türkische Mitbewohnerin mir sagte: »Für mich bist du eine Türkin«, ich fühlte einen großen Unterschied zwischen ihr und mir.

Dieses Gefühl verstärkte sich, als ich 2013 für unbestimmte Zeit in die Türkei auswanderte. In meiner türkischen Heimat fand ich meine deutsche Identität. Und es war ein schönes Gefühl, wie positiv die Türken auf mein Deutschsein und Deutschland reagierten. Meine Freunde in der Türkei schätzten meine offene, direkte und ehrliche Art. Sie mochten, dass ich Moralvorstellungen und gesellschaftliche Tabus immer wieder hinterfragte. Das schrieben sie meiner deutschen Art zu. Aber auch, wie gut und sicher wir es in Deutschland haben, wurde mir immer wieder gesagt. Sogar von wildfremden Menschen, wenn sie hörten, dass ich aus Deutschland bin. Ein Mann in einem Café im liberalen Boheme-Viertel Istanbuls, in Cihangir, fragte mich einmal: »Kennst du den Unterschied zwischen Deutschland und der Türkei? Siehst du meinen Hosensaum? Wenn es regnet, wird dieser in Deutschland nicht nass.« Ich verstand nicht, was er meinte. Er klärte mich auf: »Weil eure Straßen ein gut funktionierendes Abwassersystem haben und nicht überschwemmt werden, wenn es ein wenig regnet.«

Dass unser Leben in Deutschland einen Wert hat, hörte ich so oft, gerade wenn es politische Krisen gab. Und da begann ich, stolz auf mein Land zu werden. Stolz darauf, dass in meinem Land die Menschenrechte berücksichtigt werden, stolz darauf, dass unser Leben in Deutschland einen großen Stellenwert hat, stolz darauf, dass mein Land in meiner anderen Heimat, der Türkei, so viel Ansehen genießt.

Daher fühle ich mich inzwischen deutscher, nicht weil ich assimilierter wäre, sondern weil ich vielleicht einen besseren Draht zu meiner deutschen Seite habe als meine türkischstämmigen Mitmenschen, die nicht in der Türkei gelebt und gearbeitet haben und immer nur in den Sommerferien in Antalya oder über Silvester in Istanbul waren. Ich habe verstanden, wie deutsch ich bin. Und dass die Türken in der Türkei ganz anders sind als die Türken in Deutschland. Wir Deutschtürken ärgern uns im Sommerurlaub darüber, dass in der Türkei so vieles nicht funktioniert. Dass die Fliesen in den Ferienwohnungen nicht richtig gelegt werden, dass die Türken immer so chaotisch sind. Und dann merken wir selbst, wie deutsch wir sind. Münchner Freunde, die ich jedes Jahr im Sommerurlaub traf, begannen irgendwann, die Türken aus der Türkei als »Türkentürken« zu bezeichnen, wenn sie sich über ihr Verhalten amüsierten.

Aber ich merkte auch, dass gerade wir, die in Deutschland geboren und aufgewachsen sind, andere Probleme, andere Ideale, andere Vorstellungen haben als die türkische Jugend. Ich musste mit vielen Vorurteilen kämpfen, weil ich *Almanci* bin. Auch in der Türkei hörte ich oft: »Du bist ganz anders als die *Almancis*.« Es hat wehgetan zu sehen, dass die Türkei zwar eine Heimat von mir, aber nicht mein Land ist. Und zu der Zeit, als ich in Istanbul lebte, gab es viele von »uns«. Die sogenannten Rückkehrer, die Deutschland verlassen hatten, weil sie dachten, in der boomenden Türkei – damals politisch auf dem besten Weg – ihr Glück finden zu können: mit einem gut bezahlten Job in der Traumstadt Istanbul mit ihrem aufregenden und unbegrenzten Nachtleben und dem wunderschönen Bosporus. Weit weg von Vorurteilen, vom 22-Uhr-zu-Bett-Gehen und nach Feierabend nur zu Hause zu sitzen. Aber es kam anders als geplant. Viele, die ich kenne, kamen wieder zurück nach Deutschland. Weil sie merkten, dass sie mit der türkischen Kultur nicht klarkamen, und weil ihnen die Sicherheit und Ordnung aus Deutschland fehlte. Und so begann ich, Deutschland ganz anders zu sehen, und verstand, dass meine Sehnsucht nach Deutschland meine Sehnsucht nach meiner wahren Heimat war.

Auch wenn wir uns dem Land unserer Eltern und Großeltern sentimental verbunden fühlen: Wir haben gelernt, Deutschland zu lieben und zu schätzen. Je länger wir hier leben, desto deutscher fühlen wir uns. Filiz Tatar sagt: »Seit 1993 lebe ich hier, also hundertprozentig türkisch kann ich nicht sein. Ich rede zu Hause nicht einmal Türkisch, ich rede nur Deutsch.« Deshalb sieht sie sich als zu 50 Prozent türkisch und zu 50 Prozent deutsch.

Wir wurden nicht einfach mit der Geburt in diesem Land zu Deutschen, auch nicht einfach mit der deutschen Staatsbürgerschaft, sondern mit der Sozialisation. Je mehr wir deutsche Lebenswelten teilen, desto deutscher werden wir. Der Frankfurter Rapper Abdï erzählt: »Geboren 87 in Frankfurt-Höchst, standesamtlich getraut worden in Frankfurt-Höchst, angekommen definitiv in Deutschland. Mein Vater hat gesagt, du bist jetzt Deutscher, weil du auch in Höchst getraut wurdest.«

Deutschland ist das Land, in dem viele von uns ihre Kindheit verbracht haben. Wie wichtig das ist, darauf weist etwa Samson

Habtom hin. Wir werden unsere deutsche Heimat niemals aufgeben – zu viele Erinnerungen verbinden uns mit ihr, sie hat uns zu sehr geprägt, wir haben ihre Kultur übernommen, und wir haben sie auch stückweise mitgestaltet.

Unsere Familien sind in Deutschland, auch deshalb ist Deutschland unsere Heimat. Die Boxerin Nikki Adler will immer wieder hierhin zurück, wenn sie drei Wochen in Kroatien ist. »Ich bin gerne da, wo meine Eltern sind. Da ist mein Zuhause. Wenn ich ohne meine Eltern in Kroatien bin, dann fühle ich da eine gewisse Kälte. Wenn man bei den Eltern ist und einfach man selbst sein kann, dann ist man zu Hause. Meine Eltern kommen auch immer wieder zurück nach Deutschland, weil ihre Enkelkinder in Deutschland sind. Sie haben auch ihr Zuhause dort, wo wir sind, weil wir hier zu Hause sind«, erzählt Nikki Adler.

Samson Habtom sagt, dass wir uns einfach nicht eingestehen wollen, wie deutsch wir eigentlich sind. »Das merkt man, wenn man mal in andere Länder reist und sich denkt: Okay, ich will meine Strukturen haben, weil uns alles nervt. Es gibt auch viele Leute, die hier geboren und aufgewachsen sind, aber sagen, sie sind halt mehr deutsch als das, was ihr Ursprungsland ist.«

Auch Kaan Tosun meint: »Egal wie sehr wir Ausländer sind, wir sind doch alle deutscher, als wir denken. Wenn du hier geboren bist und hier aufwächst, wir gewöhnen uns einfach an alles. An die Sicherheit hier, an das System, alles ist geregelt. Wenn hier was draufsteht, dann ist das auch dadrin. In der Türkei ist es nicht so. Und die Menschen hier sind anders.«

Wenn es uns schwerfällt, uns als Deutsche zu bezeichnen, liegt das auch daran, dass es den Deutschen selbst nicht leichtfällt, stolz auf ihre deutsche Identität zu sein. Wenn wir uns als Deutsche definieren, möchten wir das mit einer positiven Haltung gegenüber dem Land tun, mit Dankbarkeit. Und mit Dankbarkeit meine ich nicht, dass wir als Migranten oder Ausländer dankbar dafür sein müssten, dazugehören zu dürfen, sondern dass wir wie alle anderen dankbar sein können, Bürger dieses Landes zu sein.

Schließlich haben wir immer den Vergleich zu den Herkunftsländern unserer Eltern und wissen deshalb, was in diesem Land gut läuft. Mohamad Hoteit sagt, dass er ein stolzer deutscher Staatsbürger sei, aber ob er sich auch deutsch fühle? »Wie definiert man denn Deutschsein? Keine Ahnung. Fühle ich mich deutsch? Ich habe mir letztens noch die Corona-Zahlen auf der Welt angeschaut, wie viele Menschen darunter leiden. Und habe dann bemerkt, wie krass Deutschland am Start ist, und wie Deutschland versucht, trotz der schlimmen Lage allen Leuten alles recht zu machen. Deutschland ist für mich ein Paradies auf Erden. Wenn ich mir andere Länder anschaue und vergleiche, ist Deutschland unter den TOP 3, was den Lebensstandard und die Lebensqualität angeht. Hier kann man auch nicht arm werden, man ist immer abgesichert. Ob ich mich deutsch fühle? Ich weiß nicht, wie sich Deutschsein anfühlt. Aber ich fühle mich nicht anders als ein Arbeitskollege, der neben mir im Studio sitzt und deutsche Wurzeln hat. Wir haben dieselben Werte, außer dass ich vielleicht gerade am Ramadan faste und er nicht. Im Endeffekt: Was ist Deutschsein?«

Was auch immer Deutschsein ist: Wir sind immer stärker bereit, zu unserer deutschen Identität zu stehen. Mein Kickboxtrainer Sefer Göktepe gibt gerne zu, dass er sich deutsch fühlt, und stellt fest: »Es ist unser Lieblingswort, dass wir sagen, wir sind Türken. Das ist aber nur ein Spruch. In der Realität haben wir mit Türken nichts zu tun, es ist unsere Herkunft, wir kommen von daher, aber wir leben hier, wir haben unsere Kultur hier, wir zahlen Steuern. Das ist unsere Heimat.«

An die Adresse eines imaginären deutschen Gesprächspartners sagt Göktepe: »Ich bin kein Türke, ich bin Deutscher, ob du das glaubst oder nicht. Ich werde niemals zurück in die Türkei gehen. Ich habe hier ein Haus, mein Leben ist hier. Das ist mein Land. Mag sein, dass meine Wurzeln nicht von hier sind. Sie haben uns aber damals hierher geholt, und wir haben für dieses Land hier gekämpft. Ich habe nie für mein Land (Türkei) gekämpft, ich habe für Deutschland gekämpft. Meine ganze Energie habe ich in Deutschland investiert. Und meine Eltern sind hier kaputtgegangen.«

Dass es uns leichter fällt, uns als deutsch zu definieren, hängt einerseits damit zusammen, dass sich unsere Communitys verändert haben. Wir haben deutsche Normen akzeptiert, wir verstehen die deutsche Kultur besser denn je, wir erkennen die positiven Seiten der deutschen Gepflogenheiten. Auch wir melden uns vorher an, wenn wir Freunde besuchen. Auch wir können heute »Nein« sagen, auch wir sind pünktlich, auch wir halten uns an unser Wort, wenn wir es gesagt haben, auch wir versuchen, direkt und ehrlich zu sein, auch wir haben angefangen – oft vielleicht anders als unsere Eltern – uns strikt an deutsche Regeln zu halten, und schauen auch um uns, dass sie ja von anderen eingehalten werden. »Wenn Deutschsein Pünktlichkeit ist, Vertrauensvollsein, Fleißigsein, auf seinen Rechten bestehen, wenn das alles dieses Deutschsein definiert, dann bin ich auf jeden Fall deutsch«, sagt die Influencerin Gözde Duran.

Gerade für uns Frauen bedeutet Deutschsein auch Freisein. Filiz Tatar wollte nie »typisch türkisch« sein. Was sie damit meine, frage ich sie. »Dieses Heiraten-und-das-war-es-dann. Ob es eine türkische, deutsche oder italienische Frau ist: Wir müssen nicht heiraten, wir müssen keine Kinder auf die Welt bringen. Wir können auch mit 40 Jahren Kinder kriegen.« Auch die zwei jüngeren Schwestern von Filiz Tatar haben es heute viel einfacher. »Weil meine Eltern eingesehen haben, so, wie wir sie erziehen wollen, klappt es nur in der Türkei, nicht in Deutschland. Die Jüngste ist einfach mit 18 Jahren ausgezogen, ohne dass sich meine Eltern gewehrt haben.«

Wir können andererseits auch deshalb besser zu unserer deutschen Identität stehen, weil sich dieses Land verändert hat. Unsere Stimmen werden in der Öffentlichkeit gehört; wir haben wichtige Positionen in der Wirtschaft, in der Politik und in den Medien. Unsere kulturellen Einflüsse werden immer mehr akzeptiert und, ja, auch zelebriert. Und weil die Deutschen unsere nicht deutschen Seiten akzeptieren, können wir uns als deutsch bezeichnen, ohne dass es sich wie ein Verrat an unserer Community anfühlt.

Die Deutschen lieben unsere Gastfreundlichkeit, sie lieben unsere Art, wie locker wir kommunizieren, sie lieben unseren Slang. Deutsche Frauen schätzen an uns, dass wir so offen mit dem Thema Schönheit umgehen. Ich werde nicht vergessen, wie eine Mitarbeiterin bei Douglas, die deutsche Wurzeln hat, bei einer Make-up-Beratung zu mir sagte: »Ich gehe immer zu den türkischen Friseurinnen, um meine Augenbrauen zupfen zu lassen. Ihr orientalischen Frauen habt immer so schön geschwungene Augenbrauen.«

Die Deutschen verstehen immer mehr, dass auch wir deutsch sind, ohne unsere türkische, russische oder italienische Kultur zu vergessen. Und wir machen unsere Türen auf, lassen sie an unseren Festen, Hochzeiten, Geburtstagen teilnehmen, wir zeigen ihnen unsere Gebetshäuser, wir singen unsere Lieder – und Deutsche ohne Migrationsgeschichte, gerade die jungen Menschen, nehmen heute daran teil. Ganz selbstverständlich. Und es fühlt sich für sie nicht mehr fremd an. Sondern sehr deutsch.

Der Strafverteidiger Onur Türktorun fühlt sich in Deutschland von Tag zu Tag wohler. »Ich habe mich schon immer wohlgefühlt. Ich fühle mich zunehmend deutsch, auch wenn ich ein Türke bin. Das wird auch so bleiben. Ich spüre, dass die Grenzen immer mehr verschmelzen, dass man immer mehr die deutschen Werte und Tugenden akzeptiert und annimmt. Und es wird auch gesellschaftlich immer schöner.«

Er sieht Veränderungen sowohl bei sich als auch bei anderen. »Ich finde auch, dass sich andere Menschen mit Migrationshintergrund hier sehr wohlfühlen. Ich fühle mich auch nicht als Gast hier. Ich fühle mich dazugehörig. Und ich merke, dass mit der Zeit diese Akzeptanz uns gegenüber auch immer mehr steigt.«

KANAKEN

Jede Geschichte ist interessant, aber gerade
die Geschichten von Menschen mit Migrationshintergrund
sind besonders interessant.
Bobby

Es ist schon nach Mitternacht, als ich das Interview mit den Rappern Abdï und Ćelo beende. Auf der Autofahrt nach Hause unterhalten wir uns über unsere Jugend. Ich erzähle eine Geschichte, an die ich immer wieder denken muss. Ich war 19 Jahre alt und habe mit meiner besten Freundin, die marokkanisch-tunesischen Wurzeln hat, wie verrückt fürs Abitur gelernt. Unser Ziel war es, nicht einfach nur zu bestehen, sondern wir wollten die bestmögliche Abschlussnote erreichen. Alles, was geht – das war unser Motto.

Oft lernten wir nach dem Unterricht in der Universitätsbibliothek. Als wir einmal auf dem Weg dorthin waren, bemerkten wir, dass wir beide keinen einzigen Cent in der Tasche hatten – aber wir hatten Hunger. Und ohne vorher zu essen, hätten wir nicht lernen können. Nach Hause gehen wollten wir nicht. Da fiel mir ein, dass ich noch etwas Geld auf meinem Bankkonto hatte: genau 2,71 Euro. Für zwei Euro bekam man zwei 1-Euro-Burger bei McDonald's.

Wir gingen zur Bankfiliale. Um das Geld abheben zu können, musste ich zur Kasse. Dort fragte mich ein junger Bankberater, der nicht viel älter war als wir, wie viel ich abheben wolle. »Alles!«, antwortete ich. Er schmunzelte, auch wir unterdrückten ein Lachen. Als wir das Geld in der Hand hatten, war es uns irgendwie unangenehm. Weil er ein junger Deutscher war. Aber wir lachten trotzdem darüber, da wir wussten, dass unsere Aktion gerade richtig kanakisch war.

Wer sonst macht so etwas? Mit den letzten Euros schnell zu McDonald's, und dann weiter in der Bibliothek. Doch das war unsere einzige Chance. Zu Hause hätten wir keine Ruhe gehabt, und unsere Eltern hätten wir nicht nach Geld fragen können. Sie hätten auch nicht verstanden, warum wir unbedingt in der Bibliothek lernen wollen. Sie hätten gesagt: »Was willst du da? Komm nach Hause, hier gibt es genug zu essen!« Letztlich waren meine Freundin und ich stolz darauf, dass wir zusammenhielten, fürs Abitur lernten und darüberstehen konnten.

Später erzählte ich Abdï noch, wie meine Freundin angefangen hatte, türkische Begriffe zu verwenden, wenn sie mich auf der Schule nach Geld fragte oder mir Geld anbot: »Hast du *para**?« und »Brauchst du *para*?« Abdï verstand sofort, warum sie das getan hatte: »Damit die Deutschen nicht verstehen, dass ihr *broke*** seid.«

Wir Jugendlichen mit Migrationshintergrund entwickelten eine eigene, gemeinsame Sprache – eine Mischung aus türkischen, jugoslawischen und arabischen Wörtern. So konnten uns die Deutschen nicht verstehen. Diese Sprache war Teil einer migrantischen, kanakischen Kultur, in der wir uns alle wiederfanden. Das Kanakische war nicht nur das Ausländische, es war auch das Prekäre, das Ungebildete. Trotzdem ist es so reich, so klug und so deutsch. Denn auch, wenn wir nicht viel hatten, fühlten wir uns reich und niemals arm. Und auch, wenn unsere Eltern oder Tanten über keinen Schulabschluss verfügten, waren sie für uns die klügsten Köpfe. Von ihnen lernten wir Weisheiten, die man an keiner Universität studieren konnte.

Gleichzeitig war das Kanaken-Dasein nicht ohne das Deutsche möglich. Die kanakische Kultur gibt es nur hier, nirgends sonst, auch nicht in den Heimatländern unserer Eltern. Wir waren Kanaken, weil die Deutschen uns abwertend so bezeichneten. Spä-

---

* Türkisch: »Geld«.
** Englisch: »Pleite«.

testens seit den 60er Jahren, mit der Migration der Gastarbeiter, wurde es besonders für Türken als rassistisches Schimpfwort verwendet. In den 90er Jahren drehte sich etwas: Junge Menschen mit Migrationshintergrund aus südlichen Ländern wie der Türkei, Spanien, Italien und arabischen Staaten wie Marokko, Libanon und Tunesien begannen, sich selbst und voller Stolz als »Kanaken« zu bezeichnen. So haben sie die Beschimpfung umgedeutet.

Aber nicht jeder, der ausländische Wurzeln hat und »Kanake« verwendet, meint es auch positiv. Selbst unter Menschen mit Migrationshintergrund wird »Kanake« als abwertende Bezeichnung verwendet. Denn Kanake zu sein, bedeutet nicht nur, Ausländer zu sein und meist aus einer sozial schwachen, bildungsfernen Familie zu kommen, es bedeutet auch, Teil einer migrantischen Subkultur zu sein, deren Codes, Regeln und Normen nur von den Mitgliedern dieser Subkultur verstanden werden. Kanake zu sein, bedeutet also vor allem, die Straßenkultur zu kennen.

Die kanakische Subkultur ist geprägt von einem bestimmten Kleidungsstil, wie Trainingsanzüge und Air Max bei Männern und enge Hosen, Sneaker und Creolen bei Frauen. Und es gehört dazu, bestimmte Musikrichtungen zu hören, vor allem amerikanischen Hip-Hop und in den letzten Jahren immer mehr: Deutsch-Rap. Das Kanake-Sein ist immer eine Abgrenzung, es ist Widerstand gegen die Mehrheitsgesellschaft, gegen den Mainstream.

Auf die Lebenswelten und die Lebensweise der Kanaken wurde lange Zeit herabgeschaut. Deutsche schüttelten den Kopf, aber auch Menschen mit Migrationshintergrund, die aufgestiegen waren, wandten sich ab. Vieles, was wir jungen Kanaken lebten, hatten wir von unseren Eltern und Großeltern übernommen, zum Beispiel die Vorliebe für bestimmte Automarken. Sie wollten deutsche Autos wie Mercedes und BMW fahren, weil sie sich damit zeigten: Es hat sich gelohnt, aus den Heimatländern nach Deutschland zu kommen – für den Wohlstand.

Nikki Adler erzählt, wie ihre Freunde darauf reagierten, dass ihr Vater ein teures Auto fuhr. »Als ich klein war, sagte man mir:

›Boah, dein Vater fährt ein geiles Auto.‹ Mein Vater ist immer ein schönes Auto gefahren, denn bei den Jugos war es so: Hattest du ein schönes Auto, hattest du Geld. Das war wichtig bei uns. Das ist eine Form der Anerkennung. Und dann habe ich mal diejenigen gefragt, die mich immer darauf angesprochen haben: ›Wieso soll er sich das nicht leisten können?‹ Ich fragte sie: ›Was machen deine Eltern, um zu sparen? Wir wohnen in einer Sozialwohnung. Wir sparen viel. Ihr Deutschen seid es gewöhnt, in Restaurants zu gehen. Ich kann an einer Hand abzählen, wie oft meine Eltern essen gegangen sind, vielleicht drei- oder viermal. Meine Mutter oder mein Vater haben jeden Tag gekocht. Sie haben versucht, so viel Geld wie möglich zu sparen. Natürlich kann er sich dann so ein Auto kaufen, wenn er doch so viel spart.‹«

»Streetwear ist in der Mitte der Gesellschaft angekommen«

Wir hatten kein Geld, aber wir hatten Visionen. Und das hat sich nicht nur durch teure Autos ausgedrückt, sondern ebenso durch die Kleidung. Damit haben wir auch der »deutschen Unterschicht« einen Kleidungsstil gegeben. So erzählt es jedenfalls der Berliner Labelchef Youssef Hotait: »Wir Kanaken haben hier in Berlin und in anderen deutschen Großstädten in der Subkultur unseren Kleidungsstil entwickelt – mit Alpha-Bomberjacken, später Picaldi-Jeans und der Berliner Marke Cordon. Das haben die Kanaken getragen. Ihren Stil haben dann auch Deutsche aus den sozial schwachen Schichten durch die urbane Subkultur und durch die Musik übernommen. Die Deutschen aus der ›Unterschicht‹ hatten ja keinen eigenen Stil. Durch uns konnten sie auch mit ihrer Kleidung etwas ausdrücken.« Youssef Hotait ist 32 Jahre alt und der Cousin des Musikproducers Mohamad Hoteit.

Die Picaldi-Jeans wurde vor allem durch die Rapper Bushido und Eko Fresh bekannt. Über die Marke hieß es in der *taz:* »Es ist nicht nur Migrantenmode, es ist auch Hartz-IV-Mode.« Ebenso wie die Marke Cordon wurde sie von Türkischstämmigen ins Leben gerufen. Heute ist die Mode der jungen urbanen Menschen mit Migrationshintergrund, die aus Streetwear und Sneakers besteht, anders als in der Vergangenheit keine »Unterschichtkleidung« mehr, sondern voll im Trend – in jeder Szene und Schicht. Kürzlich sah ich meinen Arzt mit deutschen Wurzeln in Air Max auf der Arbeit – was früher niemals denkbar gewesen wäre.

Damals »gab es verschiedene Gruppen. Es gab den Skater, den Hip-Hopper, den Türsteher oder zum Beispiel den Office-Menschen«, erinnert sich Mark Petereit von Snipes. »Ich spreche von Anfang bis Mitte der 2000er, da bin ich gerade volljährig geworden. Damals bist du nicht in einen Club gekommen, wenn du keine Lederschuhe angehabt hast, du musstest ein Hemd tragen. Das hat sich in den letzten zehn Jahren extrem gewandelt.« Heute sei es normal, dass man mit Turnschuhen oder einem Hoodie ins Büro geht. »Streetwear ist in der Mitte der Gesellschaft angekommen. Sneaker sind überall akzeptiert, und es ist völlig normal, dass man mit Turnschuhen in den Club kommt und dass Menschen mit einem Trainingsanzug auch in Luxusstores einkaufen.«

Dass sich die Mode so gewandelt hat, liege auch daran, dass sich die *role models* verändert haben. »Wenn Streetwear in der Mitte der Gesellschaft angekommen ist und wir Style-Ikonen wie Leroy Sané und Serge Gnabry in der Nationalmannschaft akzeptieren und zu ihnen aufschauen, dann ist es relativ naheliegend, dass dieser Look und dieser Habitus von den *kids*, aber auch von deren Eltern akzeptiert werden. Die Fußballer sind für junge Menschen nicht nur deshalb Vorbilder, weil sie gute Fußballer sind, sondern weil sie auch mehr Modebewusstsein in die Nationalmannschaft gebracht haben«, meint Petereit. Und für seinen Kollegen Matthias Schübbe ist ganz klar: »Streetwear verbindet uns. Es gibt uns ein Zugehörigkeitsgefühl.« Schübbe hat koreanische Wurzeln und ist in Rüsselsheim geboren und aufgewachsen – unter Menschen mit Migrationshintergrund.

Sneaker-Designer Hikmet Sugör beobachtet diese Entwicklung auch global: »In den USA ist durch die Black Community eine Richtung entstanden – besonders in der Musik- und Sportszene. Auch in Paris sind es die Migrantenkinder, die bestimmte Styles geprägt haben, Jogginghosen mit Tennissocken und die Air Max. Genauso ist es hier auch passiert. Lustig war, dass gerade zur Wendezeit viele Ausländer, besonders Türken, den gleichen Style wie die Ostdeutschen hatten. Sie haben teure Kleidung gemocht, beide Gruppen hatten einen Nachholbedarf, Statussymbole wie Mercedes oder BMW, Nike oder Adidas zu konsumieren. Sie sahen ähnlich aus, waren aber doch so verschieden. Das war paradox. Als ich im Sneaker-Shop gearbeitet habe, kam der Ostdeutsche vorbei, aber auch der Türke aus Schöneberg, und die haben beide das gleiche Produkt gekauft. Da dachte ich mir: Mann, ihr habt so viele Schnittstellen, wenn ihr wüsstet, dass ihr euch eigentlich so ähnlich seid.

Und das ist das Schöne, dass wir vielleicht irgendwann an einem Punkt ankommen, wo wir uns auf einen gemeinsamen Nenner einigen können – das kann Musik sein, das kann Kunst sein, das kann aber auch ein popkulturelles Produkt wie Sneakers sein. Wir sollten uns viel stärker auf das Gemeinsame besinnen, statt auf unsere Unterschiede einzuhauen. Diese kulturellen und religiösen Unterschiede sind unbedeutend; was man in seinem stillen Kämmerlein macht, ist Privatsache. Lasst uns doch lieber Gemeinsamkeiten finden und das *Wir* betonen. Ich liebe asiatisches Essen, ich liebe aber auch die Weihnachtsgans. Wir bereichern uns doch gegenseitig.«

»Die Straße ist dankbar«

Der türkische Rapper Ezhel sagte mir einmal im Interview, dass er die türkische »Mahalle-Kultur« auch in Deutschland wiederfinde. Wo fragte ich? Na, in Berlin-Kreuzberg beispielsweise, antwortete er. Mahalle-Kultur bedeutet, dass das Leben auf der Straße stattfindet. Dass man dort Freundschaften und Bekanntschaften schließt, sich austauscht, dass Frauen auf den Außentreppen ihrer Wohnungen sitzen, Tee trinken und schwätzen. Und die Männer müssen ebenfalls Tee trinken und Freunde und Bekannte treffen.

Diese Straßenkultur findet man auch im Frankfurter Bahnhofsviertel, in der Frankfurter Nordweststadt, in der Kölner Keupstraße, im Berliner Wedding oder in Neukölln. Junge Männer mit Migrationshintergrund trinken ihren Espresso gerne auf der Straße. Auch wenn sie mit einem teuren Mercedes vorfahren, gesellen sie sich in heruntergekommene Cafés, setzen sich in Trainingsanzügen und Sneakers zu ihren Freunden, sprechen mal mit jüngeren, mal mit älteren Männern über ihre Probleme und philosophieren über das Leben.

In dieser Straßenkultur wuchsen wir von Beginn an auf. Die Wohnungen waren zu klein, die Eltern zu sehr mit sich selbst und den Verwandten beschäftigt, die ein und aus gingen. So verbrachten viele von uns ihre Kindheit »auf der Straße«. Sie schlossen hier Freundschaften oder verliebten sich in die Nachbarin.

Dass junge Menschen mit Migrationshintergrund so viele Visionen haben, dass sie sich in der Musik, in der Mode, in der Gastronomie oder in der Kreativwirtschaft verwirklichen wollen, liegt auch daran, dass sie so viel Zeit auf der Straße verbracht haben. Der Berliner Theater- und Filmregisseur Neco Celik stellt fest: »Das Abhängen auf der Straße war in unserer DNA. In Wohnungen abzuhängen, war ja keine Option.« Kaum ein Kanake hatte in seiner Kindheit ein eigenes Zimmer. Cem Görmüs bestätigt: »Wir sind mehr oder weniger auf der Straße groß geworden, und dadurch haben wir viel mehr gesehen.«

Neco Celik gehörte zur Gang »36er«, benannt nach dem ehemaligen Berliner Postbezirk »Kreuzberg SO 36«. »Man kann es als Gang bezeichnen, weil damals alles amerikanisiert wurde, dementsprechend ist auch die Gangkultur aus den USA nach Deutschland rübergeschwappt. So ging es schnell, dass man sich einen Namen gegeben hat. Wir hießen 36ers, das waren wilde Zeiten, nach uns kamen die 36boys, und die waren noch wilder, und danach kamen die 36juniors, und die waren weniger wild. Es wurde immer zahmer, das zeigt nur, dass wir immer bürgerlicher werden, also im Bürgertum voll aufgehen.«

Neco Celik hat die Seiten gewechselt, wie er sagt, und fing mit Jugendarbeit an – er hat kreative Projekte mit den Jugendlichen gemacht. So kam er zum Theater, nachdem er sich zuvor beim Film ausprobiert hatte. »Dann erhielt ich das Angebot von Matthias Lilienthal und Shermin Langhoff, im Hebbel-Theater das Stück *Schwarze Jungfrauen* zu inszenieren. Das war meine erste Inszenierung. Und weil es erfolgreich war, durfte ich im Theater bleiben.« Der Junge aus dem Kreuzberger Kiez ist heute ein erfolgreicher Regisseur, der mit seiner Opern-Inszenierung von *Gegen die Wand* den Faust-Theaterpreis erhielt. Zuletzt drehte er eine Serie, *Crews & Gangs*, in der es um junge Straßentänzer aus Berlin geht, deren Eltern Gangmitglieder waren. Dabei kollidieren die Jugendkulturen der 80er und 90er Jahre mit der von heute. Die jungen Leute wenden keine Gewalt mehr an, sondern sie *battlen* sich, indem sie tanzen. Früher waren es Fäuste, heute ist es die Musik in Form von Tanz und Rap, mit der Konflikte ausgetragen werden.

Ob als Regisseur, Rapper oder Fotograf: Menschen mit Migrationsgeschichte sind die Geschichtenerzähler unserer Zeit und unserer Gesellschaft. Auch Bobby möchte mit seiner Arbeit als Fotograf und Filmemacher Geschichten erzählen: »Mein Beruf gibt mir die Möglichkeit, mich auszudrücken. Meine Fotos zeigen meinen persönlichen Blick auf die Welt. Mit meinen Filmen möchte ich die Geschichten der anderen erzählen, damit Menschen ein anderes Bild von ihnen erhalten. Wir sind oft von Vorurteilen geprägt, das möchte ich mit meinen Geschichten verändern. Jede Geschichte ist interessant, aber gerade die Geschichten von Menschen mit Migrationshintergrund sind besonders interessant. Wenn man weiß, dass jemand aus einem anderen Land geflüchtet ist, will man natürlich verstehen, was er dabei gefühlt und gedacht hat, das ist die Story. Wenn man die Möglichkeit hat, so eine Geschichte zu erzählen, gerade filmisch, kann man das so nah darstellen, dass Menschen offener werden, empathischer. Das ist meine Mission.«

Es ist die Straße, die viele Geschichten bietet, wo andere Codes und Normen herrschen. Warum so viele junge Menschen die Straßenkultur lieben, erklärt auch Youssef Hoteit, Chef des Berliner Rap-Labels »Mama i Made it«, das nur weibliche Künstlerinnen unter Vertrag nimmt. »Die Straße ist dankbar. Wenn man der Straße etwas gibt, wie Respekt, dann bekommt man auch Respekt zurück. Wenn man etwas Falsches macht, wird man auch dafür bestraft. Es ist gerechter. Gerechter als bei irgendeinem Arbeitgeber.«

Wie attraktiv die Straße geworden ist, sieht man auch daran, dass es inzwischen sogar Banker in die türkisch-arabischen Barbershops im Frankfurter Bahnhofsviertel zieht. Das erklärt sich der Frankfurter Rapper Abdï so: »Sie gehen hin, weil sie dort ein Teil der Kultur sein wollen. Es geht ihnen nicht um den Haarschnitt. Auch wenn du dort Zwiebeln verkaufen würdest oder Kohle, würden sie kommen – weil sie wissen, dass sie in diesem Warteraum geile Storys hören, komische Gestalten reinkommen. Es gibt immer etwas zu erzählen. Es ist ein Erlebnis.« Es ist die Straßenkultur, wegen der sie kommen, dem stimmt Abdï zu: »Auch die Banker haben gepeilt, dass es cool ist.«

Dass gerade die Viertel, in denen die Straßenkultur von Menschen mit Migrationshintergrund besonders ausgelebt wird, »in« geworden sind, wie das Frankfurter Bahnhofsviertel oder Berlin-Neukölln, zeigt, welches Potenzial in Gegenden mit einem hohen Anteil an Migranten, Ausländern und Deutschen mit Migrationshintergrund steckt.[32] Günter Wallraff lebt bereits seit 1967 in Köln-Ehrenfeld. Als er dort hinzog, war der Stadtteil nicht sonderlich begehrt. »Hier wohnten Ärmere, heute würde man sagen ›Prekariat‹. Inzwischen ist Ehrenfeld gerade wegen seiner Vielfalt sehr beliebt.« Er selbst habe sich von Anfang an dort wohlgefühlt.

»Jeder Dritte hier ist ein Zugereister, ein Arbeitsmigrant – hier lebt man nachbarschaftlich und ohne große Spannungen zusammen.«

So, wie man früher auf die migrantischen Viertel herabgeschaut hat, macht man es häufig immer noch mit dem Kampfsport, der ebenfalls zur Kanaken-Kultur gehört. Denn beim Kampfsport geht es vor allem um den Respekt. Und im Ring spielen der Status und die Herkunft keine Rolle. Dort zählt nur, wie gut man trainiert hat, welche Performance und Motivation man während des Kampfes zeigt.

»Wenn wir Boxer Probleme haben, boxen wir uns, aber wir umarmen uns auch. Kampfsportler gehen in den Käfig, sie hauen sich, aber sie respektieren sich auch«, sagt der Darmstädter Kickboxtrainer Sefer Göktepe. Der Kampf finde unter Regeln statt, die fair sind. Und Kampfsport ist ein gutes Ventil: »Wenn es mir schlecht geht, wenn ich verärgert bin, wenn ich mich einsam fühle, mit jemanden Stress habe, ziehe ich meine Handschuhe an und stelle mich vor einen Sandsack. Ich boxe meine Aggressionen raus. Ich fühle mich frei. Unser Körper kann viele Dinge nicht ertragen, und diese Aggressionen müssen raus. Aber die Welt gehört uns nicht alleine. Wir Menschen sind gewalttätig. Tiere sind harmlos, wir sind gefährlich. Wir haben diese Aggressivität in uns«, erzählt er. »Ob Frau oder Mann, jeder braucht Kampfsport. Der eine ist Physiotherapeut, der andere ist Student, der hier gerade boxt. Später gehen sie hier nass geschwitzt raus und sind glücklich.«

Der Kampfsport ist aber auch ein Zuhause. Dort hört man Hip-Hop, man trifft seinesgleichen, und es wirkt, als ob sich dort alle treffen, die von der Gesellschaft als Randgruppe gesehen werden, und jene, die Widerstand gegen die Gesellschaft leisten. Dort kämpfen sie ihre Wut und ihre Gedanken heraus. Ich habe selbst, seit ich ein Kind bin, alle möglichen Sportarten gemacht: unter anderem Turnen, rhythmische Sportgymnastik und Volleyball. Aber erst beim Kampfsport habe ich mich zu Hause gefühlt, verstanden, anerkannt und respektiert. Und zu keiner anderen Sportart außer Boxen versuchte mich mein Vater zu überzeugen, der selbst in seiner Jugend in Deutschland Karate gemacht hat.

Die Dulatov-Brüder führen an Schulen Kampfsport-Workshops durch, und auch hier steht nicht Gewalt gegen andere Menschen im Vordergrund, sondern das Gegenteil: Konfliktvermeidung und Konfliktlösung auf Augenhöhe. »Bei unseren Schulprojekten geht es nicht darum, aus den Schülern Kampfsportler zu machen. Es geht uns vielmehr darum, Werte wie Respekt und Anstand zu vermitteln, bevor es überhaupt zu gewaltsamen Konflikten kommt. Wir reden viel mit den jungen Menschen. Wir haben auch einen anderen Draht zu ihnen, weil sie zu uns aufsehen. Wenn wir ihnen solche Dinge sagen, ist es etwas anderes, als wenn das ein Lehrer oder ein Pädagoge tut. Die sind nicht so nah an ihnen wie wir, auch wenn sie gut ausgebildet sind. Wir sind selbst da durchgegangen, und ich weiß auch, wie schlimm Kinder zueinander sein können«, erzählt der älteste der Brüder, Djibril Dulatov.

»Deshalb gehen wir auch an Hauptschulen. Es sind ja gerade die Kinder auf den Hauptschulen, die sich missverstanden fühlen, die als Hauptschüler abgestempelt werden. Wir sagen den Kindern: ›Wir waren auch auf der Hauptschule. Das hat nichts zu bedeuten‹«, sagt Islam Dulatov. Denn gerade Kanaken kommen in der Schule nicht voran, sie müssen mit den größten Vorurteilen in dieser Gesellschaft kämpfen. Die Mädchen seien unsicher, weil sie unterdrückt werden, die Männer aggressiv, weil sie zuschlagen. Und im Kampfsport zeigen die Frauen, dass sie sehr wohl selbstbewusst sind, und die Männer, dass sie bereit sind zu kämpfen, aber nicht, um jemandem zu schaden.

Kampfsport wird oft von jenen betrieben, die als Kanaken abgestempelt und missverstanden werden, die über eine geringe Bildung verfügen, die Streetwear tragen, Straßenslang sprechen und in ihren Autos oder denen ihrer Eltern laute Rapmusik hören. Und dazu gehören auch solche, die »anders« aussehen: die breit gebaut sind, die Muskeln haben und einen »Boxerhaarschnitt« tragen.

Dabei sind die Jungs, die Kampfsport betreiben, in der Regel die nettesten, respektvollsten und höflichsten Männer, auf die man treffen kann. Darüber hinaus sind sie oft auch ausgesprochen tolerant – tolerant gegenüber verschiedenen Kulturen, Religionen und Weltanschauungen. Sie sind diejenigen, die am wenigsten die deutsche Gesellschaft und deutsche Lebensweisen ablehnen, und diejenigen, die sehr enge Freundschaften zu Deutschen ohne Migrationshintergrund pflegen. Diese Jungs sind sehr eng mit Deutschen befreundet.

Ich werde nicht vergessen, wie bei der Mix Fight Gala 2018 ein Kämpfer aus der Schweiz das Mikrofon nahm und im Ring sagte: »Ich sehe, wie ihr hier alle zusammensitzt. Deutsche und Ausländer zusammen. Das passiert bei uns in der Schweiz nicht. Lasst euch das nicht nehmen.« Es waren sehr emotionale Sätze. Und tatsächlich, an unserem Tisch bei der Gala saßen neben meiner Cousine und meiner Schwester deutsche Kampfsportschüler, die als Immobilienmakler arbeiten, und auch eine Thaiboxerin, niemand von ihnen hatte eine Migrationsgeschichte. Wir alle standen uns dennoch nah. Es war unsere gemeinsame Welt. Wir kannten die Codes. Auch der deutsche Immobilienmakler verstand unsere Kleidung, unsere Sprache, die Art, wie wir redeten.

Sefer Göktepe ist ebenfalls der Meinung, dass Sport Menschen unterschiedlicher Herkunft verbindet. Als ich mit ihm in seinem Studio in Darmstadt saß, zeigte er auf seine Schülerinnen und Schüler: »Mindestens zehn Nationen boxen gerade hier. Bei Sport vergisst man Politik, man vergisst die Herkunft. Man hat nur ein Ziel. Ich kenne sehr viele Kulturen, ich respektiere sie und akzeptiere sie. Ich denke, dieser Sport hat mir das beigebracht. Kampfsport ist eine Gesellschaft. Er bringt den Menschen Vernunft, Disziplin, Respekt, Selbstbewusstsein und Selbstvertrauen bei.«

Der Respekt hat wiederum auf der Straße eine zentrale Bedeutung. Denn auf der Straße sind alle gleich. Das Einkommen, der Schulabschluss und selbst das Auto spielen keine Rolle. Alle – egal ob arm oder reich – sitzen im Café, und alle trinken den gleichen günstigen Espresso. Hier zählt das Ansehen, das aber weitaus mehr ist als nur das Auto, das man fährt. Der Ruf auf der Straße bezieht sich stets auf den Charakter.

Die Codes der Straße sind eng mit den Codes im Hip-Hop verflochten. Das erzählt auch Mark Petereit von Snipes über seine Zielgruppe. »Im Hip-Hop muss man *hustlen** und liefern. Und wenn du lieferst, dann wirst du respektiert. *Cool kids* sind Leute, die offen sind, die tolerant sind, die respektvoll sind, trotzdem ein bisschen *edgy*** sind.« Es seien die Kreativen, die Rapper, die Sprayer, diejenigen, die einen ausgefallen Kleidungsstil haben, die die Straßenkultur prägen. »Es sind genau diese Menschen, die die *street culture,* also diese Subkultur vorantreiben. Das sind nicht die, die in der Ecke stillsitzen, sondern es sind Menschen, die eine Meinung haben, aber auch immer respektvoll gegenüber Neuem und dem anderen sind.«

Die Ehrlichkeit, die auf der Straße herrscht, wird auch von den Deutsch-Rappern vertreten. Deshalb darf man sich nicht darüber wundern, dass Deutsch-Rapper besonders provozieren. Sie stehen hinter Ansichten, die in dieser Gesellschaft existieren, zu denen sich aber niemand offen bekennt: »Die Menschen haben sich danach gesehnt, ehrlich zu sein und damit akzeptiert zu werden. Wenn ein Rapper ehrlich ist, denkt sich der Zuhörer, endlich traut er sich, offen zu sein«, sagt der Rapper Abdï. »Wenn man mit Hip-Hop groß wird – da geht es um Individualität, Authentizität, aber vor allem um Respekt, das ist tief in unserer DNA«, sagt Mark Petereit.

---

* Englisch: »sich ins Zeug legen«.
** Englisch: »trendig«.

»Die Gesellschaft kommt an Deutsch-Rap nicht mehr vorbei«

Die deutsche Gesellschaft kannte die Straße jahrzehntelang nicht. Aber das hat sich geändert. Deutsch-Rap hat diese Subkultur auf die große Bühne gebracht und es damit allen ermöglicht, Einblicke in die Welt der Kanaken zu erhalten. Er legt viel über unsere Werte, Normen und Lebensstile offen. Die sozial und kulturell durchmischten Lebenswelten und Lebensweisen haben es durch die Musik sogar in die deutsche Kulturlandschaft geschafft. Wenn Abdï auf seine Jugend zurückblickt und sieht, dass seine Rap-Texte heute in den deutschen Feuilletons diskutiert werden, sagt er dankbar: »Man hat nicht umsonst gelitten.«

Dabei ging es Abdï nicht nur darum, sein Leid loszuwerden: »Ich wollte unbedingt dieses Sprachrohr sein. Ich hatte etwas zu erzählen, ich wollte etwas erzählen. Wie cool meine Jugend ist, wie cool es ist, ein Rebell zu sein.« Auf der Straße habe er viele Eindrücke bekommen: »Jeden Tag, Action. Lustig. Beste Leben.« Es sei der urbane Alltag, in dem man viele Erfahrungen gesammelt hat und in der Musik verarbeiten möchte, fügt sein Partner Ćelo hinzu.

Für den Producer Mohamad Hoteit, der für Alben und Singles des Rappers RAF Camora, an dessen Beats er gewirkt hat, mehr als 20 Platin- und Goldplatten* bekommen hat, steht fest, dass Deutsch-Rap für die Künstler eine Möglichkeit ist, über ihre Gefühle zu sprechen: »Und wenn es nur eine Zeile ist, die bedeutungsvoll ist.« Die eine Zeile tätowieren sich junge Menschen mit und ohne Migrationshintergrund auf ihren Körper. Deutsch-Rap ist zu ihrer Poesie geworden. Die jüngeren Rapper sprechen im-

---

* Gold erreicht ein Album mit 100 000 verkauften Einheiten, eine Single mit 150 000. Für Platin braucht es 200 000 beziehungsweise 300 000 verkaufte Einheiten.

mer mehr über ihre Gefühle: über die Enttäuschungen der Eltern, über ihre Ängste, Depressionen und ihre Liebe zu Frauen.

Deutsch-Rap ist heute das beliebteste Musikgenre im Land, beherrscht die Charts und wird überall von jungen Menschen gehört – unabhängig von ihrer Herkunft. Jugendliche mit Migrationshintergrund können sich jedoch besonders damit identifizieren, sie teilen mit den Rappern Erfahrungen und Gefühle. Denn Rapper erzählen unsere Geschichten. »Wenn einer beispielsweise darüber rappt, dass sein Vater sich nie als Deutscher gefühlt hat, obwohl er in frühem Kindesalter hergekommen ist oder sein ganzes Leben schon hier gelebt hat, und beim Kartenspielen daran gedacht hat, wieder in die Türkei zu gehen oder in den Iran – das war mein Leben. Mein Vater hat mir jeden Tag gesagt, er hasse Deutschland, er wolle hier wieder weg. Du weißt, du lebst hier, aber du hast zu Hause auch ganz andere Regeln. Diese Geschichten konnte ich total gut nachvollziehen, bis heute. Auch wenn wir nicht alle aus demselben Land kommen, ich kann viele dieser kulturellen Backgrounds super gut verstehen«, erzählt Marina Buzunashvili.

»Ich erinnere mich noch an eines der ersten Interviews von Haftbefehl, da hat ihm jemand die Frage gestellt, was er macht, wenn er die erste Million hat, was er mit seinem Geld anstellen will. Er meinte: ›Ich kaufe ein Haus für mich, meine Brüder und meine Mutter.‹ Und der Journalist hat gefragt: ›Warum soll da deine Mutter wohnen?‹ Haftbefehl hat nicht verstanden, dass der das nicht verstanden hat. Aber mit diesem Gedanken habe ich auch angefangen zu arbeiten. Es war völlig klar, dass ich bei jedem Cent, den ich verdiene, an meine Mama gedacht habe, als wollte ich ihr sagen: ›Mama, du musst nicht mehr arbeiten, du brauchst keine drei Jobs. *Ich* kann dir jetzt kaufen, was du brauchst.‹«

Ein Thema, das in den Songs der Deutsch-Rapper auch immer wieder behandelt wird, ist, dass sie in diesem Land häufig nicht akzeptiert werden. Denn die meisten von ihnen haben die Schule abgebrochen, waren kriminell und fallen aus dem Raster des gut integrierten Russen, Türken, Albaners oder Kurden. »Hallo Deutschland, ich weiß, ich bin hier nicht willkommen / Wegen mein'm Jargon oder wegen diesem Song« – so beginnt der Song »Falsche Gesichter« des Deutsch-Rappers Capital Bra, der ukrainische und russische Wurzeln hat. Capital Bra gehört zu den erfolgreichsten Künstlern der Nation. Der Berliner hat im Juni 2019 in Deutschland die Beatles überholt – mit elf Nummer-eins-Singles in den Charts.

Viele Rapper mit Migrationsgeschichte sind berühmt geworden – Kool Savas, Bushido und Azad gehören der älteren Generation an, die mit Straßen- und Gangsterrap in die Ohren der Zuhörer gelangt ist. Ćelo & Abdï und Haftbefehl mischen türkische, arabische, englische, französische und bosnische Wörter und haben das deutsche Feuilleton mit dem Slang der Kanaken bekannt gemacht und dabei ihre Geschichten erzählt. Danach kamen die jüngeren Rapper: Nimo, Olexesh, Samra, AZET, Capital Bra und Mero, die nicht nur über ihre eigenen Geschichten rappen, sondern auch über ihre Gefühle und allgemein das, was sie umtreibt. Dabei sprechen sie die Sprache der Straße – und mit all den ausländischen Wörtern und Redewendung sprechen sie die Sprache der Vielfalt.

Der Deutsch-Rap der Migrantenkinder ist mehr als Musik, denn darin drücken sich Geschichten aus, die lange Zeit keine mediale Plattform gefunden haben. Ohne die Rapper hätten wir diese Geschichten niemals kennengelernt. Bereits der Frankfurter Rapper mit kurdischen Wurzeln Azad rappte in »Mein Block«, wie die Welt der Ausländer auf der Straße aussah:

> In meinem Block wächst man auf mit Hasch und Beton
> Du hörst Hiba-Ash!*, wenn die Bullen kommen [...]
> Schnell, wie man Gesichter liest

---

* In Marokko für »Ungeziefer«, in migrantischen Vierteln steht das für »Polizisten«.

Gesichter zu lesen, ist entscheidend für das Leben auf der Straße. Man lernt, Menschen und ihren Charakter schnell einzuschätzen, ihre Blicke und Körpersprache zu deuten. Das ist überlebenswichtig. Azad, der aus dem Frankfurter »Problemviertel« Nordweststadt kommt, machte deutlich, dass sein Milieu eine andere Welt ist:

> In meinem Block gelten Regeln, die wir selbst aufstellen
> Wenn du nicht von hier bist, ist es garantiert, dass du auffällst
> Wir brauchen mehr Geld, mehr Gold, mehr Grass
> SL und mehr Spaß
> In meinem Block haben wir unsere eigene Mode
> Rebook Classic, Azad-Shirt und ne Trainingshose

Aber Azad beschreibt auch die Kriminalität, die eigene Sprache und den Zusammenhalt der Menschen, die sich auf der Straße kennengelernt haben:

> In meinem Block läuft das Business, das keiner sieht
> In meinem Block pumpt Blaulicht-Adrenalin
> In meinem Block sprechen wir unseren eigenen Slang
> In meinem Block sind die Jungs wie meine zweite Fam
> [...]
> Mein Block, mein Revier, mein Heim, meine Welt

Während der 1973 geborene Azad mit iranisch-kurdischen Wurzeln noch auf Hochdeutsch rappte, obwohl auch er den Slang der Straße beherrschte, ist es die junge Generation, die ausländische Wörter viel selbstbewusster in ihre Rap-Texte einbringt und tiefere, offenere Einblicke in die Welt der migrantischen Milieus gibt. Sie zeigt nicht nur, wie sehr sich ihr Leben auf der Straße abgespielt hat, sondern auch, wie schlecht es ihr in den »Ghettos« ging. Sie sagt nicht nur, wie stark sie ist, dass sie keine Angst vor der Polizei, den Richtern oder Staatsanwälten hat, sondern wie schlecht es ihr ging. So rappt der Berliner Künstler Samra, der 25 Jahre alt ist:

> Ah, aufgewachsen im Milieu, Habibi* (Habibi)
> Gott weiß, es war nicht immer schön, Habibi (rrah)
> Siebenköpfige Familien in einem Zimmer (woah)
> Im Sommer viel zu heiß und viel zu kalt im Winter (ey, rrah)
> Ich weiß noch, ständig war die Heizung kaputt
> Ich war pleite, doch jetzt kauf' ich Mama reizenden Schmuck

Auch rappen die jungen Rapper viel mehr über ihre Hoffnungen. Der ebenfalls 25-jährige Künstler Nimo rappt in »Flouz kommt, Flouz geht«, dass er sich Wohlstand für seine Eltern wünscht und für seinen jüngeren Bruder eine gute Perspektive:

> Nimo will vier Millionen Euros in Bar, ja
> Und für meine Eltern ein Haus im Iran
> Und mein kleiner Bruder wird ein Fußballstar
> *Inshallah*** dauert es nicht mehr lang

Im gleichen Song rappt Nimo davon, dass er sein Viertel, anders als Deutschland, immer geliebt hat:

> Ich liebe meine Hood, aber hasse das Land, wey

Sie sind stolz auf ihre deutschen Städte wie Frankfurt, Hamburg, Rüsselsheim, Dresden und Berlin, und sie rappen darüber, wie schwer ihre Kindheit war, ohne Vater oder ohne Geld. Wie sehr sie ihre Eltern enttäuscht haben, weil sie kriminell wurden. Das behandeln etwa die Frankfurter Rapper Ćelo & Abdï in ihrem berühmten Song »Besuchstag«:

* Arabisch: »Schatz, Liebling«.
** Arabisch: »So Gott will«.

Butzbach*, Erwachsenenvollzug
Mutter ist im Knast heute zu Besuch
Ihr Kopftuch erkenn ich schon vom Fenster
Sem'hemme yimma**, dein Sohn ist ein Gangster
Drogenhändler statt Banker geworden
Wollte und konnte nicht den Eltern gehorchen
Erforschen, wo meine Grenzen sind
Jetzt kratze ich täglich Striche an die Wände hin
Der Justizvollzugsbeamte Stein
Bringt mich in die Besucherhalle rein
Oullah***, ich muss weinen
Doch will nicht!

Auch durch seine Offenheit, Direktheit und Ungeschminktheit hat Deutsch-Rap etwas Großartiges geschaffen. Jugendliche können sich mit ihm identifizieren, er gibt ihnen neue Vorbilder. Und wenn Parallelgesellschaften dadurch entstehen, dass junge Männer, vor allem muslimischen Glaubens, sich von dieser Gesellschaft nicht akzeptiert fühlen und deshalb zu Extremen neigen, so hat Deutsch-Rap hier eine Trendwende gebracht. Er schafft es, dass die Jungs erst gar nicht in die Kriminalität oder in den Extremismus hineinrutschen. Denn die Musik drückt ihre Gefühle aus, positive wie negative. Sie ist ihr Ventil, sie zeigt aber auch der Gesellschaft ihren Lebensstil. Und dass genau das so viel Erfolg hat, schenkt ihnen genau die Aufmerksamkeit, Anerkennung und Wertschätzung, nach der sie sich so lange gesehnt haben.

Das hat auch Mohamad Hoteit beobachtet: »Ich sehe das vor allem in Berlin: Jugendliche hängen heute nicht mehr wahllos auf den Straßen herum. Kids, die sich vorher nie angenommen ge-

---

* Standort einer hessischen Justizvollzugsanstalt.
** Arabisch: »Verzeih mir, Mutter«.
*** Arabisch: »Bei Gott«.

fühlt haben, haben eine Art Zuhause beim Straßenrap gefunden. Es gibt so viele unterschiedlichen Rap-Richtungen. Die Gesellschaft kommt an Deutsch-Rap nicht mehr vorbei. Das ist auch gut so. Die jungen Menschen haben durch Rap einen Weg gefunden, ihren Kummer oder ihre Freude auszudrücken. Selbst wenn nur 100 Leute ihnen zuhören – auf Spotify –, ist das für sie trotzdem eine Wertschätzung, die ihnen früher gefehlt hat.«

Die Jugendlichen drücken durch den Deutsch-Rap nicht nur ihre Wut in Worten und Melodien aus, sondern auch ihre Freude. Deutsch-Rap hat sich in den letzten Jahren gewandelt. Die Beats sind melodischer geworden, Dancehall- und Trapsound machen die Rap-Songs zu tanzbaren Clubhits. »Hip-Hop ist ehrlich und kann aber auch Spaß machen – manchmal ist er nur eine Party-Hymne. Das ist ein ganz großer Erfolgsfaktor«, sagt Marina Buzunashvili. Die jungen Rapper wie Mero, Eno und Fero rappen nicht den ganzen Tag über die Straße und das Gangsterleben. »Sie haben Hits gemacht. Es sind Popstars. Sie sind richtige Popstars geworden«, sagt sie.

Je anerkannter sich junge Menschen mit Migrationshintergrund fühlen, desto mehr verschwinden die Aggressionen gegen die Gesellschaft. Gleichzeitig zeigt ihnen der Deutsch-Rap Perspektiven auf. »Die Kids sehen am Deutsch-Rap und den Künstlern, dass Träume erreichbar sind. Und sie versuchen nun, statt draußen Mist zu bauen, zu Hause Beats zu machen. Das ist die Möglichkeit, die vorher gefehlt hat. Hip-Hop war immer eine kleine Kultur, die nie im Mainstream vertreten war. Weil er immer verrufen war. Aber jetzt sind die Deutsch-Rapper die großen Vorbilder – egal ob es Straßenrapper sind oder die, die eher poppigen Rap machen«, meint Mohamad Hoteit.

Und je erfolgreicher die Deutsch-Rapper werden, je mehr Geld sie verdienen, je öfter ihre Songs auf Spotify und YouTube angeklickt werden, je mehr sie in den Medien gezeigt werden und zu Werbegesichtern werden, desto mehr fühlen sich auch ihre Fans in dieser Gesellschaft angekommen. »Wenn du mich fragst, welchen Einfluss Deutsch-Rap auf unsere Gesellschaft und Kultur hat, kann ich dir vieles aufzählen, was positiv ist und auch viel Negatives«, meint Bobby, der selbst ein großer Hip-Hop-Fan ist. »Positiv ist, dass wir alle gemeinsam eine Musik hören – unabhängig von der Herkunft. Es ist zudem eine ganz neue Branche entstanden und damit auch Arbeitsplätze und Perspektiven. Man bekommt als junger Mensch das Gefühl, akzeptiert zu sein, auch wenn man aus einem anderen Land kommt. Man fühlt sich dann dazugehörig, man wird nicht mehr ausgegrenzt. Man wird sogar zum Vorbild, egal wo man ist, im Fußball oder in der Musik – für alle jene, die die gleichen Wurzeln haben. Wenn man albanische Wurzeln hat und sieht, wie ein Rapper wie AZET mit albanischen Wurzeln es geschafft hat, dann bekommt man das Gefühl, dass man in der Gesellschaft etwas zu sagen hat.«

Tatsächlich sind nicht nur neue Perspektiven für die Rapper selbst entstanden, sondern um sie herum hat sich ein ganzes Geschäftsfeld entwickelt. Darauf weist auch Mohamad Hoteit hin: »Nicht nur Rap bietet jungen Menschen ganz neue Möglichkeiten, ein komplett neues Kreativbusiness ist entstanden, zum Beispiel mit Grafikern und Videoproduzenten.«

Für Eva Schulz ist der Erfolg von Rappern mit Migrationshintergrund nur zu begrüßen. Genauso wie die Möglichkeiten in den sozialen Medien, die den Künstlern die Chance geben, ihre Fans direkt anzusprechen – ohne dass sie zuvor von der Musikindustrie selektiert wurden. »Ich beobachte, dass gerade im Rap Leute groß werden können, die ganz diverse Hintergründe haben. Früher gab es *gatekeeper* wie Agenturen und Plattenfirmen, die viele dieser Künstlerinnen und Künstler daran gehindert haben. Die haben das Potenzial nicht gesehen, weil sie die Zielgruppen nicht kannten. Das finde ich total spannend. Denn durch Social Media fällt das weg, jetzt können alle groß werden mit ihrer Kunst und ihren Botschaften. Und das finde ich richtig geil. Es gibt ja diesen Hunger, und es gibt riesige Communitys, die diese Gesichter sehen wollen.«

Dass ihre Musik, die die Straßenkultur, also die Subkultur der Kanaken, feiert, auch von Deutschen ohne Migrationsgeschichte, selbst von solchen aus bürgerlichen Verhältnissen, gehört und akzeptiert wird, bedeutet nicht nur den Fans viel, sondern auch den Künstlern. Ćelo sagt: »Natürlich fühle ich mich dadurch anerkannt und immer mehr als Teil dieser Gesellschaft. Es ist doch auch schön zu sehen, dass man dazu beitragen konnte, dass sich Deutsche für Ausländer interessieren.« Früher war die Musik sein Hobby, inzwischen verdient Ćelo längst seinen Lebensunterhalt damit: »Heute ist es mein Beruf.« Und je erfolgreicher er wird, je anerkannter er ist, desto weniger braucht er sie als Möglichkeit zum Ausgleich: »Früher war sie ein Ventil, um die Sachen rauszulassen, die mich beschäftigen. Ich glaube aber, das ist bei jedem Künstler so, egal ob Rapper oder Maler.«

Sein Freund und Manager Syn sagt, dass sie sich nicht noch mehr freuen könnten, als wenn ein Maximilian aus dem reichen Taunus genau die Musik der Jungs hört, mit denen der Maximilian in seiner Kindheit von seinen Eltern aus nie hätte abhängen dürfen: »Wir prägen die Zeit mit unserer Musik.« Aber sie wollen heute nicht einfach Kanaken sein, sie wollen ein Teil dieser Gesellschaft sein. Sie wollen sich nicht abschotten, sie wollen ihre Namen in deutschen Zeitungen lesen, ihre Musik in deutschen Radios hören. Sie wollen nicht nur einen Adnan, sondern auch eine Lydia mit ihren Worten und Botschaften erreichen. Dass sie das geschafft haben, macht sie stolz, auf sich selbst und das Land.

»Rapper leisten etwas Sinnvolles für die Gesellschaft«

Deutsch-Rap, gerade von Künstlern mit Migrationshintergrund, greift Vorurteile auf. »Auf der einen Seite haben wir gezeigt, dass wir nicht nur die Gangster mit Knarren und fetten Autos sind, dass es auch bei uns Diversität gibt. Aber auf der anderen Seite haben wir für mehr Klischees gesorgt«, räumt Marina Buzunashvili ein, die sich um die PR von Rappern kümmert.

Ein Kritikpunkt an Deutsch-Rap ist, dass die Texte von Straßen- und Gangsterrappern Kriminalität und Gewalt romantisieren und damit die falschen Botschaften an die Jugend senden. Das sieht der Strafverteidiger Onur Türktorun anders – er vertritt gerade junge Menschen mit Migrationshintergrund vor Gericht bei Straftaten wie Drogendelikten und Körperverletzung: »Es ist Musik, und Musik ist Kunst. Die Künstler können sich wahrscheinlich nicht denken, wie ihre Zeilen interpretiert werden. Es gibt bestimmt gewisse Menschen, die sich dadurch vielleicht motiviert und herausgefordert fühlen. Gewalt oder kriminelle Energie wird ja manchmal in der Musik verharmlost. Es gibt bestimmt Menschen, die glauben, das sei normal oder cool. Es gibt aber auch andere, die denken, na ja, so einfach geht das nicht. Es ist wie ein Film, es ist schön, sich das vorzustellen, aber man weiß auch, in der Realität sieht das anders aus.«

Der Einfluss der Rapper auf die Jugend ist unumstritten. Ihr Modestil, wie sie sich geben oder reden, all das färbt ab. Das bestätigt der MMA-Kämpfer Djibril Dulatov, dessen Cousin der Gangsterrapper Aschkobar ist: »Es gibt Rapper, die sind eine Art Stilikone. Die haben schon einen großen Einfluss auf die Jugend.« Dennoch, wenn es um Kriminalität geht, beurteilt er den Einfluss der Rapper differenziert: »Es gibt Leute, die hören diese Musik und chillen. Und dann gibt es andere, die die gleiche Musik hören und darüber nachdenken, wie es wäre, Drogen zu verkaufen. Es liegt am Zuhörer selbst. Ich habe in den Song ›Rolex‹ hineingehört und mir gedacht: Wie soll da jemand kein Drogendealer werden wollen? Es hängt auch vom Rapper ab, welche Botschaften er sendet. Ob er darüber rappt, dass er erfolgreich und reich durch Fleiß wurde oder durch kriminelle Geschäfte.«

Aber nicht nur die Romantisierung von Kriminalität und die Verherrlichung von Gewalt ist ein Problem des Deutsch-Raps. Den jungen Künstlern wird auch vorgeworfen, in ihren Texten antisemitisches Gedankengut zu verbreiten. Zuletzt gab es einen Eklat bei den Echo-Musikpreisverleihungen an die Rapper Kollegah und Farid Bang. 2018 gewannen die beiden den Preis für ihr gemeinsames Album »Jung, brutal, gutaussehend 3«. Eine Zeile in ihrem Song »0815« löste den Skandal aus: »Mein Körper definierter als von Auschwitz-Insassen« heißt es dort. Nachdem es heftige Kritik an den Rappern und dem Echo gegeben hatte, entschuldigte sich der marokkanischstämmige Deutsche Farid Bang für seine Zeile, der Echo wurde abgeschafft und der Vorwurf des Antisemitismus haftet bis heute am Deutsch-Rap.

Marina Buzunashvili, die selbst jüdische Wurzeln hat, wehrt sich dagegen: »Farid Bang hat gegen niemanden auf der Welt etwas. Er ist weder Antisemit noch ein Rassist. Ich kenne Farid schon lange. Er ist überhaupt nicht so. Farid hat sich entschuldigt. Er hat eine Dummheit begangen, er hätte diese Zeilen nicht schreiben müssen, alles cool. Das verstehe ich. Ich nehme so eine Entschuldigung auch sofort an. Ich fand es nur dreist von den Medien, dass sie ihn sofort verurteilt haben. Hat man denn seine anderen Alben gehört, hat man dort etwas Politisches gehört? Es war aber einfacher, das einem Kanaken anzudrehen. Das finde ich sehr, sehr schwach für dieses Land.«

Sie empfindet es aber als durchaus problematisch, dass viele Deutsch-Rapper nicht zwischen Religion und Politik differenzieren können, gerade wenn es um den Israel-Palästina-Konflikt geht. »Es ist schwierig, dass viele Künstler und auch Fans, die noch jung und wenig kritisch sind, Religion und Politik vermischen. Wenn die 14-jährigen Fans feindselige Inhalte nachplappern, kann ich ihnen das nicht übel nehmen. Aber wenn du als Rapper politisch wirst, hast du eine Verantwortung.«

Die Rapper müssten sich über ihre Vorbildfunktion im Klaren sein. »Das hat auch mit einer gewissen Reife zu tun. Man verändert sich im Leben. Sido macht 2020 nicht noch mal den ›Arschficksong‹. Man muss den Künstlern diesen Weg lassen, dass sie sich entwickeln. Aber man muss sie schon darauf aufmerksam machen, dass sie für junge Fans Vorbilder sind. Jeder hat schon mal etwas gemacht, was er bereut hat. Man darf die Menschen nicht darauf festnageln«, meint Marina Buzunashvilli.

Auch findet sie, dass wir uns gesellschaftlich mit den Problemen in den Milieus auseinandersetzen müssen. »Man kann nicht einen Künstler oder eine Künstlerin aus der Straßen- oder Gangsterrap-Szene toll finden und dann schockiert sein, wenn etwas passiert. Beispielsweise hat Xatar einen Goldraub begangen, und ich feiere es, dass er sich geändert hat, dass er ein Geschäftsmann geworden ist. Er ist aus dem Knast rausgekommen, hat sein Business gemacht.« Doch man müsse sich fragen, warum so etwas passiert.

Der Fotograf Bobby erkennt wie Marina Buzunashvilli viel Positives am Deutsch-Rap, aber er gibt zu, dass der zelebrierte Materialismus und die Verherrlichung von Drogenkriminalität, die ja junge Menschen ohne Ausbildung aus bildungsfernen Familien zu schnellem Geld bringen kann, gefährlich werden können: »Negativ ist, dass viele Fans und Zuhörer vom Rap-Geschäft beeindruckt sind, weil sehr viel über Geld gesprochen wird. Luxusvillen und -marken und auch das Drogengeschäft sind immer wieder Thema der Songs. Viele Leute denken naiv, dass man einfach so schnell Geld verdienen kann, und dann machen sie krumme Dinge.«

Auch in der Rapszene selbst gibt es kritische Haltungen und Stimmen, wenn es um Antisemitismus, Frauenfeindlichkeit und Kriminalität geht. Und je erfolgreicher Deutsch-Rap wird und je mehr er im Rampenlicht steht, desto mehr werden sich auch die Künstler mit der Kritik auseinandersetzen müssen. Schon jetzt zeigt der Trend: Die Texte werden softer, sie richten sich mittlerweile auch immer mehr an Frauen. Die Rapper behandeln viel mehr ihre Depressionen, Ängste und die unerfüllte Liebe. Das vergrößert natürlich auch ihr Publikum. »Über die Texte kann man ja streiten. Aber auch ich höre öfter Deutsch-Rap. Ich bekomme mit, dass immer mehr Deutsch-Rap gehört wird. Das war vor fünfzehn Jahren noch undenkbar, da wurde man belächelt«, sagt der Start-up-Unternehmer Nikbin Rohany.

»Früher war Deutsch-Rap sehr in Verruf, es war nicht Mainstream, da haben auch keine Frauen als Künstlerinnen oder Journalistinnen mitgewirkt«, sagt Mohamad Hoteit. »Hip-Hop ist sehr verbreitet in allen Gesellschaftsschichten und Kreisen, egal ob in bürgerlichen oder sozial schwachen Familien. Ich habe das Gefühl, jeder hört gerade Hip-Hop, und die ganze Jugendkultur hört gar keinen Pop mehr in Deutschland. Hip-Hop ist heute massentauglicher als vor zehn Jahren, als Bushidos Songs, die natürlich dennoch eine ganze Generation und die Hip-Hop-Kultur in Deutschland geprägt haben.«

»Wenn man mich fragen würde, was ist das Positive an so vielen Rappern mit Migrationshintergrund, dann ist es genau das: die Klangfarbe, die Stimme, die Dialekte, die Emotionen, das Orientalische«, sagt Marina Buzunashvilli. So brächten sie mittlerweile Melodien in die deutsche Musik hinein, die sie aus ihrer Heimat oder der Heimat der Eltern kennen. »Das hat in Deutschland gefehlt, dass man auf deutsche Texte so tanzen kann, wie man es aus der Heimat gewohnt ist.«

Deutsch-Rap verändert auch die deutsche Sprache. Davon ist Mohamad Hoteit überzeugt: »Hundertprozentig. ›Ehrenmann‹ war Jugendwort des Jahres, und der Begriff kommt aus dem arabisch-türkischen Raum.« Mittlerweile sind türkische, bosnische und arabische Wörter und Redewendungen im deutschen Alltag angekommen – und nicht nur in der Jugendsprache. Auch Erwachsene ohne Migrationsgeschichte sprechen und fühlen wie die Jungs von der Straße. So erzählt der Münchner Gastronom Oguz Örgün: »Die junge Generation hat sich schon verändert, sie ist beeinflusst von der migrantischen Kultur, beispielsweise vom Deutsch-Rap. Ich war letztens an der Bar und wartete auf meinen Drink, und dann höre ich von einem Typen, der gerade seinen Drink probiert: *Cok güzel**. Dann denke ich mir: Okay. Und das war ein Deutscher.«

---

* Türkisch: »Sehr schön«.

Auch der Frankfurter Café-Besitzer Samson Habtom berichtet: »Ich habe gestern hier in der Straße gehört, wie sich zwei junge Banker unterhalten haben. Und dann haben sie diesen Spruch gesagt: ›Das Ganze geht auf meinen Nacken.‹* Ich musste schmunzeln. Es vermischt sich alles viel mehr. Die Sprache verändert sich zunehmend. Sie wird immer jünger. Früher war es extrem hochdeutsch. Heute nimmt die Gesellschaft mehr den Straßenslang an«, sagt Samson Habtom.

Auch Mohamad Hoteit freut sich darüber, dass türkische oder arabische Wörter und Redewendungen in die deutsche Sprache einfließen – gerade als Deutscher mit libanesischen Wurzeln. Es sei schön zu sehen, wie beide Kulturen zueinanderfinden. »Man freut sich darüber, aber selbst wenn es nicht so wäre, würde ich mir keine Gedanken darüber machen. Na klar, selbst wenn es türkische oder albanische Wörter sind, man freut sich, wenn ein deutscher Rapper so ein ausländisches Wort aufgreift – und das hat ja auch seine Berechtigung. Die Rapper greifen das ja nicht einfach aus dem Internet auf, sondern sie sind selbst jeden Tag von diesen Worten umgeben.«

So rappt der deutschstämmige Bonez MC aus Hamburg in einem seiner Songs *Sahtein,* das heißt auf Arabisch: »Guten Appetit«. »Ich finde es cool und lustig. Das zeigt auch, wie multikulturell die Szene ist. Heute ist alles so vernetzt und so verstrickt, und das ist das Coole daran. Ich glaube, das wird immer stärker werden, was ich super finde. Es mag auf den ersten Blick nicht so aussehen, dass ein Rapper etwas Sinnvolles für die Gesellschaft leistet – trotzdem hat es immer etwas Positives, sogar wenn es Straßenrap ist«, sagt Mohamad Hoteit.

Die Sprache bringt mehr Verständnis für uns. Wir müssen uns heute weniger erklären. »Verständnis ist das Wichtigste. Durch den deutschen Hip-Hop ist mehr Verständnis gekommen, wenn es

---

* Bedeutung: »Du bist eingeladen, ich bezahle die Rechnung« – kommt aus dem arabischen Raum.

um verschiedene Lebensweisen geht«, sagt der Rapper Ćelo. »Ich weiß, wie es früher war und wie es jetzt ist, und ich finde es besser, es ist multikultureller geworden. Ich bin stolz, dazu etwas beigetragen zu haben. Das ist auch der richtige Weg, gemeinschaftlich zu leben.« Deutsch-Rap vereine das Miteinander. »Wenn jeder für sich lebt – das führt zu nichts, das spaltet nur die Gesellschaft.«

Mohamad Hoteit ist stolz auf die Wirkung und den Erfolg von Deutsch-Rap: »Diese ganzen unterschiedlichen Wurzeln wachsen zu tausend neuen Bäumen. Das ist etwas Schönes. Und das ist auch gut für die Generationen, die nach uns kommen. Deutsch-Rap wird noch große Früchte tragen. Deutsch-Rap ist gerade das größte Medium, das Kids erreicht. Und das wird auch erst mal nicht aufhören.«

HEIMAT

Ob ich mich heimatlos fühle? Überhaupt nicht!
Meine Heimat? Deutschland.
Cem Görmüs

Deutschland ist unsere Heimat. Für unsere Großeltern oder Eltern war es ein fremdes Land, uns ist es mehr als nur vertraut. Weil wir Deutsche mit und ohne Migrationshintergrund uns gegenseitig besser verstehen und anerkennen, kommen wir uns näher, finden wir immer mehr Gemeinsamkeiten. Und je mehr wir als Gesellschaft zusammenwachsen, desto stärker spüren wir, dass Deutschland auch unser Land ist. Inzwischen prägen wir das Leben hier – mit unserer Sprache, unserer Kultur und Lebensweise, unserer Musik. Wir werden immer sichtbarer in dieser nun vielfältigen Gesellschaft.

Deutschland ist auch deshalb unsere Heimat, weil wir Deutsch sprechen. Anders als oftmals unsere Eltern und Großeltern teilen wir eine gemeinsame Sprache mit unseren Mitmenschen, in der wir uns am besten verständigen können. Keine andere Sprache sprechen wir so gut wie die deutsche. Viele junge Menschen mit Migrationsgeschichte können die Sprache der Eltern weitaus schlechter – auch wenn sie im Deutschen immer wieder ausländische Wörter einfließen lassen. Und sogar mir passiert es noch heute, dass ich Präpositionen oder Artikel weglasse, während ich spreche.

Die deutsche Sprache ist unsere Heimat. Nur auf Deutsch können wir unsere Gefühle und Emotionen so gut ausdrücken. Und selbst meine Großmutter, die in den 70er Jahren nach Deutschland kam, drückte ihre Verwunderung, ihren Ärger und ihr Erstaunen stets auf Deutsch aus, obwohl sie kaum Deutsch konnte. So rief sie: »Oh, mein Gott!« Das machte sie selbst in ihrem anatolischen Heimatdorf, und es kümmerte sie nicht, dass das niemand verstand. Denn das »Oh, mein Gott!« war ihre Sprache. Deutschland war auch zu ihrem Zuhause geworden.

Als mein Großvater Ali Mitte der 60er Jahre zum Arbeiten nach Hessen kam, begann er zuerst bei Opel in Rüsselsheim. Er konnte bis dahin kein einziges Wort Deutsch. Das war alles andere als einfach. Auch Hikmet Sugör erzählt, wie seine Eltern zu überleben versuchten: »Meine Mutter hat mir erzählt, wie sie in den deutschen Läden eingekauft hat. Sie haben tatsächlich, wie der Film *Almanya* zeigt, ›Muhh‹ gesagt, um Milch zu kaufen«.

Auch Ralph Wangemann, Geschäftsführer Human Resources und Arbeitsdirektor der Opel Automobile GmbH, erzählt, dass Sprachprobleme in der Vergangenheit ein Hindernis waren: »Damals kamen um die 6000 türkische Mitarbeiter zu Opel – wie Ihr Großvater. Gerade in der Produktion gab es sehr viele Mitarbeiter aus der Türkei, Italien und Marokko. Und das hat sich auch bewährt. Natürlich gab es auch einige Herausforderungen, gerade mit der Sprache. Das ist für mich ein wichtiges Thema. Wir haben uns in der Personalabteilung auch darum gekümmert und hatten Übersetzer für die wichtigsten Sprachen. Die Aushänge gab es in allen relevanten Sprachen, um die Mitarbeiter kommunikativ mitzunehmen.«

Während es zu dieser Zeit noch Übersetzer gab, »um die Integration zu erleichtern«, wie Wangemann sagt, gibt es diese inzwischen nicht mehr. »Die sind heute nicht mehr nötig. Es war auch das Ergebnis konkreter Bemühungen von unserer Seite, dass alle Beschäftigten Deutsch sprechen.« Und so sei Diversität zur Normalität bei Opel geworden. Heute gebe es keine Grenzen zwischen den Ethnien mehr. »Die Zusammenarbeit besteht natürlich über alle Nationalitäten. Wir sind ein starkes und buntes Team Opel.«

In Deutschland hat sich für uns Menschen mit und ohne Migrationshintergrund vieles zum Positiven gewandelt. Das lässt sich an zwei Beispielen gut festmachen: Die Fußball-Weltmeisterschaft von 2006 hat uns erlaubt, gemeinsam für unser Land, für Deutschland zu feiern; sie war ein Wendepunkt. Und die Werbung bildet seitdem zunehmend ab, wie sehr sich die deutsche Lebenswirklichkeit verändert hat, und formuliert unser gesellschaftliches Narrativ neu. Sie zeigt, wie selbstverständlich unterschiedliche Wurzeln zu diesem Land gehören und dass die deutsche Heimat viel Platz hat – für die vielen Kulturen, Ethnien und Religionen.

Aber unser gemeinsames Zusammenleben und Zusammenwachsen wird bedroht durch gesellschaftliche und politische Kräfte, und das macht vielen meiner Gesprächspartner Sorgen. Denn sie wollen Deutschland niemals als ihre Heimat aufgeben. Sie glauben an dieses Land und an die Kraft dieser Gesellschaft.

»Der Sommer 2006 hat so viel gedreht«

Die Grenzen zwischen Deutschsein und Ausländersein sind durchlässiger geworden. Und kein Ereignis ist dafür so maßgeblich verantwortlich wie die Fußball-WM von 2006, die in Deutschland stattfand und bei der unser Land den dritten Platz belegte. Im Kader der deutschen Mannschaft standen unter anderem Miroslav Klose und Lukas Podolski, beide in Polen geboren, Gerald Asamoah, in Ghana geboren, David Odonkor, Sohn eines Ghanaers und einer Deutschen, und Oliver Neuville, Sohn eines Deutschen und einer Italienerin.

Dieses Sportereignis hat viel verändert, das sieht auch der Start-up-Unternehmer Nikbin Rohany: »Du erinnerst dich, dass es plötzlich viel selbstverständlicher wurde, dass alle gemeinsam das deutsche Nationalteam feierten und hinter ihm standen, völlig egal, welche Wurzeln man hat. Auch dass das deutsche Fußballteam nicht nur aus blauäugigen und blonden Spielern bestand und besteht, zeigt, dass Deutschland heute viel mehr ist.«

Tatsächlich erinnere ich mich sehr gut an meine Gedanken und Gefühle, als ich die Deutschen jubeln und feiern gesehen habe: Wow, Deutsche können also auch Gefühle zeigen und das Leben genießen. Und auch ich war erstaunt darüber, dass wir »Ausländer« uns zum ersten Mal mit den Deutschen für Deutschland freuten. Okay, dachte ich, man darf also als Deutschtürke die Deutschlandflagge schwingen. Und es war das erste Mal, dass ich mich als Teil dieses Landes gefühlt habe. Bis dahin war ich es nicht. Vielleicht hat der eine oder andere das auch schon zuvor heimlich getan, doch in diesem Sommer galt man nicht mehr als Verräter der eigenen Community, wenn man ganz offen zu Deutschland stand. Vorher waren die Fronten ganz klar: Wenn man Ausländer war, konnte man nicht zu den Deutschen halten. Aber seit der WM 2006 war alles anders: Deutschland konnte von nun an auch auf *uns* zählen.

Der ehemalige Nationalspieler und heutige DFB-Integrationsbeauftragte Cacau erzählt, am Anfang der WM habe er einen Freund gefragt, warum man keine deutschen Fahnen an Autos und an den Straßen angebracht habe, wie er es aus Brasilien kannte. Der Freund meinte, dass es aus historischen Gründen hier nicht möglich sei. Cacau fand es dennoch schade. »Und als ich diesen Sommer aus meinem Brasilien-Urlaub zurückkam, habe ich Deutschland nicht wiedererkannt. Es war alles bunt, und alle waren fröhlich und auf der Straße. Beim Spiel Deutschland gegen Portugal in Stuttgart habe ich es direkt erlebt – wie sich alle gefreut haben, wie sie sich umarmt und die deutsche Flagge gezeigt haben. Da habe ich gedacht: Ja! Geht doch! Das war wirklich ein Durchbruch. Da sieht man die Kraft, die der Fußball hat. Nach dem Sieg im zweiten Gruppenspiel gegen Polen, dem Tor von Oliver Neuville in der Nachspielzeit, war alles anders. Das hat das Land verändert. So habe ich das erlebt, sehr positiv. Und als Durchbruch allgemein, wie eine Befreiung von den – jetzt gehe ich noch tiefer – Schuldgefühlen. Wir können jetzt unser Nationalgefühl zeigen, ohne dass man das negativ auslegt. Und das fand ich bemerkenswert und schön.«

So hat es hat auch der Rapper Ćelo empfunden: »Jetzt erst kann Deutschland atmen. Die Deutschen sind freier und lockerer. Früher waren sie vorsichtiger.« Diese Befreiung haben wir nicht nur als Deutsche mit und ohne Migrationshintergrund, sondern auch als Angehörige einer jungen Generation erlebt, die in den 80er und 90er Jahren geboren wurden und ein neues Deutschland – mit Vielfalt und ohne Rassismus – erleben wollten. Denn wir sahen, wie sehr sich die Deutschen gefreut haben, dass wir Türken, Italiener und Araber uns ebenfalls für Deutschland freuen konnten. Und dass ihnen etwas daran gelegen hat, das hat mich damals sehr berührt. Da gibt es wohl doch ein Interesse an uns. Sie wollen uns doch in diesem Land haben, an ihrer Seite, dachte ich. Sie wollen also doch, dass wir ein Teil von ihnen sind.

Ich erinnere mich gut daran, wie es vor der WM 2006 war: Fremde im eigenen Land – das ist so ein trauriges, so ein schweres Gefühl, dass man es kaum beschreiben kann. Man wächst damit auf, als ob es das Normalste der Welt sei. Das Land, in dem man geboren wurde, in dem man zur Schule ging, Jahr für Jahr Geburtstag feierte, dessen Sprache man sprach, dessen Kultur man zelebrierte, ob es die Laternen am Sankt-Martins-Tag waren oder das Wichteln an Weihnachten – das war nie unser Land. Bis zur WM 2006.

Deshalb war dieses Sportereignis für uns und die Deutschen ohne Migrationshintergrund eine Zäsur. Nikbin Rohany: »Heute kann man deutsch sein. Und das ist eine super positive Entwicklung. Ich glaube, die Vermischung der Kulturen hat dazu beigetragen.« Mark Petereit vom Sneaker- und Streetwear-Händler Snipes, der philippinische Wurzeln hat, erinnert sich an 2006 als ein »sehr, sehr krasses Jahr«. »Weil ich mit diesen Altlasten groß geworden bin, mit diesem schweren Rucksack. Es war irgendwie verpönt, zum Beispiel die Nationalhymne mitzusingen. Und 2006 hatte meine Generation, ich war damals 22 Jahre alt, das erste Mal das Gefühl, dass sie auf ihr Land stolz sein konnte. Wir wurden freier und wir uns wuchsen zusammen. Der Deutschtürke hat sich genauso über das Sommermärchen gefreut wie die Kartoffel, blöd gesagt.«

Natürlich gebe es auch immer wieder Stimmen wie die von Alexander Gauland oder anderen AfD-Politikern, die das Deutsche nur ethnisch verstehen wollen und ganz klare Grenzen zwischen Deutschen und Nicht-Deutschen aufzubauen versuchen. »Aber auch wenn solche Positionen unser Miteinander bedrohen, werden sie nur von einer Minderheit vertreten. Die Weltmeisterschaft von 2006 hat die Mauer zwischen den Menschen mit Migrationshintergrund und den ›Deutschen‹ nicht ganz eingerissen, aber auf jeden Fall sind die Grenzen durchlässiger geworden«, meint Petereit.

»Welche Gesellschaft soll das abbilden?«

Dass Menschen mit Migrationshintergrund und Ausländer inzwischen mehr Akzeptanz und langsam auch Anerkennung erhalten, sieht man nirgends deutlicher als in der Werbung. Sie bildet nicht nur den Zeitgeist ab, sondern kann auch Zukunftsvisionen zeigen. Und in ihr kommen wir eindeutig häufiger vor. Auch wir sind jetzt das Gesicht von Deutschland.

Die Einzelhandelskette Snipes sagt von sich, bei ihr sei Vielfalt schon immer selbstverständlich gewesen. »Wir haben niemals einen Unterschied gemacht, wie ein Mensch aussieht oder wo er herkommt. Wir haben nie ein Migranten- oder Deutschstämmigen-Cluster* gehabt«, sagt Mark Petereit. Als ein Kölner Unternehmen seien sie schon immer weltoffen gewesen. In der

---

* Im Marketing definiert ein Cluster eine Gruppe, die in Bezug auf bestimmte Merkmale homogen ist.

Unternehmenskommunikation habe man nie bewusst darauf geachtet, Menschen mit Migrationshintergrund abzulichten. »Das war bei uns ein natürlicher Prozess.« Die eigenen Produkte zielten auf die *cool kids,* die für die Werte Respekt und Offenheit stehen und Streetwear tragen, deshalb habe man automatisch Menschen jeder Herkunft angesprochen. Der Prozess wurde aber auch beschleunigt. Denn, so meint Petereit, heute seien Sportler wie Leroy Sané und Serge Gnabry nicht nur durch ihre Leistung Vorbilder, sondern sie ständen auch für einen bestimmten Lifestyle – und dazu gehöre eben, was sie tragen.

Es gibt neue *role models,* und es ist immer selbstverständlicher, dass diese ganz unterschiedliche Wurzeln haben. Doch werden in der Werbung nicht nur solche Stars gezeigt, sondern zunehmend auch Menschen, die so aussehen wie unsere Nachbarn, Kollegen und Freunde – und denen man ansieht, dass sie eine Migrationsgeschichte haben.

Heute spielen Menschen mit Migrationshintergrund in der Werbung nicht mehr nur »Migranten«, sondern Menschen aus dem Alltag. Was zeigt, dass wir mittlerweile in jedem Lebensbereich präsent sind. So sieht man den ehemaligen Fußballprofi Kaan Tosun, der heute Influencer und darüber hinaus ein gefragtes Model und Werbegesicht ist, nicht nur auf Plakaten für Shisha-Kohle-Marken oder für türkische Herrenbekleidungsmarken, sondern er steht auch für die Stuttgarter Verkehrsbetriebe. In der Schweizer Ikea-Werbung tritt er mit einer Schweizer Oma auf. »Ich glaube, sie wollen etwas durch die Blume vermitteln, wenn sie eine typisch deutsche Oma neben jemanden wie mich mit dunklem Bart zeigen. Damit wollen sie zeigen: Es geht auch zusammen.« Die Werbung habe sich verändert, meint er. »Früher waren alle Katalog-Models, alle sahen gleich aus, glatt rasiert, alle hatten die gleiche Frisur, jetzt suchen sie Gesichter mit Wiedererkennungswert. Oder sie wollen durch Typen wie mich zeigen: Die sind jetzt in der Gesellschaft angekommen.«

Er habe nicht nur einfach den Türken gespielt, sondern einen

Rocker oder einfach einen Mann.«Unternehmen wollen heute jeden für sich gewinnen.« Auch konservative Unternehmen kommen daran nicht mehr vorbei.»Die jungen Menschen interessieren sich nicht mehr für die konservativen Darstellungen der 80er und 90er Jahre. Sie wollen coole, neue Sachen. Und ich rede hier von den deutschen Jugendlichen, nicht nur von den Ausländern.« Kaan Tosun findet diese Kehrtwende bei Unternehmen gut.»Deutschland ist multikulturell. Lauf mal die Straße lang, du siehst ganz verschiedene Menschen.«

Wie es wäre, wenn diese Vielfalt fehlen würde, hat die renommierte Werbeagentur Jung von Matt 2017 eindrucksvoll mit einer Aktion für ihren Kunden Edeka gezeigt. In der Hamburger Filiale Hafencity gab es einen Tag lang keine ausländischen Produkte zu kaufen. Anna Lichnog, Creative Director der Agentur, hat die Aktion mitentwickelt und durchgeführt.»Es war aufwendig. Man denkt erst, dass man ein paar Regale ausräumen muss, aber am Ende war der Laden fast leer! Alle Produkte, die nicht aus Deutschland kamen, und Produkte, die Inhaltsstoffe aus dem Ausland beinhalteten, waren aussortiert worden. Übrig geblieben sind viel weniger Produkte, als wir selbst zuvor gedacht haben. Letztendlich waren es vor allem frisches Obst und Gemüse sowie Produkte von regionalen Lieferanten.« Am Tag darauf öffnete der Supermarkt wie gewohnt.»Die Reaktionen waren ganz unterschiedlich, viele haben es am Anfang auch gar nicht verstanden, sie dachten, das Thema sei Globalisierung. Wir haben ja auch Interpretationsspielraum gelassen, wir haben ein paar Hinweise gegeben, so hatten wir Schildchen aufgestellt, auf denen standen Sätze wie: ›Dieses Regal wäre leer ohne Ausländer‹, aber wir wollten die Menschen selbst erfahren lassen, wie groß so ein Verlust an Vielfalt ist. Und das haben wir am Symbol des Supermarktes festgemacht.«

Die Aktion kam gut an, aber natürlich sei man in Hamburg auch in einer *bubble*, räumt Anna Lichnog ein.»Einige Kunden wunderten sich, dass das, was sie als typisch deutsch ansahen, gar nicht deutsch war.»Ganz oft kam die Frage: ›Wie? Schokolade nicht? Wieso nicht?‹ Diese Kampagne sollte einfach ein Zeichen setzen, wie wichtig eine Gesellschaft mit Vielfalt ist.« Für Anna Lichnog ist Vielfalt etwas Selbstverständliches.

Genauso selbstverständlich geht die Deutsche Bahn mit dem Thema Vielfalt um. So startete sie im Frühjahr 2019 eine Werbekampagne mit unbekannten und bekannten Gesichtern. Die prominenten Werbegesichter waren die Moderatorin Nazan Eckes, der Sternekoch Nelson Müller und der ehemalige Rennfahrer Nico Rosberg. Die Kampagne wurde allerdings von dem umstrittenen Grünen-Politiker und Tübinger Bürgermeister Boris Palmer auf Facebook kritisiert: »Der Shitstorm wird nicht vermeidbar sein. Und dennoch: Ich finde es nicht nachvollziehbar, nach welchen Kriterien die ›Deutsche Bahn‹ die Personen auf dieser Eingangsseite ausgewählt hat. Welche Gesellschaft soll das abbilden?«

Dabei habe es sich nicht um eine Imagekampagne gehandelt, meint Konzernsprecher Achim Stauß. »Nein, Ziel der Kampagne war nicht die Botschaft, was für ein weltoffenes Unternehmen wir sind. Natürlich ist es auch in Ordnung, wenn das mittransportiert wird. Aber diesen pädagogischen Ansatz hatten wir dabei nicht.«

Vielmehr habe die Werbekampagne die Vorteile des Bahnreisens zeigen sollen – Schnelligkeit, Bordgastronomie und Familienfreundlichkeit. »Dafür haben wir passende Testimonials gesucht. Wir haben für die verschiedenen Themen Persönlichkeiten gesucht, die zu dem jeweiligen Thema passen. Beispielsweise warb die Fernsehmoderatorin und Mutter Nazan Eckes für das Thema Familienfreundlichkeit bei der Bahn. Beim Thema Bordgastronomie war es der Fernsehkoch Nelson Müller. Und für ›Schnelligkeit‹ stand der Formel-1-Weltmeister Nico Rosberg. Diese drei haben wir nicht nur für diese Kampagne als Testimonials gewonnen, sondern sie waren uns bereits über einen längeren Zeitraum verbunden. Das beste Beispiel ist Nico Rosberg, dessen Vater aus Finnland stammt. Er ist bereits seit Jahren für uns Werbeträger für das Thema Geschwindigkeit – ein dynamischer Typ, sehr sympathisch, und er widmet sich auch stark nachhaltigen Themen. Er steht für das schnelle Fahren plus Nachhaltigkeit – und dafür stehen wir im Fernverkehr auch mit unseren ICEs.«

Die Kritik von Boris Palmer habe die Deutsche Bahn sehr irritiert. »Weil wir gar nicht in diesen Kategorien denken. Er hat uns ja unterstellt, dass wir hier ganz bewusst Menschen in den Vordergrund stellen, die nicht dem Bevölkerungsdurchschnitt entsprechen. Dabei wollten wir nur sympathische Menschen finden, die zu der Botschaft passen. Für uns war es eine Selbstverständlichkeit, dass wir nicht über die Herkunft nachgedacht haben.«

Auf den Post von Boris Palmer hat die Deutsche Bahn dann mit einem Tweet reagiert. »Wir haben erklärt, dass diese Persönlichkeiten Testimonials sind, die zur jeweiligen Werbebotschaft passen. Und: Wir stehen zu unseren Werbepartnern, weil sie für uns positive und repräsentative Botschafter sind. Bei der Gelegenheit haben wir auch darauf hingewiesen, dass bei der Deutschen Bahn allein in Deutschland Mitarbeiter aus über hundert Nationen tätig sind.«

Natürlich gab es unterschiedliche Reaktionen, aber der überwiegende Teil der Öffentlichkeit, sowohl in den sozialen Medien als auch in den klassischen Medien, stand hinter der Deutschen Bahn. Das ist eines von vielen Beispielen, die zeigen: Heute gibt es Menschen, die sich für uns einsetzen – und damit den Grundstein legen für eine vielfältige Gesellschaft. Denn was unsere Demokratie wirklich ausmacht, ist, dass sie wehrhaft ist. Wir haben aus der Geschichte gelernt. Diese Wehrhaftigkeit bedeutet für mich auch, jegliche Anfeindungen, Hass und Gewalt gegen uns Zugewanderte, Geflüchtete oder Menschen mit migrantischen Wurzeln abzuwenden und die Stimme dagegen zu erheben.

»Wohin gehen wir, wenn es sich wiederholt?«

Unser Heimatgefühl wird bedroht vom Rechtsextremismus, der nicht erst zunimmt, seit die AfD in Parlamenten vertreten ist. Vielen meiner Gesprächspartnerinnen und -partner machen die Erfolge der Partei, die offen rassistischen Äußerungen von ihren Politikern und die negative Stimmung gegen Einwanderung in einigen Teilen der Bevölkerung große Sorgen. Sie befürchten, dass die bisherige positive Entwicklung Schaden nimmt. »Dann schließen sich wieder mehrere Türen. Dabei hatte sich die Tür für uns Nicht-Deutsche gerade erst geöffnet«, meint Filiz Tatar. Sie macht sich Sorgen, dass die AfD noch mehr Zustimmung erhält. »Wenn die die Mehrheit gewinnen, dann habe ich keine Möglichkeit mehr, einen besseren Job zu finden. Dann wird es ja noch schwieriger, eine Wohnung zu bekommen. Je höher die steigen, desto tiefer sinken wir.«

Marina Buzunashvilli hat mittlerweile ein komisches Gefühl, in Deutschland zu leben. Weil sie auch jüdische Wurzeln hat, empfindet sie den Rechtspopulismus als doppelte Belastung. »Ich habe Verwandte, die ich im Holocaust verloren habe. Meine Mutter sagte vor ihrem Tod: Wohin gehen wir, wenn es sich wiederholt? Ich denke zwar: Es wird nicht passieren, aber was ist, wenn?«

Onur Türktorun hingegen macht die AfD keine Angst. »Es wird in der Gesellschaft und in der Politik immer gegensätzliche Meinungen geben. Man muss nur darauf achten, dass es verfassungsmäßig bleibt, dass gewisse Grenzen nicht überschritten werden und dass man damit unsere Demokratie nicht gefährdet – das ist sehr wichtig. Ansonsten hat natürlich jeder die Möglichkeit, andere Leute zu überzeugen. Und es kommt darauf an, wie man andere Menschen überzeugen will: mit schönen Sachen, das heißt mit einem guten Parteiprogramm, mit einem Plan für die Wirtschaft, für die Bildung, für die Rentner, oder mit Hass? Das ist die Frage. Ich weiß ganz genau, mit Hass kann man immer bis zu einem bestimmten Punkt überzeugen, aber auch Hass kann vergehen. Andere Werte werden bleiben, es wird immer soziale Bedürftigkeit geben, es wird immer Hunger nach Bildung geben, wir werden immer eine gute Wirtschaft brauchen, und damit kann sich eine Partei halten.«

Nicht jeder meiner Gesprächspartner hält die AfD und ihre Anhänger für ausnahmslos rechtsradikal. »Ich sehe verängstigte Leute, die einfach enttäuscht sind von dem, was gerade in diesem Land passiert«, meint der Friseur Shan Rahimkhan. Nur verstehe er nicht, wovor man Angst zu haben braucht. »Es ist doch alles wunderbar. Wir haben keine Rezession. Wir haben keine Situation, in der man denkt, morgen geht Deutschland unter. Dieses Gefühl hat kein vernünftiger Mensch. Mich stört, dass man alles sehr stark schwarz-weiß sieht, dass man sagt, es gibt *die* Ausländer, *die* Migranten oder *die* Deutschen. Ich denke nicht, dass die AfD-Wähler automatisch alle Nazis oder Rassisten sind.«

Ebenso wie viele Stimmen in Medien und Wissenschaft sieht auch ein Großteil meiner Gesprächspartner einen Zusammenhang zwischen der sogenannten Flüchtlingskrise und den Erfolgen der Partei. Kaan Tosun findet: »Es sind in den letzten Jahren zu viele Flüchtlinge nach Deutschland gekommen. Manche von ihnen tun mir leid, manche wiederum nutzen die Politik hier, um aus ihrem Land abzuhauen. Und ich glaube, dass die, die die AfD wählen, keine Probleme mit uns haben, aber dass ihnen die deutsche Politik gerade nicht gefällt.« Er habe sich aber noch keine abschließende Meinung über die Partei gebildet.

Der Berliner Musikproducer Mohamad Hoteit hat wie Kaan Tosun das Gefühl, dass Menschen seitdem eher AfD wählen. »Sie machen das nicht, weil sie Ausländer hassen, sondern weil sie genervt von der Politik sind. Wo kommen die ganzen Stimmen auf einmal her? Es muss ja einen Auslöser dafür geben. Wenn die Flüchtlingswelle der Grund war und sie sagen: Scheiß Merkel, und wir wählen jetzt aus Trotz die AfD, dann ist es ja klar, dass sie mehr Prozentpunkte bekommt. Ich habe trotzdem nicht das Gefühl, auch wenn es so weitergeht, dass in zwei Jahren die Nazis durch die Straßen patrouillieren. Es hat viel mit Verbitterung zu tun. Die Deutschen in den ganzen Randbezirken Berlins, die den ganzen Tag nichts tun, sehen wie Migranten, seien es Schwarze, Muslime oder Juden, etwas aus ihrem Leben machen. Dann kommt eine Verbitterung hoch, und sie suchen den Fehler nicht bei sich, sondern wählen diese schreckliche Partei.«

Auch dem Boxer Jack Culcay ist aufgefallen, dass sich die Deutschen in den letzten Jahren immer mehr über Flüchtlinge und Ausländer beschweren. Aber er sucht das Gespräch mit ihnen: »Ich bin auch Ausländer, aber kein Flüchtling. Ich erkläre ihnen dann: Die Flüchtlinge sind nicht böse. Aber manche machen Scheiße, das sind Terroristen oder Leute, die einfach abzocken.« Deshalb verstehe Jack Culcay die Deutschen. »Sie leben hier, auf einmal können sie nicht mehr rausgehen, weil sie Angst haben, angegriffen zu werden. Oder hier werden Frauen vergewaltigt. Es gibt Familien, die Deutschland brauchen, und dann kommen welche, die sich denken: Boah geil, in Deutschland kriege ich Geld vom Staat, sie machen, was sie wollen. Sie können nicht geschnappt werden, sie kommen hier rein mit falschen Namen, und dann können sie auch wieder abhauen.«

Wenn es um Geflüchtete geht, stößt man bei den Menschen, mit denen ich gesprochen habe, generell auf ein ähnliches Meinungsspektrum wie in der Mehrheitsgesellschaft. Die Boxerin Nikki Adler ist der Meinung, dass es immer einen Missbrauch des Systems gebe. Aber sie sieht auch, dass geflüchtete Menschen in der westlich geprägten deutschen Gesellschaft mit vielen Herausforderungen konfrontiert sind: »Sie müssen sich an die Abläufe in den Behörden gewöhnen, und dann verstehen sie auch die Sprache nicht.« Und sie erinnert sich: »Auch bei den Jugo-Flüchtlingen gab es welche, die das System ausgenutzt haben, und solche, die wirklich hart gearbeitet haben.«

Marina Buzunashvili betont dagegen ganz entschieden, dass es unsere Pflicht sei, Flüchtlinge aufzunehmen: »Was ich wirklich schlimm finde, ist, dass Menschen denken, Migranten kommen freiwillig hierher, weil es hier so viel schöner sei. Aber warst du in dem Haus oder dem Dorf, das zerbombt wurde? Ich war nicht da, ich weiß es nicht. Ich kann nicht wissen, ob der freiwillig hergekommen ist oder seine Heimat vermisst.« Sie kritisiert nicht nur die AfD-Wähler, die keine Migrationsgeschichte haben, sondern auch junge Menschen mit Migrationshintergrund, die sich fragen, warum die Flüchtlinge hergekommen sind. »Weil sie selbst nicht mehr wissen, warum sie hergekommen sind.«

Während manche meiner Gesprächspartner finden, dass die ablehnende Haltung gegenüber Flüchtlingen sich nicht gegen Menschen mit Migrationshintergrund im allgemeinen richtet, sind sich andere sicher, dass darin tiefer sitzende Ressentiments an die Oberfläche kommen: »Bei den Flüchtlingen trauen die sich zu sagen, wir haben was gegen die«, meint der Rapper Abdï. »Der kann doch nicht sagen, ich habe was gegen den Halb-Deutschen-halb-Türken, der weiß doch, dass die sich wehren können. Der Flüchtling aber hat Angst, dass er morgen abgeschoben wird, deshalb hält er den Mund, deshalb gehen sie auf ihn drauf. Die Flüchtlinge sind das schwächste Glied.«

Syn sieht den Rechtsradikalismus deshalb auch nicht als ein neues Phänomen: »Die Leute, die jetzt die AfD wählen, sind nicht plötzlich zu Nazis geworden. Die gab es schon immer hier. Das sind die Leute, die zu uns vor der Schule gesagt haben: Ey, du Polacke, oder: du Kümmeltürke. Das sind die Leute, die jetzt die AfD wählen. Die kennen wir doch schon.« Auch Angeliki Liakidis sieht Kontinuitäten. »Die Gedanken, die sie schon immer hatten, sind jetzt zu Worten geworden. Und leider auch Taten. Solingen, Halle und heute auch Hanau. Und ich sehe auch, dass diese Diskussion immer in Verbindung mit der AfD und Sarrazin gebracht wird, doch diese Gedanken hast du schon vorher gehört.«

Hikmet Sugör hebt hervor, dass das Problem nicht nur ein Problem Ostdeutschlands sei. »So denken nicht nur die aus den neuen Bundesländern, das ist überall in der Gesellschaft verankert, auch bei den Studierten oder Promovierten, das ist in allen

Schichten vorhanden. Frag mal einen Dr. Sowieso, ob er es cool findet, wenn seine Tochter mit einem Ausländer zusammen wäre. Das würde er nicht gut finden. Natürlich hat er nichts gegen Ausländer, solange es ihn nicht betrifft. Das habe ich mein Leben lang erfahren.«

Auch für mich zeigt sich durch die AfD lediglich, was schon immer da war. Uns ist bewusst geworden, was einige wirklich über uns denken. Dadurch, dass sie es uns jetzt offen ins Gesicht sagen, können wir uns dagegen wehren. Vielleicht verstehen jetzt aber auch mehr Menschen ohne Migrationsgeschichte, unter was wir Menschen mit Migrationsgeschichte seit Jahrzehnten leiden.

Gleichzeitig wehre ich mich gegen die Pauschalverurteilung, dass alle AfD-Wähler rassistisch seien. Ich bin nach wie vor dafür, dass wir das Gespräch suchen müssen. Denn der Rechtspopulismus ist ein Problem in diesem Land, und weil es unser aller Land ist, können wir das Problem nicht einfach abschieben, so wie es Rechte gerne mit den Problemen der Migranten machen würden. Dabei muss es möglich sein, eine kontroverse Debatte über Einwanderungspolitik in Deutschland zu führen, so dass sich auch konservative Stimmen wiederfinden, allerdings nur innerhalb der Grenzen von Demokratie und Menschenrechten.

Es gab schon immer abfällige Gedanken, Ideen und Meinungen über uns. Der Ausbruch seit 2015 hat aber auch damit zu tun, dass keine Debatte über die Flüchtlingswelle stattfinden konnte, weil es nicht erwünscht war, es dafür aber auch gar keine Zeit mehr gab. Angela Merkel musste im Sommer 2015 entscheiden, ob sie eine humanitäre Krise in Kauf nimmt oder es schafft, ihr Volk von dieser Entscheidung zu überzeugen. So ist ja der Satz »Wir schaffen das« entstanden. Und der offene Hass gegenüber Migration und Migranten konnte auch aufkeimen, weil die AfD und ihre zivilgesellschaftlichen Kräfte und Freunde in der Öffentlichkeit Zulauf von Menschen bekamen, die nicht alle unbedingt rassistisch, aber kritisch waren, wenn es um Einwanderung und die damit einhergehenden Herausforderungen geht. So haben die Rassisten

Rückenwind bekommen und das Gefühl, jetzt darf ich das zeigen, was ich lange dachte.

Nicht nur durch die AfD fühlen sich Menschen heute mutiger, dies zu äußern. Auch haben die sozialen Medien Hasskommentare erleichtert. So glaubt Ćelo, dass die medialen Veränderungen Menschen mit rassistischen Ressentiments in die Karten gespielt haben. »Durch das Internet haben sie nun ein Sprachrohr gefunden und eine Möglichkeit bekommen, sich zu vernetzen, sich zu verabreden und größer zu werden natürlich. Ob es im Untergrund ist oder ob sie sich öffentlich treffen, vereint ist man immer stärker.«

Auch Hikmet Sugör sieht soziale Medien als eine Plattform, durch die Tabus gebrochen wurden. »Man fühlt sich jetzt frei und in einem rechtsfreien Raum, fremdenfeindliche Sprüche in die Welt loszulassen. Dadurch stumpfen wir ab, und es wird möglich, so etwas auch in der Gesellschaft zu sagen. Das, was online stattfindet, findet auch immer mehr offline statt. Das ist schon beängstigend. Ich sehe auch, was diejenigen, die meiner Facebook-Seite folgen, posten, und da gibt es auch einige, die das Gedankengut von der AfD liken. Da frage ich mich, du bist mit mir auf Facebook verbunden und gleichzeitig sympathisierst du mit der AfD? Das ist paradox.«

»Der Differenzierende macht sich per se verdächtig, auf beiden Seiten«

Man kann nicht »für« oder »gegen uns« sein, also man kann nicht für oder gegen Menschen mit Migrationsgeschichte sein. Aber so habe ich in den letzten Jahren die Debatten über Einwanderung wahrgenommen. Wir gehören zu diesem Land, und dieses Land gehört zu uns. Egal wie sehr man uns beschimpft oder kritisiert, wir werden nicht verschwinden.

Die mediale Berichterstattung hat mit uns jahrzehntelang Pingpong gespielt. Mal waren wir die guten Migranten, die toll integriert sind, mit herausragenden Bildungserfolgen und ausgezeichneten Jobs. Und dann wurde alles, was wir an Kultur haben, heruntergemacht. Und das für die Schlagzeile. Weil das Thema Migration in diesem Land immer auf der Agenda bleiben wird. Weil sich Menschen ohne Migrationsgeschichte dafür interessieren. Und dieses Interesse ist nicht per se negativ.

Labelchef Syn ist der Meinung: »Dass die AfD gewählt wird, ist die Schuld der Leute, die nicht wollen, dass sie gewählt wird.« Denn jahrelang brachten Medien wie die *Bild* und der *Spiegel* Negativschlagzeilen, sie schürten Angst und waren um keine differenzierte Berichterstattung über die migrantische Bevölkerung bemüht. Auch deshalb sehen viele meiner Gesprächspartner die größte Verantwortung für das Erstarken der Rechtsextremisten bei den Medien. Und das Thema Einwanderung wird entweder so behandelt, als gebe es überhaupt kein Problem, oder als existierten keine Grenzen mehr und das Land werde überrannt.

Der Rapper Ćelo kann verstehen, dass Menschen ohne Perspektive wegen dieser Berichterstattung Flüchtlinge oder Migranten zu Sündenböcken machen. »Die sind auch nur Opfer der Gesellschaft. Den Menschen kann man es auch nicht sehr übel nehmen. Das ist keine Verschwörungstheorie, das ist mediale Gewalt.«

Hikmet Sugör beschreibt die Effekte der medialen Darstellung auf sich selbst und andere so: »Wenn ein Anschlag passiert, sitze ich da, bete und hoffe, dass es nicht wieder einer ist, der einen ausländischen Namen trägt oder mit dem Islam in Verbindung gebracht wird. Was kann ich dafür, dass irgendeine Hohlbirne, also ein Individuum, Scheiße baut? Wenn das jemand macht, der christlichen Glaubens ist, dann wird das nicht so thematisiert. Ich weiß, dass es etwas anderes ist, wenn es sich um ein religiöses Motiv handelt. Aber diese Differenzierung – wir kriegen die hin, aber ich glaube, die bekommt ein normaler Bürger nicht mehr hin. Für den ist alles eine Brühe, also der Türke ist gleich der Syrer, der Marokkaner, der Nordafrikaner, und die sind alle die bösen Moslems. Dem normalen Bürger unterstelle ich, dass er nicht imstande ist, ein gesundes Maß an Differenzierung vorzunehmen. Weil er sich gar nicht die Mühe macht.«

Neben dem Problemmacher gibt es aber noch ein zweites Klischee über Migranten und Deutsche mit Migrationsgeschichte: das des Opfers. Manchmal werden beide von denselben Medien bedient. Beim Opfer-Klischee erschöpft sich die migrantische Existenz mehr oder weniger in der Benachteiligung. Jedes negative Phänomen in den Communitys wird darauf zurückgeführt und damit legitimiert, oder aber im Sinne der Vielfalt für unbedingt begrüßenswert erachtet; Kritik – vor allem von der Mehrheitsgesellschaft – verbietet sich. Günter Wallraff beschreibt insbesondere die Situation in den 90er Jahren in linken Kreisen so: »Alles, was mit dem Islam zu tun hatte, wurde gerechtfertigt, es sei denn, es waren Attentate von Islamisten. Sonst war das hier eine Stimmung von Friede, Freude, Eierkuchen. Es wurde nicht differenziert.« Später änderte sich das. »Aber am Anfang war man gleich Islamfeind, sobald man Kritisches zum Missbrauch des Islam sagte. Man galt als jemand, der nicht mehr tolerant war.«

Das bedeutet umgekehrt nicht, dass Wallraff die negative Berichterstattung über den Islam als größter Glaubensgemeinschaft unter den Menschen mit Migrationsgeschichte gerechtfertigt fände: »Ich sehe große Probleme darin, dass manche den Islam als solchen aus Prinzip verdammen.« Er beklagt vielmehr eine Polarisierung, die dazu führe, dass man schnell zwischen allen Stühlen sitze. »Der Differenzierende macht sich per se verdächtig, auf beiden Seiten. Insgesamt gab es ein Lagerdenken, das verhängnisvoll war, und irgendwann war kaum eine Differenzierung mehr möglich.«

Und genau gegen dieses Lagerdenken, ob es um Muslime und Geflüchtete oder um Menschen geht, die kritisch zu Einwanderung stehen, wenden sich meine Gesprächspartner. Sie etikettieren Menschen nicht, sondern gehen auf sie zu. Denn sie differenzieren viel stärker, als es viele Stimmen in der Öffentlichkeit machen. So sagt Samson Habtom: »Es kann sein, dass hier jemand in mein Café kommt und mit uns eine schöne Zeit hat und es toll findet, dass ein Ausländer dieses Café führt. Es kann aber auch jemand reinkommen, der sagt, ja, ich wähle die AfD. Es sind natürlich auch viele Rassisten in der Partei, die das für sich nutzen. Ich glaube aber nicht, dass alle, die die AfD wählen, Rassisten sind. Ich denke komplexer. Meiner Meinung nach ist das vielmehr eine Rebellion von Wählern, die den Altparteien einen Denkzettel verpassen wollen – wegen der aktuellen Politik.«

Diese differenzierte Haltung wünsche ich mir auch in der öffentlichen Debatte. Vor allem erwarte ich, dass die Menschen, die auf die Probleme hinweisen und die Gesellschaft über Rassismus, Diskriminierung und Vorurteile aufklären, auch deutlich machen, dass das nicht das ganze Bild ist. Dass sie auch das Positive aufzeigen. Gleiches gilt natürlich für jene, die nur über die Probleme in den migrantischen Communitys sprechen.

Die Fokussierung auf das Negative in den Communitys oder in der Mehrheitsgesellschaft, das pauschale Abqualifizieren des jeweils anderen und ganzer Gruppen, die Verweigerung von Differenzierung treiben die Polarisierung und die Sprachlosigkeit zwischen den Lagern voran. Auch Günter Wallraff sieht so eine Tendenz. »Es gibt bestimmte Bereiche, in denen die Menschen sich vor unüberbrückbaren Gräben wähnen und kaum mehr zueinander finden. Die AfD etwa gibt keine Antworten auf wirkliche Probleme. Sie differenziert nicht und versucht Menschen, die sich von den großen Parteien nicht mehr verstanden fühlen, an sich zu binden und Feindbilder zu erschaffen, an denen man sich abreagieren kann. Es ist nicht hilfreich, Sympathisanten gleich als Nazis abzustempeln und damit jeden Dialog zu unterbinden. Und ich sehe es im islamischen Bereich. Wir erleben, dass einige Moscheeverbände, zum Beispiel der größte, die DiTib, keine human-religiösen Ziele verfolgen, sondern knallhart als politisches Instrument missbraucht werden – finanziert, dirigiert und befehligt direkt aus der Türkei, in der Erdogan seine Islamo-Diktatur verwirklichen will. Hier entstehen regelrechte Festungen, die das Zusammenleben verhindern.«

Ob wir heute zu viel oder zu wenig über das Thema Einwanderung reden, fragt sich Eva Schulz: »Aus journalistischer Sicht bin ich manchmal unsicher über die Integrations- und Migrationsdebatten. Einerseits müssen Deutsche lernen, dass etwas Neues passiert und dass man nicht einfach die Zeit zurückdrehen können wird. Dass Deutschland ein multikulturelles Land wird. Das heißt, wir brauchen diese Debatten, damit Menschen damit konfrontiert werden. Gleichzeitig sind die Debatten oft ein hitziges, wenig konstruktives Gegeneinander. Manchmal denke ich: Vielleicht sollten wir die Debatten lassen, weil sie alles schlimmer machen.« Denn diese Debatten machten rechtsradikale Gruppen stärker. »Wir beobachten ja, der Diskurs verschiebt sich nach rechts, vieles ist sagbarer geworden.«

Hikmet Sugör ist der Meinung, dass wir nicht zu viel, sondern in der Vergangenheit falsch über Migration gesprochen haben: »Sendungen wie Illner, Maischberger und Co. laden die falschen Gäste ein. Und wenn es aus der Sicht eines Ausländers die richtigen Gäste sind, die nicht Stereotypen entsprechen, sind sie uninteressant für den Sender, da es nicht zu den erwarteten Konflikten kommt und damit die Einschaltquote leidet. Also werden diese nicht mehr eingeladen. Es werden immer die Menschen eingeladen, die genau dem entsprechen, was die Moderatoren hören wollen. Daher denke ich, dass wir weniger reden sollten. Wir sind angekommen, wenn wir nicht mehr darüber reden müssen, woher wir kommen.«

»Ich fühle mich pudelwohl in Deutschland«

Aus den Gesprächen wurde klar: Wir fühlen uns auf der einen Seite wohler in Deutschland, es ist immer mehr zu unserer Heimat geworden. Gleichwohl ist genau dieses Heimatgefühl gefährdet durch den Rechtspopulismus und rassistisches Gedankengut in der Gesellschaft.

Die Journalistin Ciani-Sophia Hoeder antwortet auf die Frage, ob Deutschland offener geworden ist oder sich immer mehr gegenüber der Einwanderung und den Menschen mit Migrationsgeschichte verschließt, mit »Ja und Nein«. »Manchmal habe ich das Gefühl, dass wir einen Schritt nach vorne gehen und zwei Schritte wieder zurück. Zum Beispiel die N-Wort-Debatte. Das Verfassungsgericht Mecklenburg-Vorpommern hat erklärt, dass das N-Wort nicht per se rassistisch sei. Es sei abhängig vom Kontext. Die N-Wort-Debatte wurde also wieder bagatellisiert – das war für mich ein Schritt nach hinten. Ich habe dieses Wort nie ohne einen rassistischen Kontext gehört. Da hatte ich das Gefühl, okay, alles wird schlimmer.«

Aber als sie ein Interview mit der Historikerin und Aktivistin Katharina Oguntoye geführt habe, die eine zentrale Rolle in der afrodeutschen Bewegung spielt, habe sie sie ebenfalls gefragt, ob sie das Gefühl habe, dass alles schlimmer werde. »Und sie meinte, früher sei es schlimmer gewesen. Menschen haben wie ganz selbstverständlich das N-Wort benutzt, und heute fragen sie mich, ob es okay sei, wenn sie Schwarze Person sagen.« Hoeder glaubt, dass man, gerade wenn man sich intensiv mit Diskriminierung und Rassismus beschäftigt, das Gefühl bekommt, dass die Gesellschaft gar nicht vorankomme. »Aber ich fand es cool, dass Katharina Oguntoye gesagt hat, na klar wird alles besser. Ich persönlich bin ungeduldig, weil es mir nicht schnell genug geht.«

Günter Wallraff zufolge unterliegt die Situation für Menschen mit Migrationshintergrund immer »Wellenbewegungen«: »Es gibt ein Auf und Ab. Bei mangelhaften Bildungsangeboten für Zuwanderer steigt auch die Abschottung und die Gefahr einer Parallelgesellschaft.« Dennoch glaubt er, dass Lernfähigkeit, Offenheit und Zuwendung in unserer Gesellschaft mehrheitsfähig sind.

Es sind die positiven Entwicklungen in diesem Land, die unser Heimatgefühl immer stärker machen. Zu diesen zählen viele meiner Gesprächspartner eine zunehmende Durchmischung zwischen den Bevölkerungsgruppen. Der Start-up-Geschäftsführer

Nikbin Rohany aus München findet, dass die Grenzen in Deutschland zwischen Menschen mit und ohne Migrationshintergrund immer mehr verschwinden. »Vielleicht liegt es auch an meiner *bubble*, dass die Deutschen oder Deutschland nicht mehr dämonisiert werden. Früher war das hingegen extrem allgegenwärtig. Es ist auch eine sehr natürliche Entwicklung. Es war damals die erste Generation, da kannte man nur die eigenen Eltern und man ist hier aufgewachsen, man lernt immer mehr Menschen kennen, dadurch verwischt sich alles. Man wird viel toleranter, man hat einen multikulti Freundeskreis – die eigenen Kinder werden auch noch toleranter.« Er habe das Gefühl, dass seine Stadt München und das Land immer offener werden.

Auch die Influencerin Gözde Duran erzählt, das, anders als in ihrer Kindheit und Jugend, ihr Freundes- und Bekanntenkreis in Deutschland immer vielfältiger wird. »Wir sind alle erwachsen geworden. Die Freunde von damals, die ausländischen Freunde, die unbedingt unter Ausländer bleiben wollten, die haben sich auch vermischt. Mittlerweile habe ich selbst auch keine getrennten Freundeskreise wie früher, also ›deutsche und ausländische Cliquen‹. Das hat sich jetzt alles vermischt.«

Die Vermischung stellt auch Samson Habtom fest. »Andererseits wird die Politik aber radikaler.« Die Deutschen seien sowohl offener als auch verschlossener gegenüber Menschen mit Migrationshintergrund geworden. Unterm Strich sieht er eine Veränderung zum Positiven: »Das tagtägliche Leben ist in Deutschland besser geworden. Das ist meine Welt. Ich habe nicht das Gefühl, dass ich dumm angeguckt werde. Viele Anzugträger hören mittlerweile Deutsch-Rap und auch die Mädels, egal ob mit oder ohne Migrationshintergrund, die singen mit. Es ist auf jeden Fall besser geworden. Aber es gibt noch verdammt viel Luft nach oben.« Was er damit meint? »Ich spreche von der gesamten deutschen Kultur, die Migration inbegriffen, die könnten mehr aufeinander zugehen und mehr Liebe versprühen. Alle. Dass alle miteinander sind und sich die Ellbogengesellschaft ändert.«

Der Frankfurter Rapper Abdï schaut bereits in die Zukunft: »Es wird immer gemischter, in 100 Jahren wird es schwierig werden, eine Identität herauszufinden. Mein Vater hat gesagt, in 100 Jahren ist ein Frankfurter gleichzeitig ein Halb-Maroc, Halb-Türke, Kurde, Berber, Araber, Deutscher, Pole, Schwede, ein Frankfurter eben!« Deutschland werde so vielfältig, dass wir unsere Identitäten immer stärker mit Städten verbinden werden, nicht mit Nationalitäten. »Frankfurt wird dann vom Lebensstil her zu einer Nation.«

Deutschland ist auch deshalb unsere Heimat, weil wir zu schätzen wissen, was wir hier haben. Der DFB-Integrationsbeauftragte Cacau sagt: »Natürlich gab es eine gewisse Tendenz hin zu einem Rechtspopulismus, der nicht zu unterschätzen ist, aber das ändert nichts an meiner Einstellung: Ich fühle mich nach wie vor sehr wohl in Deutschland. Denn ich kann einen Vergleich zu Brasilien ziehen. In Deutschland kann man das erreichen, was man erreichen will. In Deutschland kann man das werden, was man werden will. Und in anderen Ländern geht das nicht. Und ich finde, das ist sehr, sehr besonders.« Deshalb ist für ihn klar: »Wenn es in Deutschland nicht kalt wäre, dann wäre Deutschland das beste Land der Welt, in dem wir leben können.«

Und alle meine Gesprächspartner erzählen davon, wie gerne sie in die Heimatländer ihrer Eltern reisen, wie gerne sie durch die Welt jetten. Aber die Sehnsucht nach ihrer deutschen Heimat kehrt bereits nach wenigen Wochen ein: »Ich bin immer froh, wieder in Düsseldorf zu sein, egal wo ich in der Welt reise. Immer wenn ich in Düsseldorf bin, freue ich mich, wieder da zu sein«, sagt Djibril Dulatov. Und wenn ich den Darmstädter Cem Görmüs frage, ob er sich heimatlos fühlt, sagt er sofort: »Überhaupt nicht.« Wo seine Heimat sei? »Meine Heimat? Ich liebe die Türkei. Ich liebe das Land, aber ich kann dir nicht sagen, dass ich für immer rüber ziehen könnte. Wir sind hier geboren, wir sind hier aufgewachsen, der Großteil unserer Familie ist hier, man hat Freunde und Bekannte hier, man hat sich hier etwas aufgebaut, man gehört hier einfach dazu. Man muss sich mit dem System besser auskennen. Und das tue ich nicht. Ich habe mein System hier in Deutschland und meine Bildung.« Wo ist deine Heimat, frage ich Cem. »Meine Heimat? Deutschland.«

Djibril Dulatov lebt gerade mal seit zwölf Jahren in Deutschland, aber er wachse immer mehr in das Leben in Deutschland hinein, wie er sagt: »Ich fühle mich pudelwohl in Deutschland. Wir sind als Kinder hierhergekommen. Ich fühle mich sehr wohl hier, ich verstehe mich sehr gut mit meinen Mitmenschen. Ich bin sehr dankbar, dass wir aufgenommen wurden.«

Und der Fotograf Bobby meint: »Wir sind hier, uns geht es gut. Wir haben sehr viele Möglichkeiten, man kann sein Talent und seine Fähigkeiten voll und ganz ausschöpfen. Man hat so viele Freiheiten. In Deutschland geht es uns richtig gut. Wir müssen für unsere Bildung nichts zahlen. Jeder hat die Möglichkeit, in die Schule zu gehen. Es ist möglich, dass sehr viele Kulturen zusammen aufwachsen können. Und das feiere ich an Deutschland. Und deshalb mag ich es überhaupt nicht, wenn man sagt, Deutschland sei ein Scheiß-Land.«

Ćelo und Abdï rappen in einem Song aus dem Jahr 2012 darüber, wie sie es sich vorstellen, wenn ihre Familien aus Bosnien und Marokko nicht nach Deutschland eingewandert wären:

Ich wach' auf, guck aus dem Fenster raus
Statt Skyline sehe ich nur Steine und Staub
Nur ein Traum ist es gewesen
Dass wir in Deutschland leben
[Verse 1: Abdï]
Manchmal, stell ich mir vor
Wie wäre mein Leben in Nador
Statt Airmax barfuß
Morgens Hunger statt Cartoons
Kein hachun, kein Gulasch
Nur emenia, nur Sippi, nur Kuraz
Kein 2Pac, sondern Ace of Base

All that she wants, statt Kush von Dre
Kein Audi A-Eight (la)
Sondern gib ihm bös Kickdown auf Esel
Kein Rugby Ralph Lauren Polo
Sondern gefälschtes Barcelona Trikot
Marokko – Dritte Welt
Cousin aus Düsseldorf, schick mir bitte Geld
Kids bedenkt, was euch belosert
Seid froh Mann, denn ihr lebt in Europa

[Hook: Abdï] (x2)
[Verse 2: Ćelo]
Sarajevo, 2 Jahre vor der Olympiade
Zwei nach Titos Tod in Jugoslawien
Geboren und aufgewachsen mitten in der Altstadt
Jerusalem Europas im Herzen des Balkans
Schon seit damals Schmelztiegel der Kulturen
Moslems, Christen, Atheisten und Juden
Du kannst es googlen, das goldene Tal
Fußball-Champs, FKS, Bordeaux roter Schal
Auto Corso Golf Metallic GTi
Merlin im Radio und kein MTV
Auf einmal war Krieg – Vukovar, Vinkovci
Vater fragt, was ist das nächste Angriffsziel
92 feuern Komsijes von den Hügeln
Drüben sagt man, dass die Bosnier lügen
Was jetzt geschieht, seh ich vom Paradies
Die Granate fiel, ich starb als Sahid

Es ist ein Lied über Deutschland, und es heißt: »Mein Land«.

NACHWORT

> Die Mehrheit hat uns schon akzeptiert.
> *Hanauer Schülerin am 20. Februar 2020*
> *am Kurt-Schumacher-Platz*

Migration hat die deutsche Nation verändert, Menschen mit Migrationsgeschichte sind aus diesem Land nicht mehr wegzudenken. Auch weil wir Deutschland niemals als Heimat aufgeben wollen, selbst wenn wir uns manchmal immer noch als Ausländer bezeichnen und fühlen oder das Herkunftsland unserer Eltern und Großeltern ebenfalls als Heimat betrachten.

Unser Heimatgefühl ist komplex, aber eines ist sicher: Wir stehen heute selbstbewusster denn je zu Deutschland. Daher gehen viele von uns auch selbstbewusster mit Vorurteilen, Diskriminierung und sogar Rassismus um. Das habe ich in all den Gesprächen mit meinen Interviewpartnern erfahren. Auch wenn viele von ihnen ausgegrenzt wurden oder es so wahrgenommen haben. Trotzdem fühlen sie sich hier wohl. Denn sie wissen, dass die Mehrheit in diesem Land sie akzeptiert, dass es Menschen gibt, die ihnen auf Augenhöhe begegnen, für die ihre Herkunft nicht nur keine Rolle spielt, sondern die ihre Kultur als Bereicherung betrachten.

Wir sind deutscher geworden, seit unserer Kindheit hat sich einiges verändert. Nicht nur wir haben die deutsche Kultur geprägt, mit unseren Normen, mit unserer Sprache und unserer Lebensweise, auch wir haben deutsche Normen und Werte übernommen. Wir sind stolz auf die deutschen Städte, in denen wir geboren und aufgewachsen sind. Wir sind glücklich darüber, dass wir in Deutschland leben. Unsere Liebe zu unserer Heimat ist so groß, dass uns manchmal die richtigen Worte fehlen. Wenn ich meinen Kickboxtrainer Sefer Göktepe frage, was er an Deutschland schätzt, schaut er mich direkt an und sagt: »Man liebt das Land, in dem man lebt. Ich liebe einfach das Leben hier. Es ist schwer, das in Worte zu fassen, es ist einfach unser Land.«

Doch die Anschläge von Hanau waren ein schmerzlicher Schlag. Und keiner von uns kann sich je vorstellen, welchen Schmerz die Angehörigen der Opfer des Anschlags durchmachen. Welches Leid sie ihr Leben lang mit sich tragen werden. Alle meine Gesprächspartner haben am 19. Februar 2020 Tränen vergossen: Martina Catinella und ihre Freunde, die Boxerin Nikki Adler, der Rapper Celo, sie alle waren tief erschüttert. Angeliki Liakidis war sprachlos, Gözde Duran hat sich für die Menschheit geschämt, und Bobby, Nikbin Rohany und Kaan Tosun waren einfach nur schockiert.

Ertun Kartal erinnert sich sehr gut an die Nacht des Anschlags. Denn seine Shishabar »Suare Lounge« ist in Hanau nur wenige Kilometer von den Anschlagorten in der Innenstadt und am Kurt-Schumacher-Platz entfernt. »Es war ein Zufall, dass eine Freundin von mir, die Polizistin ist, mit mir hier in der Shishabar saß. Ich bin in einer Radar-Whatsapp-Gruppe für Hanau, in der sofort von dem Vorfall berichtet wurde. Wir haben uns Gedanken gemacht und dachten erst, es sei eine Auseinandersetzung innerhalb des Milieus. Doch von Minute zu Minute wurde immer klarer, dass es sich um einen rassistischen Anschlag handelte. Anhand des Manifests des Täters hat man dann später feststellen können, dass er ein Rassist ist, aber auch einen Dachschaden hatte. Am Anfang war es ein Schock, man hat es nicht richtig wahrnehmen können. Ich arbeite seit über zehn Jahren im Nachtleben und bin an Ärger gewöhnt, bis hin zur Messerstecherei, aber so etwas, in dem Ausmaß, das hätte ich mir nie vorstellen können.«

Da unklar war, ob sich der Täter noch auf freiem Fuß befand, schloss Ertun Kartal seine Bar. Angst hatte er keine, hat er auch heute nicht. »Aufgrund meiner Lebenserfahrung. Wenn es passiert,

passiert es. Was kann man dagegen machen? Nichts. Man kann auch nicht in dem Laden mit einer Waffe oder Schutzweste sitzen. Für unsere Sicherheit sind die Behörden zuständig.«

Was ihn bewegte, war die große Anteilnahme. »Ich war bei der offiziellen Trauerfeier. Man hat gesehen, dass der deutsche Staat sehr stark bemüht war, den Fall aufzuklären. Selbst Angela Merkel war da. Auch der Hanauer Bürgermeister Kaminski hat großes Lob verdient.« Dennoch geht es Kartal nicht gut. »Menschen sind gestorben, junge Menschen«, sagt er. Die Trauer, der Schock, die Sprachlosigkeit sitzen noch heute tief.

Neco Celik hingegen war nicht überrascht: »Von diesen Verrückten, die man gerne als Einzeltäter abtun möchte, gibt es ja genug in diesem Land. Es wird immer rassistischer und undurchsichtiger, was in den Provinzen, Dörfern und Kleinstädten des Landes passiert. Das sind kleingeistige Menschen, die dann zur Waffe greifen müssen, um sich zu befriedigen und von ihren Dämonen loszukommen.«

Und dennoch fühlt sich Neco Celik, wie alle meine Gesprächspartner, trotz der Anschläge in Hanau nicht unerwünscht in diesem Land. »Nein, ich habe mich nicht unerwünscht gefühlt«, sagt der Strafverteidiger Onur Türktorun. »Das war für mich ein Einzelfall. Man kann nicht sagen, nur weil jemand krank oder rassistisch ist, dass die deutsche Gesellschaft rassistisch ist.« Ob meine Gesprächspartner Angst haben? Nein. Alle haben darauf mit einem großen, selbstbewussten Nein geantwortet. Denn sie wissen: Das ist auch ihr Land. Und keine Kraft kann es schaffen, dass sie sich von diesem Gedanken trennen. »Wenn der Täter erreicht, dass wir Angst haben, weil wir hier leben, aber andere Wurzeln haben, dann hat er es ja geschafft. Das dürfen wir nicht zulassen«, findet die Boxweltmeisterin Nikki Adler.

»Man kann nicht ausdrücken, wie schlimm das ist, wie schwer das die Familien getroffen hat und welche Auswirkungen diese Anschläge auf unsere Gesellschaft und für unser Zusammenleben haben werden. Und in dem Moment sagen sich viele: ›Schon wieder gegen Ausländer‹, auch wenn man es meiner Meinung nach nicht verallgemeinern sollte. Deswegen: Das war ein schlimmer Moment für Deutschland, ein furchtbarer Moment in der Geschichte unseres Landes«, sagt Cacau.

Hanau werden wir nicht vergessen, auch weil wir Hanau nicht vergessen wollen. *Unuttma, unutturma* ist ein Slogan, der in den türkischen sozialen Medien oft zu lesen ist, wenn es um Ungerechtigkeiten geht. Er bedeutet: »Vergiss nicht, lass das Vergessen nicht zu.« Den Slogan rappte auch der Duisburger Künstler Ali471 in dem Benefizsong »Bist du wach?«, der vom Hanauer Rapper Azzi Memo nach den Anschlägen für die Opfer von Hanau initiiert wurde und bei dem mehr als 18 Rapkünstlerinnen und -künstler mitgewirkt haben. Deutschrap hilft uns auch hier, mit unserem Leid und unserer Trauer umzugehen.

Vielfalt ist nicht einfach. Sie kann anstrengend sein, für uns, für die Deutschen, für uns alle, die in diesem Land leben und es lieben. So erzählt die Journalistin Eva Schulz davon, dass sie es anstrengender findet, in einem vielfältigen Viertel zu leben. »Einfach weil man so viel mehr Eindrücke gewinnt. Ich kann Menschen verstehen, die sagen, es sei ihnen zu viel.« Trotzdem schätzt sie es: »Gleichzeitig hat genau das aber auch Vorteile, man bekommt viel mehr mit, lernt Neues kennen.« Und auch Anna Lichnog sieht Vielfalt als eine Bereicherung für uns alle. »Es ist einfach unglaublich wertvoll.« Aber auch sie versteht, dass es noch ein langer Weg ist, bis alle diesen Wert erkennen.

Die Angst kennt Eva Schulz gut von ihrem Vater. Wie er sein Deutschsein empfindet, darüber habe sie nie mit ihm gesprochen. »Aber ich nehme ihn auch nicht als besonders patriotisch wahr. Ich glaube, er hat andere Fragen. Im Münsterland feiert man Schützenfest, und ich war vor ein paar Jahren zufällig da. Wir standen am Marktplatz, als gerade alle aufmarschiert sind, da fragte er mich vorsichtig: ›Eva, was ist, wenn das hier alles jetzt verloren geht? Weil immer mehr Menschen aus anderen Nationen dazukommen?‹ Und ich meinte: ›Papa, warum soll das verloren gehen?‹ Ich fand es eher schade, dass niemand mitgefeiert hat, der ausländische Wurzeln hat. Und ich habe gesagt: ›Das wird niemand abschaffen. Es wird weiterhin stattfinden, und die anderen sitzen währenddessen eben in der Shishabar zwei Straßen weiter.‹«

Sie frage sich, woher diese Sorge kommt, und vermutet: »Ich glaube, es hat mit den Medien zu tun.« Aber sie ist hoffnungsvoll: »Meine Schwester und ich sind die ersten in der Familie, die studiert haben. Jetzt kommen meine Eltern mit solchen Fragen zu uns, weil sie wissen, wir haben mehr gelernt, reflektieren anders. Sie sind nicht voreingenommen, und sie checken auch ihre eigenen Vorurteile.«

Dennoch: Ich verstehe die Angst vor Diversität und Vielfalt. Aber mit diesem Buch möchte ich zeigen, wie viel Positives in diesem Land passiert ist – gerade weil es Migration gibt. Konflikte sind natürlich unvermeidlich. Denn je näher wir uns kommen, desto mehr Reibungen gibt es. Aber, und das ist das Schönste, wir können diese Reibungen auch verkraften. Mich hat sehr berührt, was eine Hanauer Schülerin, selbst am Tag nach dem Anschlag, gesagt hat: »Die Mehrheit hat uns schon akzeptiert.« Reibungen stellen unsere Zugehörigkeit nicht mehr infrage, sie wird auf beiden Seiten von Tag zu Tag mehr als Selbstverständlichkeit empfunden. »Es war für uns klar, dass wir einen Tag nach dem Anschlag von Hanau mit der Geschäftsführung und dem Betriebsrat zusammen eine Schweigeminute halten. Denn wir waren natürlich sehr betroffen«, erzählt der Arbeitsdirektor Ralph Wangemann von Opel.

Migration hat das Land vor große Herausforderungen gestellt, und sie sind noch nicht bewältigt. Auch für die Migranten und ihre Nachfahren ist es bis heute nicht einfach, sich in ihrem deutschen Zuhause wohlzufühlen. Das liegt nicht zuletzt an den ermüdenden Fragen, Unterstellungen und Vorwürfen. Aber wir kommen heute besser damit klar als unsere Eltern und Großeltern. Meine Gesprächspartner fühlen sich verantwortlich, etwas für das Zusammenwachsen dieser Gesellschaft zu tun. Jeder versucht auf seine Art, Vorurteile aus dem Weg zu schaffen.

Was uns am meisten fehlt, ist nicht die Anerkennung unserer Familien, unserer Community und unserer engsten deutschen Freunde. Nein, wir wollen von dieser Gesellschaft, von unserem Deutschland akzeptiert werden. Wir wollen als das akzeptiert werden, was wir sind. Egal wie ich aussehe, was ich anhabe, was ich denke oder wie ich lebe, ich möchte als Tochter dieses Landes wahrgenommen werden. Nicht als Fremde. Wir wollen anerkannt werden für unsere Mühen, für unseren täglichen Kampf gegen Vorurteile, Diskriminierung und Rassismus.

Aber wir wissen auch: Dieses Land hat sich verändert. Und wir sind ein großer Teil dieser Veränderung. Das Lebensgefühl ist heute ein anderes, die Sprache verändert sich, und wir teilen gemeinsame Geschichte und Geschichten. Deutsche ohne Migrationshintergrund sind so locker wie nie zuvor gegenüber Menschen mit Migrationshintergrund und ihren Lebenswelten. In vielen anderen Bereichen mischen sich die migrantischen Subkulturen in den Mainstream ein. Es entstehen neue und aufregende Lebensformen. So entsteht ein »Wir«-Gefühl. Egal ob auf der Straße oder im Kulturbetrieb, überall ist es zu beobachten und zu spüren.

Das Deutschland von heute – das sind wir. Die Vielfalt von ethnischen, religiösen und kulturellen Einflüssen ist eine Bereicherung für alle. Die Menschen, die ihr Land verlassen haben, um in Deutschland eine neue Heimat zu finden, haben viel Positives geleistet. Und auch das Leben in Deutschland hat sich für die Migranten und ihre Nachfahren, die in Deutschland geboren und aufgewachsen sind, zum Guten gewendet. Die positiven Veränderungen finden in beide Richtungen statt. Und sie finden vor allem im Alltag statt.

Das ist auch unser Land. Weil wir hier geboren oder als Kinder hierhergekommen sind und dieses Land lieben und schätzen, egal ob wir uns als Türken, Araber, Muslime oder Schwarze bezeichnen. Es ist unser Land, weil wir in diesem Land leben, es mitgestalten und den Menschen hier verbunden sind. Cem Görmüs sagt: »Mittlerweile bewegen wir selbst etwas in diesem Land.« Und auch Mohamad Hoteit ist der Meinung: »Ich habe schon das Gefühl, ich gebe Deutschland etwas zurück.« Und der Berliner Friseur Shan Rahimkhan ist sich sicher: »Jeder Ausländer oder jeder Mensch mit Migrationshintergrund, der hierhergekommen ist und etwas gezeigt hat, hat auch etwas zur Gesellschaft beigetragen. Und so entsteht Vielfalt in Deutschland.«

Alle meiner Gesprächspartner wollen mitmischen, sie wollen aufsteigen, sie wollen arbeiten, sie wollen mitreden und sich einbringen. »Ja, es ist auch mein Land, weil ich Verantwortung übernehme. Wenn du anfängst, hier Verantwortung zu übernehmen, was schwierig ist, dann ist es auch unser Land. Wenn ich politische Verantwortung zum Beispiel für den Erhalt der Demokratie übernehme, dann verteidige ich auch bewusst dieses Land. Ich gehe hier wählen. Mich interessiert, was welche Partei über Ausländer denkt, aber auch Umwelt- und Weltpolitik finde ich spannend «, sagt Angeliki Liakidis.

Ich erlebe die Deutschen heute als wärmer, gastfreundlicher und kommunikativer als noch vor zehn oder fünfzehn Jahren. Für die junge Generation von Menschen mit deutschen Wurzeln ist es eine Selbstverständlichkeit geworden, mit bosnischen, arabischen und türkischen Einflüssen aufzuwachsen. Während ich an diesem Nachwort schreibe, sehe ich in der Instagram-Story des Hamburger Rappers Bonez MC, der selbst zwar deutsche Wurzeln hat, aber dem die Ausdrücke aus allen möglichen Slangs der Kanaken mehr als vertraut sind, einen Screenshot der Tagesschau, in dem es um die Nominierungen für das Jugendwort des Jahres 2020 geht. Darunter auch *Masallah,* was ein Lob oder Kompliment ausdrückt, beispielsweise »*Masallah,* die Hübsche«. Und es scheint, dass ein Hamburger ohne Migrationsgeschichte auf diese Nominierung stolz ist. Denn auch die deutsche Sprache hat sich verändert. Während eines Hip-Hop-Festivals tanzen vier junge blonde deutsche Mädchen zu einem Song der deutschstämmigen Rapper Trettmann und Gzuz und der türkischstämmigen Rapper UFO361 und Gringo. »Frauen so süß wie Baklava« dröhnt die Stimme von Trettmann – mit bürgerlichem Namen Stefan Richter – aus den Lautsprechern, und die Mädchen singen laut mit. Deutschland hat sich verändert. Wir uns alle auch. Deutschland ist cooler und vielfältiger denn je.

In Gedenken an

Ferhat Unvar
Gökhan Gültekin
Hamza Kurtović
Mercedes Kierpacz
Sedat Gürbüz
Kalojan Welkow
Fatih Saraçoğlu
Said Nessar El Hashemi
Vili Viorel Păun

ANHANG

Anmerkungen

1 https://www.duesseldorf.de/fileadmin/Amt12/statistik/stadtforschung/download/sb_migration.pdf
2 https://www.br.de/nachricht/paralleljustiz-integration-friedensrichter-100.html
3 https://www.zeit.de/1996/35/heitmey.txt.19960823.xml/komplettansicht
4 Kranichstein. Entwicklungsbericht 1997–2000, hrsg. von Wissenschaftsstadt Darmstadt, Der Magistrat, Sozial- und Jugenddezernat, Darmstadt 2000, Seite 3
5 Monika Alisch: Sozialräumliche Segregation: Ursachen und Folgen, in: Handbuch Armut und soziale Ausgrenzung, hrsg. vom Ernst-Ulrich Huster, Jürgen Boeckh u. Hildegard Mogge-Grotjahn, Wiesbaden 2018, S. 503–522
6 https://www.faz.net/aktuell/politik/inland/afd-vize-gauland-beleidigt-jerome-boateng-14257743.html
7 https://www.dw.com/de/wohnungssuche-schlechte-chancen-f%C3%BCr-migranten/a-52175854
8 https://heimatkunde.boell.de/de/2005/09/01/300-jahre-migrationsgeschichte-kreuzberg-friedrichshain
9 https://www.latimes.com/local/california/la-me-ln-iranian-revolution-anniversary-20190224-story.html
10 https://www.op-online.de/region/frankfurt/eine-integrationsmaschine-7451642.html
11 https://causa.tagesspiegel.de/gesellschaft/wie-gelingt-die-integration/warum-offenbach-in-sachen-integration-mehr-kann-als-berlin.html

12 Bertelsmann Stiftung und Fondazione Cariplo (Hrsg.): Interkulturelle Kompetenz – die Schlüsselkompetenz im 21. Jahrhundert?, Gütersloh/Mailand 2008, S. 4
13 Werner Bergmann: Vorurteil/Stereotypen, in: Metzler Lexikon Religion, hrsg. von Christoph Auffarth u. a., Stuttgart 2005, https://doi.org/10.1007/978-3-476-00091-0_562
14 Fredrickson, George, M.: Rassismus. Ein historischer Abriss, Ditzingen 2002, S. 15
15 https://www.bertelsmann-stiftung.de/fileadmin/files/Projekte/28_Einwanderung_und_Vielfalt/Faktensammlung_Diskriminierung_BSt_2015.pdf
16 Fredrickson, George, M.: Rassismus. Ein historischer Abriss, Ditzingen 2002, S. 15
17 Nohl, Arnd-Michael: Konzepte interkultureller Pädagogik: Eine systematische Einführung, 2014, S. 22
18 Nohl, Arnd-Michael: Konzepte interkultureller Pädagogik: Eine systematische Einführung, 2014, S. 24
19 Nohl, Arnd-Michael: Konzepte interkultureller Pädagogik: Eine systematische Einführung, 2014, S. 34
20 Nohl, Arnd-Michael: Konzepte interkultureller Pädagogik: Eine systematische Einführung, 2014, S. 47
21 https://www.mediummagazin.de/die-top-30-bis-30-im-journalismus-2020/
22 https://www.uni-mainz.de/presse/downloads/02_soziologie_uebergangsstudie_wiesbaden.pdf
23 https://bibliothek.wzb.eu/pdf/2018/vi18-104.pdf; https://www.bosch-stiftung.de/sites/default/files/publications/pdf_import/SVR-FB_Diskriminierung-am-Ausbildungsmarkt.pdf
24 https://bibliothek.wzb.eu/pdf/2018/vi18-104.pdf
25 https://berlin-monitor.de/wp-content/uploads/2019/08/Berlin_Monitor_2019.pdf
26 Laut einer Studie der Friedrich-Ebert-Stiftung (FES) von 2018 sehen die Deutschen Einwanderung grundsätzlich als Chance. Und mehr als 50 Prozent von ihnen sieht Einwanderung nicht nur als eine wirtschaftliche, sondern auch als soziale und kulturelle Bereicherung. Die FES schließt daraus, dass die Gesellschaft heute Deutschland als ein Einwanderungsland anerkennt. https://www.fes.de/themenportal-flucht-

migration-integration/umfrage-was-die-deutschen-ueber-migration-denken
27 https://www.bertelsmann-stiftung.de/fileadmin/files/Projekte/Migration_fair_gestalten/IB_Studie_Willkommenskultur_2019.pdf, S. 12
28 https://www.antidiskriminierungsstelle.de/SharedDocs/Downloads/DE/projekte/zusammenfassung_Diskriminierung_im_Alltag_Sinusstudie.pdf?_blob=publicationFile&v=1
29 Haci-Halil Uslucan: Eltern-Kind-Beziehungen in (türkischen) Migrantenfamilien, in: Veronika Fischer u. Monika Springer (Hg.): Handbuch Migration und Familie. Grundlagen für die soziale Arbeit mit Familien, Schwalbach/Ts. 2011, S. 250–260.
30 Ebd.
31 https://www.mannheim.de/sites/default/files/page/2600/uslucan_eltern-kind-beziehungen.pdf
32 https://www.spiegel.de/wirtschaft/soziales/deutschland-das-sind-die-szeneviertel-in-den-grossstaedten-a-1223648.html

Dank

Ein Buch zu schreiben ist eine Reise. Und dass ich diese Reise antreten konnte, dafür danke ich meinen Eltern; dafür, dass sie mir die Augen geöffnet haben und ich all meine Möglichkeiten sehen und dank ihnen auch nutzen konnte. Und natürlich danke ich meinem Bruder Alican und meiner Schwester Meltem, die immer an mich geglaubt haben, meinen Cousin Tayfun, einer meiner größten Inspirationsquellen, meiner Tante Nursel und meiner Cousine Gizem, meinem Istanbuler Cousin Onur, meinen Berliner Cousins Özkan und Gökhan, die mich in die Neuköllner Welten eintauchen ließen und ihre klugen Gedanken mit mir teilten, meinen Freunden Esra, Armagan und Ebru und so vielen anderen Menschen in meinem Leben, die an die Kraft und Magie des Wortes glauben und verstehen, warum ich schreibe.

Vor allem möchte ich auch meiner Agentin Nina Sillem danken, die mich und meine Perspektive sofort verstanden hat, für ihre Offenheit und ihre Geduld. Auch meinem Lektor Christof Blome, der meine Ansichten sah und nicht meinen Migrationshintergrund, der mir all die Freiheit beim Schreiben dieses Buches gegeben hat, die ich brauchte, um die Narrative zu sprengen, die so fest in unserer Gesellschaft verankert sind. Beide haben mich während dieser Reise sehr unterstützt – mit langen Gesprächen, sehr hilfreicher Kritik und wieder: ihrer Geduld.

Natürlich danke ich auch meiner Familie für ihre Geduld, meiner Schwester Meltem insbesondere für die vielen intensiven Gespräche über all die Themen, die in diesem Buch behandelt werden, die mich immer wieder herausgefordert haben.

Ein Dank geht auch an Henryk M. Broder und Andrea Seibel, die mir das Schreiben für eine größere Leserschaft möglich gemacht, an mich geglaubt und mir immer wieder über die Lebenswelten, um die es im Buch geht, interessiert zugehört haben. Und gerne danke ich auch Ijoma Mangold, der mir den allerersten Denkanstoß für dieses Buch gab, und Dr. Carool Kersten, meinem

Dozenten am King's College London. Seine Seminare und die Gespräche mit ihm haben meine Sicht auf Vielfalt nachhaltig geprägt.

Mein ganz besonderer Dank gilt meinen Interviewpartnerinnen und -partnern. Es waren sehr lange, schöne, traurige, lustige und berührende Gespräche in Berlin, Stuttgart, Darmstadt, Frankfurt, Hanau, Erfurt, München und – Corona sei Dank – über das Internet. Hier zeige ich nur einen winzigen Ausschnitt daraus. Ich habe Geschichten aus dem Leben und aus dem Alltag gehört – aber die Gespräche waren so intellektuell, so philosophisch und so menschlich. Und sie waren sehr ehrlich. Dafür und für ihr Vertrauen danke ich diesen Menschen besonders.

Für meine Leser, also für Sie, habe ich nur eine Tür in die Lebens- und Gefühlswelten meiner Gesprächspartnerinnen und -partner geöffnet. Und ich danke Ihnen, dass Sie sich den vielen Geschichten und Gedanken hingegeben haben.

Die Reise ist mit diesem Buch nicht zu Ende. Weder für mich noch für all die Menschen, mit denen ich gesprochen habe – in unserem Land: in Deutschland.

P.S. Natürlich danke ich auch meiner Cousine Manolya, die hinter mir stand und mir dazu verhalf, dass meine Mitschüler mich endlich respektieren. Nicht durch die Gewalt, sondern durch unseren Zusammenhalt, den sie zu spüren bekommen haben. Und wenn sie mich dafür als Kanakin ansahen, dann ist mir das mehr als recht. Denn das bin ich heute immer noch gerne.

Jean-Philipp Baeck,
Andreas Speit (Hg.)
Rechte Egoshooter
Von der virtuellen Hetze
zum Livestream-Attentat

208 Seiten, Broschur
ISBN 978-3-96289-076-6
18,00 € (D); 18,50 € (A)

Weltweit gibt es rechtsterroristische Attentate eines neuen Typs. In Halle (Saale) verhinderte nur eine verschlossene Holztür der Synagoge ein größeres Massaker. Am 9. Oktober 2019 wollte dort ein Rechtsextremist die versammelten Juden hinrichten. Online konnten Gleichgesinnte zusehen, wie er zwei Menschen ermordete: Seine Tat verbreitete er per Videokamera auf einem Portal für Computerspiel-Videos. Er ahmte damit andere »Egoshooter« nach – wie einen Rechtsextremisten, der in Neuseeland wenige Monate zuvor die Tötung von 51 Menschen live im Internet übertragen hatte. Was treibt Menschen vom Bildschirm zur realen Gewalt auf der Straße?
Die Autorinnen und Autoren gehen den Spuren der Attentäter nach und zeigen die speziellen Radikalisierungsmechanismen im Netz auf. Sie erklären die Hintergründe und Motive dieser Männer, die in ihren rechten Online-Gemeinden Antisemitismus, Rassismus und Antifeminismus verbreiten. Das Buch gibt Einblicke in eine Welt, die vielen unbekannt ist.

www.christoph-links-verlag.de

Christian Jakob
Die Bleibenden
Wie Flüchtlinge Deutschland
seit 20 Jahren verändern

256 Seiten, Broschur
ISBN 978-3-86153-884-4
18,00 € (D); 18,50 € (A)

2015 zählten die deutschen Behörden 1 091 894 eintreffende Flüchtlinge. Die Zahl der fremdenfeindlichen und rassistischen Angriffe erreichte einen Höchststand, doch gleichzeitig entstanden unzählige Willkommensinitiativen. Der Journalist Christian Jakob beschreibt, wie tiefgreifend sich Zivilgesellschaft und Institutionen in Deutschland seit dem sogenannten Asylkompromiss von 1993 verändert haben. Das ist auch das Werk der Flüchtlinge selbst. Mit jahrzehntelangen Protesten haben sie ihre Isolation in den Asylbewerberheimen durchbrochen und die notwendige Modernisierung Deutschlands zum Einwanderungsland vorangetrieben.
Aus seiner jahrelangen Beschäftigung mit den Themen Migration und Asyl zeigt Christian Jakob auf, wie eine deutsche und europäische Flüchtlingspolitik aussehen würde, die die Realität der Migration endlich akzeptiert. Denn, so Jakob: Wer den Zugang zu diesem Land wieder verschließen will, wird scheitern.

www.christoph-links-verlag.de

Ch.Links

Jens van Tricht
**Warum Feminismus
gut für Männer ist**

Übersetzung:
Christina Brunnenkamp, Isabel Hessel
176 Seiten, 22 Abb., Broschur
ISBN 978-3-96289-055-1
18,00 € (D); 18,50 € (A)

Viele Männer reagieren geradezu aggressiv auf Feminismus. Warum eigentlich? Leiden doch auch Männer unter den ungerechten Geschlechterverhältnissen, die sie selbst geschaffen haben: Sie bekommen häufiger einen Herzinfarkt als Frauen, begehen öfter Suizid, haben generell eine geringere Lebenserwartung. All das hat ganz wesentlich damit zu tun, dass sie sich immer noch an überkommenen Vorstellungen von Männlichkeit orientieren, möglichst viel arbeiten, Stärke und Durchsetzungsvermögen zeigen wollen. Gerade gegen solche einengenden Rollenerwartungen kämpft der Feminismus.
Jens van Trichts Buch wirft einen frischen Blick darauf, wie bestimmte Männlichkeitsvorstellungen toxisch wirken und was Männer tun können, um sich davon zu befreien. Ein leidenschaftliches Plädoyer für die freie Entfaltung von Talenten und Vorlieben eines jeden Menschen.

»Feminismus ist auch Männersache.«
Robert Habeck

www.christoph-links-verlag.de